W0339401

C
Das Übungsbuch

Peter Prinz

C

Das Übungsbuch

Testfragen und Aufgaben mit Lösungen

mitp

Bibliografische Information der Deutschen Nationalbibliothek
Die Deutsche Nationalbibliothek verzeichnet diese Publikation in der Deutschen Nationalbibliografie; detaillierte bibliografische Daten sind im Internet über <http://dnb.d-nb.de> abrufbar.

Bei der Herstellung des Werkes haben wir uns zukunftsbewusst für umweltverträgliche und wiederverwertbare Materialien entschieden. Der Inhalt ist auf elementar chlorfreiem Papier gedruckt.

ISBN 978-3-8266-9041-9
1. Auflage 2011

E-Mail: kundenbetreuung@hjr-verlag.de

Telefon: +49 89/2183-7928
Telefax: +49 89/2183-7620

www.mitp.de

Lektorat: Sabine Schulz
Sprachkorrektorat: Petra Heubach-Erdmann
Satz: III-satz, Husby, www.drei-satz.de
Druck: Beltz Druckpartner GmbH und Co. KG, Hemsbach
Cover: © Karin Lau – Fotolia.de

Inhaltsverzeichnis

Einleitung

Dieses Buch wendet sich an Leser, die ihre C-Kenntnisse durch »Learning by Doing« vertiefen möchten. Es ist ideal, um sich im Stil eines Workshops auf Prüfungen oder auf die Mitarbeit in einem C-Projekt vorzubereiten.

Die Gliederung des Stoffs entspricht dem des Buches *C Einführung und professionelle Anwendung*. Aber es ist nicht wesentlich, wie Sie C gelernt haben. Jedes Kapitel beginnt mit einer Übersicht und Zusammenfassung des Stoffs, zu dem anschließend Fragen und Aufgaben gestellt werden. Beispielsweise ist das Thema des 12. Kapitels »Bitoperatoren«. Wenn Ihnen dann der Inhalt der Zusammenfassung zu Bitoperatoren vertraut ist, sollten Sie auch ohne größere Probleme die anschließenden Fragen und Aufgaben lösen können.

Jedes Kapitel besteht neben der einführenden Beschreibung des Themas aus drei weiteren Teilen:

- Verständnisfragen
- Programmieraufgaben
- Musterlösungen zu allen Fragen und Aufgaben

Mit jeweils 20 Verständnisfragen können Sie testen, wie gut Sie sich in dem jeweiligen Themenbereich auskennen. Die Art der Fragen sind entweder Ja-Nein-Fragen, Multiple-Choice-Fragen oder es muss eine Aussage vervollständigt werden.

Im Aufgabenteil können Sie dann Ihr Wissen praktisch umsetzen. Dabei können Sie Ihren vertrauten C/C++-Compiler verwenden. In jedem Kapitel gibt es zehn Aufgaben mit steigendem Schwierigkeitsgrad. Die Bearbeitung einfacher Aufgaben ist oft in wenigen Minuten erledigt. Dagegen kann die Lösung umfänglicherer Aufgaben auch erheblich länger dauern. Dies gilt insbesondere bei Aufgaben zu den Themen »Dynamische Speicherplatzverwaltung«, »Strukturierte Datentypen« und »High-Level-Dateizugriff«. Umfangreichere Problemstellungen sind dabei oft auf mehrere Aufgaben verteilt.

Bei der Auswahl der Problemstellungen für Aufgaben wurde stets darauf geachtet, dass sie typisch und praxisnah sind. Auf diese Weise lernen Sie viele interessante Algorithmen und Datenstrukturen kennen. Auch durch die Verwendung vieler Standardfunktionen vertiefen Sie Ihre Kenntnisse über die Standardbibliothek. In jedem Fall verfügen Sie nach der Durcharbeitung des Buches über fundierte Programmiererfahrungen und einen umfangreichen Fundus von Beispiel-Code.

Trotz ausführlicher Aufgabenstellungen und vieler Hinweise kann es immer mal vorkommen, dass man nicht zum Ziel kommt. Dann hilft ein Blick in die kommentierten Musterlösungen. Außerdem ist es sicher immer interessant, die eigene Lösung mit der im Buch zu vergleichen. Die Musterlösungen zusammen mit Projekten für den Compiler Visual C/C++ Express Edition von Microsoft finden Sie auch im Internet unter `http://www.mitp.de/9041`.

Ich bedanke mich bei allen, die an der Entstehung des Buches mitgewirkt haben, insbesondere bei Frau Schulz vom mitp-Verlag für die konstruktive Zusammenarbeit.

Dem Leser wünsche ich viele Erfolgserlebnisse beim Lösen der Übungen.

Peter Prinz
prinz_peter@t-online.de

Kapitel 1

Grundlagen

Dieses Kapitel enthält grundlegende Fragen und Aufgaben zur Erstellung von C-Programmen. Hierzu gehören folgende Themen:

- Header-Dateien inkludieren

  Eine Header-Datei beinhaltet Informationen, die von einem C-Programm verwendet werden. Zum Beispiel enthält die Header-Datei `stdio.h` Informationen über die Funktionen der Standardbibliothek, die für die Ein-/Ausgabe von Daten zuständig sind. Eine Header-Datei wird mit der `#include`-Direktive in ein Programm kopiert.

- Anweisungen schreiben

  Die Anweisungen eines Programms legen fest, was das Programm macht. Jede Anweisung schließt mit einem Semikolon ab. Zur Ausgabe von Daten auf den Bildschirm steht in C die Funktion `printf()` zur Verfügung. So gibt z.B. die Anweisung

  ```
  printf("Hallo!\n");
  ```

  den Text `Hallo!` aus und setzt den Cursor an den Anfang der nächsten Zeile.

- Eine `main`-Funktion definieren

  Jedes C-Programm besteht im Wesentlichen aus Funktionen, die sich gegenseitig aufrufen. Die erste Funktion, die ausgeführt wird, ist stets die `main`-Funktion. Die auszuführenden Anweisungen stehen im Funktionsblock, d.h. innerhalb der Klammern { }. Bei Erreichen der `return`-Anweisung wird die Funktion verlassen. Die `return`-Anweisung in der `main`-Funktion beendet also das Programm.

- Quelldateien kommentieren

  Kommentare dienen zur Dokumentation des Quellcodes. Sie verbessern die Lesbarkeit und können bei der Fehlersuche nützlich sein. Jede Zeichenfolge, die in `/* ... */` eingeschlossen ist oder mit `//` beginnt, ist ein Kommentar. Der Compiler ignoriert Kommentare.

Verständnisfragen

1.1 Ein C-Programm kann aus mehreren Quelldateien bestehen.

☐ Richtig

☐ Falsch

1.2 Die Übersetzung eines portablen C-Programms erzeugt eine ausführbare Datei, die auf allen Systemen lauffähig ist.

☐ Richtig

☐ Falsch

1.3 Eine Quelldatei wird mit einem ______________ übersetzt.

1.4 Der ___________ bindet eine Objektdatei mit anderen Modulen zu einer ausführbaren Datei.

1.5 Standardisierte Funktionen sind in der ______________________ enthalten.

1.6 Die Standardbibliothek ist eine Sammlung von

a) Header-Dateien.

b) Objektdateien.

c) C-Quelldateien.

1.7 Bei der Suche nach Fehlern in einem C-Programm beginnen Sie immer mit

a) dem letzten vom Compiler angezeigten Fehler.

b) irgendeinem angezeigten Fehler.

c) dem ersten angezeigten Fehler.

1.8 Eine Warnung des Compilers kann einen

a) Syntaxfehler anzeigen.

b) logischen Fehler anzeigen.

c) Laufzeitfehler anzeigen.

1.9 Jedes C-Programm enthält die Funktion __________.

1.10 In einem C-Programm bedeutet das Doppelkreuz # am Anfang einer Zeile, dass diese Zeile für

a) den Compiler bestimmt ist.

b) den Präprozessor bestimmt ist.

c) die Header-Datei bestimmt ist.

1.11 Die Deklarationen der Standardfunktionen für die Ein-/Ausgabe befinden sich in der Header-Datei __________.

1.12 Die Programmausführung beginnt (abgesehen von allgemeinen Initialisierungen) mit

a) der ersten `#include`-Direktive.

b) der ersten Anweisung in der Funktion `main()`.

c) der zuerst definierten Funktion.

1.13 Ein C-Programm gibt mit der `printf`-Funktion eine Meldung aus. Es enthält auch die Zeile

```
#include <stdio.h>
```

a) weil jedes C-Programm diese Zeile enthalten muss.

b) zur Deklaration der Funktion `main()`.

c) zur Deklaration der Funktion `printf()`.

1.14 In der Funktion `main()` bewirkt die Anweisung

```
return 0;
```

a) das Verlassen von `main()`.

b) die Beendigung des Programms.

c) die Rückgabe des Exitcodes 0 an das aufrufende Programm.

1.15 Die kürzeste Anweisung besteht aus __________.

1.16 C-Funktionen müssen in einer bestimmten Reihenfolge definiert werden.

☐ Richtig

☐ Falsch

1.17 Die erste Funktion, die in einer Quelldatei definiert wird, ist stets die Funktion `main()`.

☐ Richtig

☐ Falsch

1.18 Der Prototyp einer Funktion liefert dem Compiler die notwendigen Informationen, um die Funktion vor ihrer Definition aufzurufen.

☐ Richtig

☐ Falsch

1.19 Zeichenfolgen werden als Kommentare interpretiert, wenn sie

a) mit /* beginnen.

b) in /*   */ eingeschlossen sind.

c) mit // beginnen.

1.20 In einer Zeile können mehrere Präprozessor-Direktiven stehen.

☐ Richtig

☐ Falsch

Aufgaben

1.1 Was gibt das folgende Programm auf dem Bildschirm aus?

```
#include <stdio.h>

int main()
{
   printf("Hi,\nWer geht");
   printf(" mit in den Biergarten");
   printf("?\n");
   return 0;
}
```

1.2 Formulieren Sie die entsprechenden Anweisungen, um

```
Los geht's!
```

a) beginnend bei der aktuellen Cursorposition auszugeben.

b) am Anfang der nächsten Zeile auszugeben.

1.3 Jedes der folgenden Programme enthält zwei Fehler. Bestimmen und korrigieren Sie jeden Fehler.

a)

```
#include <stdio>
int main()
{  // Eines von Murphy's Gesetzen
   print("Was schiefgehen kann, geht schief!\n");
   return 0;
}
```

b)

```
#include <stdio.h>
int main()
{
   printf("Was schiefgehen kann, geht schief!"\n);
}
```

c)

```
#include <stdio.h>
int main()
{
   / Wer hat das gesagt? /
   printf "Was schiefgehen kann, geht schief!\n";
   return 0;
}
```

1.4 Schreiben Sie ein C-Programm, das Ihren Namen, Ihre Telefonnummer und E-Mail-Adresse in je einer Zeile auf dem Bildschirm ausgibt.

1.5 Fügen Sie Kommentare in die Lösung zur Aufgabe ein, und zwar einen Programmnamen, den Namen des Programmierers sowie eine Beschreibung, was das Programm macht.

1.6 Schreiben Sie ein C-Programm, das folgendes Menü ausgibt:

```
********  Meine Musiktitel  ********

    N  =  Neuen Eintrag hinzufügen
    L  =  Eintrag löschen
    F  =  Musiktitel finden
    A  =  Alle Einträge anzeigen
    B  =  Programm beenden

Ihre Wahl:
```

1.7 Sind die folgenden C-Programme vollständig und fehlerfrei?

a)

```
int main()
{
   return 0;
}
```

b)

```
include <stdio.h>
int main()
{
   return 0;
   printf "Da stimmt einiges nicht!\n";
}
```

c)

```
#include <stdio.h>
int main (
){ printf
("Alles klar?"); return
0;}
```

1.8 Angenommen, die folgenden Anweisungen befinden sich innerhalb einer `main`-Funktion. Was ist falsch?

a) `printf(Geben Sie eine Zahl ein: );`

b) `return "Alles klar!";`

c) `void pause() { printf("PAUSE!!!"); }`

1.9 Verfolgen Sie den Ablauf des folgenden C-Programms und beschreiben Sie, was auf dem Bildschirm ausgegeben wird.

```
#include <stdio.h>
void star2(void), star6(void), star10(void);

int main()
{
   stars2();
   stars6();
   stars10();
   stars2();
   stars2();
   return 0;
}

void stars() {  printf("    **\n"); }

void stars6() {  printf("  ******\n"); }

void stars10() {  printf("**********\n"); }
```

1.10 Ändern Sie die `main`-Funktion aus der letzten Aufgabe so, dass folgende Grafik ausgegeben wird:

```
************
  ********
    ****
  ********
************
```

Fügen Sie außerdem Kommentare in den Quellcode ein, die erklären, was das Programm und die einzelnen Anweisungen machen.

Lösungen zu den Verständnisfragen

1.1 Richtig

1.2 Falsch (Das Programm muss für jedes System übersetzt werden.)

1.3 Compiler

1.4 Linker

1.5 Standardbibliothek

1.6 b)

1.7 c)

1.8 b)

1.9 `main()`

1.10 b)

1.11 `stdio.h`

1.12 b)

1.13 c)

1.14 a), b) und c)

1.15 Einem Semikolon

1.16 Falsch

1.17 Falsch

1.18 Richtig

1.19 b) und c)

1.20 Falsch

Lösungen zu den Aufgaben

1.1

```
Hi,
Wer geht mit in den Biergarten?
```

1.2 a)

```
printf("Los geht's!");
```

b)

```
printf("\nLos geht's!");
```

1.3 a) In der ersten Zeile muss `stdio.h` statt `stdio` stehen.
Die Funktion zur Ausgabe heißt `printf()`, nicht `print()`.

b) Das Steuerzeichen `\n` muss im String stehen. Richtig ist also

```
printf("Hello, World!\n");
```

Am Ende der Funktion `main()` fehlt die Anweisung

```
return 0;
```

c) Innerhalb der Funktion `main()` ist der Kommentar nicht korrekt.
Richtig sind folgende Kommentare:

```
// Wer zum Teufel hat das gesagt?
/* Wer zum Teufel hat das gesagt? */
```

Außerdem muss das Argument der Funktion `printf()` wie in Teil a) oder b) in Klammern stehen.

1.4

```
#include <stdio.h>
int main()
{
   printf("Eva Sommer\n") ;
   printf("Tel. +49 /89/ 9182730\n");
   printf("eva.s@yahoo.com\n");
   return 0;
}
```

1.5

```
// --------------------------------------------------
// Programmname: ex01_05.c
// Autor: Eva Sommer
// Das Programm gibt einen Namen, eine Tel.-Nr.
```

```
// und eine E-Mail-Adresse auf dem Bildschirm aus.
// ---------------------------------------------------
#include <stdio.h>
int main()
{
  // Wie in der Lösung zur Aufgabe 1.4.
}
```

1.6

```
// ---------------------------------------------------
// ex01_06.c
// Gibt ein Menü für ein Musikverzeichnis aus.
// ---------------------------------------------------
#include <stdio.h>
int main()
{
   printf("*******  Telefonverzeichnis  *******\n\n");

   printf("    N  =  Neuen Eintrag einzufuegen\n");
   printf("    L  =  Eintrag loeschen\n");
   printf("    F  =  Telefonnummer suchen\n");
   printf("    A  =  Alle Eintraege anzeigen\n");
   printf("    B  =  Programm verlassen\n\n");

   printf("Ihre Wahl: ");

   printf("\n\n");
   return 0;
}
```

1.7 a) Das Programm tut zwar nichts, der Quellcode ist aber fehlerfrei und vollständig.

b) Im Quellcode gibt es drei Fehler:

1. Das Zeichen # fehlt vor `include`.
2. Die Anweisung `return 0;` beendet die `main`-Funktion. Sie muss also hier am Ende der Funktion stehen.
3. Das Argument von `printf()` muss in Klammern stehen.

c) Der Quellcode ist fehlerfrei und vollständig, aber schlecht lesbar.

1.8 a) Bei dem String fehlen die Hochkommata. Richtig ist also:

```
printf("Geben Sie eine Zahl ein: ");
```

b) Der Return-Wert der `main`-Funktion muss eine Ganzzahl sein.

c) Die Definition der Funktion `pause()` ist korrekt. Sie darf aber nicht innerhalb einer Funktion stehen, auch nicht innerhalb von `main()`.

1.9

```
    **
  ******
**********
    **
    **
```

1.10

```
/* --------------------------------------------------------
 * ex01_10.c
 + Gibt das Muster aus Aufgabe 1.10 aus.
 * --------------------------------------------------------
 */
#include <stdio.h>

void stars2(void),          // Prototypen der verwendeten
     stars6(void),          // Funktionen.
     stars10(void);

int main()
{
   stars10();           // **********
   stars6();            //   ******
   stars2();            //     **
   stars6();            //   ******
   stars10();           // **********
   return 0;
}

void stars2()       // Gibt 4 Blanks und 2 Sterne aus.
{  printf("    **\n"); }

void stars6()       // Gibt 2 Blanks und 6 Sterne aus.
{  printf("  ******\n"); }

void stars10()      // Gibt 10 Sterne aus.
{  printf("**********\n"); }
```

Kapitel 2

Elementare Datentypen, Konstanten und Variablen

In diesem Kapitel arbeiten Sie mit

- ganzzahligen Typen

  Für Zeichen und ganze Zahlen stehen in C die Typen `char`, `short`, `int`, `long` und `long long` zur Verfügung. Sie unterscheiden sich durch ihre Wertebereiche. Die ganzzahligen Typen, ausgenommen der Typ `char`, werden standardmäßig mit Vorzeichen interpretiert. Beim Typ `char` ist dies vom Compiler abhängig. Durch Voranstellen des Schlüsselworts `signed` oder `unsigned` kann explizit festgelegt werden, ob ein ganzzahliger Typ mit oder ohne Vorzeichen interpretiert wird.

- Gleitpunkttypen

  Zur Darstellung reeller Gleitpunktzahlen gibt es die Typen `float`, `double` sowie `long double`. Sie unterscheiden sich durch ihren Wertebereich und die Genauigkeit. Die Genauigkeit `n` bedeutet, dass zwei Gleitpunktzahlen, die sich innerhalb der ersten `n` Dezimalziffern unterscheiden, auch verschieden gespeichert werden.

- Literalen

  Bei einem Literal handelt es sich um eine Zeichenfolge, die eine numerische Konstante, eine Zeichenkonstante oder eine String-Konstante repräsentiert. Ganzzahlige Konstanten können dezimal, oktal (mit führender `0`) oder hexadezimal (mit führendem `0x` oder `0X`) dargestellt werden. Für Gleitpunktkonstanten gibt es auch die exponentielle Schreibweise (z.B. `2.5E6`). Zeichenkonstanten bestehen aus einem Zeichen eingeschlossen in einfachen Hochkommas (z.B. `'A'`). String-Konstanten können mehrere Zeichen enthalten, die in doppelte Hochkommas (z.B. `"Hallo?"`) eingeschlossen sind. Dabei können bestimmte Steuerzeichen als Escape-Sequenzen angegeben werden (z.B. `\n` für »Zeilenwechsel«, engl. *line feed*).

- Variablen

  Variablen können Daten speichern. Jede Variable muss vor ihrer Verwendung deklariert werden. Die Deklaration legt den Typ und den Namen der Variablen fest. Dabei kann die Variable auch initialisiert werden.

  Namen bestehen aus einer Folge von Buchstaben (ohne Umlaute und ß), Ziffern oder Unterstrichen. Das erste Zeichen darf keine Ziffer sein. Groß- und Kleinschreibung wird unterschieden. Schlüsselwörter (wie z.B. `long`) dürfen nicht als Name verwendet werden.

Verständnisfragen

2.1 Ein Datentyp bestimmt

a) die Art der internen Darstellung der Daten

b) die Größe des benötigten Speicherplatzes.

c) wie Daten auf dem Bildschirm angezeigt werden.

2.2 In C ist nicht festgelegt, ob der Typ `char` mit oder ohne Vorzeichen interpretiert wird.

☒ Richtig

☐ Falsch

2.3 Mit welchen der folgenden Datentypen können Gleitpunktzahlen dargestellt werden?

a) `long`

b) `float`

c) `long double`

2.4 In einem portablen Programm sollen in einer Variablen ganze Zahlen im Bereich von `-100000` bis `100000` gespeichert werden. In der Deklaration der Variablen ist dann der Typ __int__ zu verwenden.

2.5 Konstanten zur Darstellung des kleinsten und größten Wertes eines ganzzahligen Typs sind definiert in der Header-Datei

a) `stdio.h`

b) `math.h`

c) `limits.h`

2.6 Der Ausdruck

```
sizeof(int)
```

liefert die Größe eines Objekts vom Typ `int` in Anzahl

a) Bits.

b) Bytes.

c) Megabytes.

2.7 Bei einer Genauigkeit von 6 Dezimalziffern ist garantiert, dass die Zahlen 0.0123456 und 0.0123457 unterschieden werden.

- [x] Richtig
- [ ] Falsch

2.8 In einem C-Programm repräsentiert die Konstante `0xFF`

a) die Zeichen `FF`.

b) einen ungültigen Wert.

c) den dezimalen Wert `255`.

2.9 Welche der folgenden Konstanten haben einen Gleitpunkttyp?

a) `7.`

b) `70`

c) `7E-1`

2.10 Welche numerischen Werte repräsentieren folgende Konstanten?

a) `0` ___0___.

b) `'0'` ___48___.

c) `'\0'` ___0___.

char String

2.11 Die Konstanten `'A'` und `"A"` sind gleichwertig. Beide repräsentieren das Zeichen `A`.

- [ ] Richtig
- [x] Falsch

2.12 Der String `"Hi"` belegt ___1___ Bytes.

2.13 Die Escape-Sequenzen `\t` und `\n` repräsentieren die Steuerzeichen ___Tabulator___ und ___new line___.

2.14 Stringkonstanten, die nur durch Zwischenraumzeichen (Blanks, Tabs und Newline-Zeichen) getrennt sind, werden zu einem String zusammengezogen.

- [x] Richtig
- [ ] Falsch

2.15 Bei welcher der Zeichenfolgen handelt es sich um einen gültigen Namen?

a) `_A_`

b) `Hans-Otto`

c) `1x`

2.16 Welche der folgenden Deklarationen sind korrekt?

a) `unsigned int n = -100;`

b) `char c = '\t';`

c) `float x = -12.345F`

2.17 Bei der Definition einer lokalen Variablen ohne Initialisierung wird

a) der Typ und Name der Variablen festgelegt.

b) der Speicherplatz für die Variable reserviert.

c) der Anfangswert `0` der Variablen automatisch zugewiesen.

2.18 Jede globale Variable ohne explizite Initialisierung wird mit ____ vorbelegt.

2.19 Eine ganze Zahl vom Typ `double` soll mit der Funktion `printf()` dezimal angezeigt werden. Welches Formatelement ist richtig?

a) `%c`

b) `%d`

c) `%f`

2.20 Das Datenobjekt `limit` ist wie folgt definiert:

```
const int limit = 100:
```

Welche Anweisungen sind zulässig?

a) `int start = limit / 2;`

b) `printf("Grenzwert: %d\n", limit);`

c) `limit = 200;`

Aufgaben

2.1 Bestimmen Sie den Typ folgender Konstanten.

a) `'X'`

b) `'\033'`

c) `0.123456f`

d) `512UL`

e) `0x10F`

f) `2e+10`

g) `1.2345678`

h) `0101`

i) `0xAL`

2.2 Schreiben Sie die Anweisungen, die exakt die folgenden Ausgaben erzeugen.

Hinweis: Verwenden Sie Escape-Sequenzen zur Ausgabe von Sonderzeichen oder Steuerzeichen.

a)

```
"It is impossible to make anything foolproof"
                "because fools are so ingenious (Murphy)."
```

wobei die Einrückung mit zwei horizontalen Tabs erfolgen soll.

b)

```
Datei nicht gefunden: "C:\docs\Sprueche.doc"
```

und einen Ton, um die Aufmerksamkeit des Benutzers zu wecken.

2.3 Nicht alle der folgenden Variablendefinitionen sind korrekt. Welche Fehler liegen vor?

a) `int INT = 0X100;`

b) `unsigned char code = 300;`

c) `short zeichen = '\\';`

d) `int 1i = 0, 2i = -1;`

e) `short gültig = 40000;`

f) `float Result = 1234.56789;`

g) `long long goto = 10000;`

h) `long file = "MeineBilder";`

i) `double top-left = 10.5;`

j) `long double size = 706*975;`

2.4 Schreiben Sie ein C-Programm, das zwei Variablen für Gleitpunktzahlen initialisiert und ihre Werte am Bildschirm anzeigt. Anschließend berechnet das Programm die Summe, die Differenz, das Produkt und den Quotienten beider Zahlen und zeigt die Ergebnisse an.

2.5 Bestimmen Sie die Ausgabe des folgenden C-Programms, ohne das Programm auszuführen.

Hinweis: Eine ASCII-Code Tabelle ist hilfreich.

```
#include <stdio.h>
int main()
{
    char c = 'A';
    printf("%c %d\n", c, c);
    c = c + 1;
    printf("%c %d\n", c, c);
    c = c + ('a' - 'A');
    printf("%c %d\n", c, c);
    return 0;
}
```

2.6 Schreiben Sie ein C-Programm, das die Größe des Speicherplatzes und den Wertebereich der Datentypen `char` und `int` anzeigt. Verwenden Sie die Konstanten `CHAR_MIN`, `CHAR_MAX`, `INT_MIN` und `INT_MAX`, die den kleinsten und größten möglichen Wert des jeweiligen Typs darstellen. Diese Konstanten sind in der Header-Datei `limits.h` definiert.

Hinweis: Der Operator `sizeof` liefert die Größe eines Typs in Anzahl Byte.

2.7 Die Header-Datei `float.h` definiert die Konstanten, die die Wertebereiche und Genauigkeiten der Gleitpunkttypen beschreiben. Für den Typ `float` sind das die Konstanten `FLT_MAX`, `FLT_MIN` und `FLT_DIG`. Sie stellen den größten Wert, den kleinsten positiven Wert und die Genauigkeit dar. Die entsprechenden Konstanten für den Typ `double` sind `DBL_MAX`, `DBL_MIN` und `DBL_DIG`. Schreiben Sie ein C-Programm, das den Wert dieser Konstanten anzeigt.

Hinweis: Zeigen Sie den größten und kleinsten Wert in exponentieller Schreibweise an. Verwenden Sie dazu das Formatelement `%E`.

2.8 Bestimmen und korrigieren Sie die vier Fehler in jedem der folgenden Programme.

a)

```
#include <stdio.h>
int main()
{   // Hier stimmt einiges nicht!
    double a;
    b = a + 10;
    printf("Ergebnis: %d/n", b);
    return 0;
}
```

b)

```
#include <stdio.h>
int main()
{
   char z1 = "?", z2 = 0x100, z3 = 0101;
   printf("Die drei Zeichen: %c %c\n", z1 z2 z3);
   return 0;
}
```

2.9 In einem C-Programm ist zu einem Brutto-Betrag der zugehörige Netto-Betrag und die enthaltene Mehrwertsteuer zu berechnen.

Definieren Sie die Variablen `brutto`, `netto`, `mwst` und `mwst_satz`, wobei Sie die Variablen `brutto` und `mwst_satz` beispielsweise mit den Werten 500.00 und 0.19 initialisieren. Speichern Sie das Ergebnis in den Variablen `netto` und `mwst` und zeigen Sie es am Bildschirm an. Es gilt die Formel:

```
netto = brutto / (1 + mwst_satz)
```

2.10 Was gibt folgendes C-Programm auf dem Bildschirm aus?

```
#include <stdio.h>
void myFunction(void);
int a = 100;

int main()
{
   int b = 10;
   myFunction();
   printf("In main():        a = %d,  b = %d\n", a, b);
   myFunction();
   return 0;
}

void myFunction()
{
   int b = 20;
   a = a + b;
   b = b + 10;
   printf("In myFunction(): a = %d,  b = %d\n", a, b);
}
```

Lösungen zu den Verständnisfragen

2.1 a) und b)

2.2 Richtig

2.3 b) und c)

2.4 `long`

2.5 c)

2.6 b)

2.7 Richtig

2.8 c)

2.9 a) und c)

2.10 0, 48, 0

2.11 Falsch (`'A'` ist der Zeichencode von A, also 65, und `"A"` ist ein String.)

2.12 3 (ein Byte für das String-Endezeichen `\0`)

2.13 Horizontaler Tabulator und Zeilenwechsel (new-line).

2.14 Richtig

2.15 a)

2.16 b) und c)

2.17 a) und b)

2.18 0

2.19 c)

2.20 a) und b)

Lösungen zu den Aufgaben

2.1 a) `int` (Zeichencode von X)

b) `int` (Zeichencode oktal 33 = dezimal 27)

c) `float`

d) `unsigned long`

e) `int` (hexadezimale Konstante)

f) `double`

g) double

h) int (oktale Konstante)

i) long (hexadezimale Konstante)

2.2 a)

```
printf("\"It is impossible to make anything foolproof\"\n"
       "\t\t\"because fools are so ingenious (Murphy).\"\n");
```

b)

```
printf("Datei nicht gefunden: "
       "\"C:\\docs\\Sprueche.doc\"\a\n");
```

2.3 a) Korrekt (Groß- und Kleinschreibung wird unterschieden.)

b) Wert 300 zu groß. (Wertebereich von unsigned char: 0 bis 0xFF = 255.)

c) Korrekt (Code des Sonderzeichens \ in einer short-Variablen.)

d) Namen dürfen nicht mit einer Ziffer beginnen.

e) Unzulässiger Name und 40000 nicht im Wertebereich von short.

f) Der Typ float besitzt nur eine Genauigkeit von 6 Dezimalstellen.

g) goto ist ein Schlüsselwort.

h) Eine numerische Variable kann nicht mit einem String initialisiert werden.

i) Bindestriche sind in Namen nicht zulässig.

j) Korrekt (Initialisierung mit dem Ergebnis von 706*975.)

2.4

```
/* ----------------------------------------------------
 * ex02_04.c
 * Zwei Variablen für Gleitpunktzahlen initialisiert und
 * anzeigen. Anschließend Summe, Differenz, Produkt und
 * Quotienten beider Zahlen berechnen und anzeigen.
 * ----------------------------------------------------
 */
#include <stdio.h>

int main()
{
   double zahl1 = 12.3, zahl2 = 78.9;
   double summe, differenz, produkt, quotient;
```

```
   printf("Wert der zwei Variablen: %f und %f\n",
          zahl1, zahl2);

   summe     = zahl1 + zahl2;
   differenz = zahl1 - zahl2;
   produkt   = zahl1 * zahl2;
   quotient  = zahl1 / zahl2;

   printf("Summe:     %f\n"
          "Differenz: %f\n"
          "Produkt:   %f\n"
          "Quotient:  %f\n",
                 summe, differenz, produkt, quotient);
   return 0;
}
```

2.5 Die Ausgabe des Programms:

```
A 65
B 66
b 98
```

2.6

```
/* ---------------------------------------------------
 * ex02_06.c
 * Zeigt den Speicherbedarf und den Wertebereich
 * der Datentypen char und int an.
 * ---------------------------------------------------
 */
#include <stdio.h>
#include <limits.h>

int main()
{
   printf("Groesse und Wertebereich "
          "der Typen char und int\n\n");
   printf("Typ  Speicherplatz  Minimum      Maximum\n"
          "-----------------------------------------\n");
   printf("char     %d          %d           %d\n",
                    sizeof(char), CHAR_MIN, CHAR_MAX );
   printf("int      %d          %d   %d\n",
                    sizeof(int), INT_MIN, INT_MAX );
   return 0;
}
```

2.7

```
/* ---------------------------------------------------
 * ex02_07.c
 * Zeigt den Wertebereich und die Genauigkeit
 * der Gleitpunkttypen float und double an.
 * ---------------------------------------------------
 */
#include <stdio.h>
#include <float.h>

int main()
{
   printf("Wertebereich und Genauigkeit "
          "der Typen float und double\n\n");

   printf("----- Eigenschaften des Typs float -----\n");
   printf("Groesster Wert:                 %E\n", FLT_MAX);
   printf("Kleinster positiver Wert:       %E\n", FLT_MIN);
   printf("Genauigkeit (Dezimalziffern): %d\n\n", FLT_DIG);

   printf("----- Eigenschaften des Typs double -----\n");
   printf("Groesster Wert:                 %E\n", DBL_MAX);
   printf("Kleinster positiver Wert:       %E\n", DBL_MIN);
   printf("Genauigkeit (Dezimalziffern): %d\n", DBL_DIG);

   return 0;
}
```

2.8 a) Die Variable a muss initialisiert werden, da mit ihrem Wert gerechnet wird. Die Variable b ist nicht definiert.
Das Formatelement in der `printf`-Anweisung muss `%f` sein (statt %d) und die Escape-Sequenz lautet \n (statt /n).
Hier eine korrekte Version des Programms:

```
#include <stdio.h>
int main()
{  // So ist es richtig!
   double a = 1.5, b;
   b = a + 10;
   printf("Ergebnis: %f\n", b);
   return 0;
}
```

b) Die Initialisierungen von `z1` und `z2` sind nicht korrekt: Eine Variable vom Typ `char` kann keinen String oder Werte größer als `0x7f = 127` speichern. In der `printf`-Anweisung fehlt ein Formatelement und die Argumente sind mit Kommas zu trennen.
Hier eine korrekte Version des Programms:

```
#include <stdio.h>
int main()
{
   char z1 = '?', z2 = 0x40, z3 = 0101;
   printf("Die drei Zeichen: %c %c %c\n", z1, z2, z3);
   return 0;
}
// Ausgabe:
// Die drei Zeichen: ? @ A
```

2.9

```
/* ----------------------------------------------------
 * ex02_09.c
 * Berechnet zu einem Brutto-Betrag den Netto-Betrag
 * und die enthaltene Mehrwertsteuer.
 * ----------------------------------------------------
 */
#include <stdio.h>

int main()
{
   double brutto = 200.0,          // Brutto-Betrag
          mwst_satz = 0.19,        // Mehrwehrsteuersatz
          netto,                   // Netto-Betrag
          mwst;                    // Mehrwertsteuer

   printf("Berechnung des Mehrwertsteueranteils\n\n");

   netto = brutto / (1 + mwst_satz);
   mwst  = brutto - netto;         // Mehrwertsteuer
   // oder
   // mwst = netto * mwst_satz;

   printf("Brutto-Betrag:       %f\n"
          "Mehrwertsteuersatz: %f\n"
          "Netto-Betrag:       %f\n"
          "Mehrwertsteuer:     %f\n",
                   brutto, mwst_satz, netto, mwst);
```

```
    return 0;
}
```

2.10

```
In myFunction(): a = 120,  b = 30
In main():       a = 120,  b = 10
In myFunction(): a = 140,  b = 30
```

Kapitel 3

Verwendung von Funktionen

In diesem Kapitel werden Sie vordefinierte Funktionen einsetzen, die die Standardbibliothek oder eine andere Bibliothek zur Verfügung stellen.

- Funktionen deklarieren

  Bevor eine Funktion aufgerufen werden kann, muss sie deklariert werden. Die Deklaration liefert dem Compiler Informationen über die Aufrufschnittstelle, d.h. über den Typ jedes Parameters und den Typ des Return-Wertes. Man nennt dies auch den *Prototyp* der Funktion. Beispielsweise besitzt die Standardfunktion `sqrt()`, die die Wurzel einer Zahl berechnet, folgenden Prototyp:

  ```
  double sqrt( double x);
  ```

  Die Funktion `sqrt()` hat also einen Parameter vom Typ `double` und gibt einen Wert vom Typ `double` zurück. In Prototypen haben die Parameternamen – in unserem Beispiel `x` – nur die Bedeutung eines Kommentars und können auch fehlen. Eine Funktion, die keinen Wert zurückgibt, hat den Typ `void`. Wenn eine Funktion keine Parameter besitzt, werden die Parameter als `void` deklariert.

  Die Prototypen der Standardfunktionen sind bereits in Standard-Header-Dateien enthalten. So befindet sich der Prototyp von `sqrt()` in der Header-Datei `math.h`. Es genügt also, die entsprechende Header-Datei zu inkludieren.

  Auch wenn es in C zulässig ist, eine Funktion ohne die zugehörigen Parameter zu deklarieren, sollte von dieser Möglichkeit kein Gebrauch gemacht werden.

- Funktionen aufrufen

  Beim Aufruf einer Funktion wird für jeden Parameter ein entsprechendes Argument übergeben. Eine Funktion, die keinen Parameter besitzt, wird ohne ein Argument aufgerufen. Der Funktionsaufruf selbst ist ein Ausdruck, der den Typ und den Wert des Return-Wertes der Funktion hat. Sofern die Deklaration der Funktion ein Prototyp ist, d.h. die Deklaration der Parameter beinhaltet, überprüft der Compiler den Funktionsaufruf anhand des Prototyps und gibt bei einem falschen Aufruf eine Fehlermeldung aus.

- Header-Dateien inkludieren

  Header-Dateien sind Textdateien, die typischerweise Prototypen von Funktionen und Typ-Definitionen enthalten. Wenn in der `#include`-Direktive der Name der Header-Datei in spitzen Klammern `<...>` angegeben ist, wird die Datei nur in den Verzeichnissen mit den Standard-Header-Dateien gesucht. Ist der Name in Hochkommas `"..."` angegeben, wird zusätzlich zuerst im aktuellen Verzeichnis gesucht.

Verständnisfragen

3.1 In C muss jede Funktion vor ihrem Aufruf ____________ werden.

3.2 In C sind die beiden folgenden Deklarationen gleichwertig:

```
double func();
double func(void);
```

☐ Richtig

☐ Falsch

3.3 Der Prototyp einer Funktion informiert den Compiler über

a) die Anzahl der Parameter.

b) den Typ jedes Parameters.

c) den Typ des Return-Wertes.

3.4 Eine Funktion darf auch mehrmals deklariert werden:

☐ Richtig

☐ Falsch

3.5 Der Aufruf einer Funktion ist stets ein Ausdruck vom Typ

a) `void`.

b) der im Funktionskopf deklarierten Parameter.

c) des Return-Wertes der Funktion oder `void`.

3.6 Parameternamen im Prototyp einer Funktion haben nur die Bedeutung eines Kommentars und können auch weggelassen werden.

☐ Richtig

☐ Falsch

3.7 Für den Aufruf einer Standardfunktion benötigt der Compiler

a) keine weiteren Informationen.

b) die Deklaration der Funktion.

c) die Definition der Funktion.

3.8 Ein Argument, das einer Funktion übergeben wird, darf

a) nur eine Konstante

b) nur eine Variable

c) ein beliebiger Ausdruck

vom Typ des entsprechenden Parameters sein.

3.9 Die Funktion `myFunc()` besitzt folgenden Prototyp

```
long myFunc( double, int);.
```

Dann hat der Funktionsaufruf

```
myFunc( 31.7, 5)
```

den Typ long.

3.10 In C gibt jede Funktion einen Wert zurück.

- [ ] Richtig
- [x] Falsch

3.11 Zur Deklaration einer Standardfunktion für die Ein- oder Ausgabe, beispielsweise der Funktion `printf()`, wird die Header-Datei stdio.h inkludiert.

3.12 Eine Header-Datei ist eine

a) Textdatei.

b) Objektdatei.

c) ausführbare Datei.

3.13 Alle benötigten Header-Dateien stellt die Compiler-Software zur Verfügung. Es ist daher nie notwendig, eigene Header-Dateien zu schreiben.

- [ ] Richtig
- [x] Falsch

3.14 In einem Programm wird die Header-Datei `math.h` inkludiert und die Standardfunktion `pow()` mit nur einem Argument aufgerufen. Der Compiler

a) verwendet für den zweiten Parameter einen Default-Wert.

b) gibt eine Warnung aus.

c) gibt eine Fehlermeldung aus.

3.15 Die Standardfunktion, die eine Zufallszahl zurückgibt, heißt rand().

3.16 Zur Deklaration der Standardfunktionen `srand()` und `rand()` ist folgende Header-Datei zu inkludieren:

a) `stdio.h`

b) `stdlib.h`

c) `math.h`

3.17 Ein C-Programm definiert die zwei `int`-Variablen `zahl1` und `zahl2` und enthält die Anweisungen:

```
zahl1 = rand();
zahl2 = rand();
```

Anschließend enthalten die Variablen `zahl1` und `zahl2` denselben Wert, da zweimal dieselbe Funktion ohne ein Argument aufgerufen wird.

☐ Richtig

☒ Falsch

3.18 Damit der Compiler die Header-Datei `myProject.h` zuerst im aktuellen Verzeichnis sucht, muss die `include`-Direktive wie folgt lauten:

a) `#include "myProject.h"` ✗

b) `#include <myProject.h>`

c) `#include myProject.h`

3.19 Ein C-Programm ruft die Standardfunktion `sqrt()` auf, um die Quadratwurzel einer Zahl zu berechnen. Dazu inkludiert das Programm die Header-Datei <u>math.h</u>.

3.20 Ein C-Programm definiert folgende Variablen:

```
double x = 2.0, y;
```

Die Anweisung, um mit der Standardfunktion `sqrt()` aus x die Quadratwurzel zu ziehen und in y zu speichern, lautet dann: <u>double y = sqr(x);</u>

Aufgaben

3.1 Wie lauten die Prototypen folgender Funktionen?

a) Die Funktion `median3()` liefert den mittleren Wert von drei `double`-Werten, die als Argumente übergeben werden.

b) Die Funktion `logStatus()` schreibt die aktuelle Zeit und den Status des Programms in eine Protokolldatei. Die Funktion hat keinen Parameter und keinen Return-Wert.

c) Die Funktion `geradensteigung()` liefert die Steigung einer Geraden durch zwei Punkte in der Ebene. Die Koordinaten der zwei Punkte x1, y1, x2, y2 werden der Funktion als `double`-Werte übergeben.

d) Die Funktion `ggt()` bestimmt den größten gemeinsamen Teiler von zwei ganzen Zahlen, die als Argumente übergeben werden.

e) Die Funktion `geomReihe()` liefert das n-te Element s_n einer normierten geometrischen Reihe, also den Wert $q^0 + q^1 + ... + q^n$. Als Argument erhält die Funktion die Gleitpunktzahl `q` und die ganze Zahl `n`.

f) Die Funktion `InitApplication()` initialisiert die Anwendung. Sie erhält kein Argument und liefert `true` zurück, falls die Initialisierung erfolgreich war, andernfalls `false`. Die Konstanten `true` und `false` sind vom Typ `bool`, der zusammen mit den Konstanten in der Standard-Header-Datei `stdbool.h` definiert ist.

3.2 Die folgenden Deklarationen sind keine gültigen Prototypen. Bestimmen Sie die Fehler.

a) `myFunc( long n);`

b) `short yourFunc();`

c) `int checkvalue( wert);`

d) `double average( double x1, x2, x3);`

3.3 Schreiben Sie ein C-Programm, das zunächst eine Variable für Gleitpunktzahlen mit einem Wert Ihrer Wahl initialisiert. Anschließend gibt das Programm die Zahl selbst sowie die dritte und fünfte Potenz der Zahl am Bildschirm aus. Die Potenzen sollen mit der Standardfunktion `pow()` berechnet werden.

3.4 Was gibt das folgende Programm am Bildschirm aus?

Hinweis: Die Standardfunktion `floor()` liefert die größte ganze Zahl, die kleiner oder gleich ihrem Argument ist. Mit anderen Worten, `floor()` schneidet bei einer positiven Zahl den gebrochenen Anteil einer Gleitpunktzahl ab. Die Header-Datei `math.h` enthält den Prototyp der Funktion.

```
#include <stdio.h>
#include <math.h>

int main()
{
   double betrag1 = 99.4,  betrag2 = 99.5;
   double preis1 = 1.9849, preis2 = 2.9851;

   betrag1 = floor( betrag1 + 0.5);
   betrag2 = floor( betrag2 + 0.5);
   printf("betrag1 = %f  betrag2 = %f\n",
                     betrag1, betrag2);
```

```
    preis1 = floor( preis1 * 100 + 0.5) / 100;
    preis2 = floor( preis2 * 100 + 0.5) / 100;
    printf("preis1  =  %f  preis2  =   %f\n",
                           preis1, preis2);
    return 0;
}
```

3.5 Nicht alle der folgenden Funktionsaufrufe sind korrekt. Wo liegen die Fehler?

a)

```
#include <stdio.h>
// Prototyp von putchar():  int putchar( int);
putchar("Z");
```

b)

```
#include <stdlib.h>
// Prototyp von srand():  void srand(unsigned int);
int z = srand(77U);
```

c)

```
#include <math.h>
// Prototyp von tan():  double tan( double);
double pi = 3.141593, angle = 31.5;
double y = tan( angle * (pi/180));
```

d)

```
int printDoc( void);
printDoc("Memo.txt");
```

e)

```
double mittelwert( double, double, double);
double ergebnis = mittelwert( 1.7, 3.2);
```

3.6 Was bewirkt der folgende Aufruf der Funktionen `srand()` und `time()`?

```
#include <stdlib.h>        // Prototyp von srand()
#include <time.h>          // Prototyp von time()
// ...
   srand( (unsigned int)time(NULL));
```

Hinweis: Der Aufruf `time(NULL)` der Standardfunktion `time()` liefert die Anzahl Sekunden seit einem bestimmten Zeitpunkt, gewöhnlich seit dem 1.1.1970, 0:00 Uhr. Der Klammerausdruck `(unsigned int)` konvertiert diese Zahl in den Typ `unsigned int`, also in den richtigen Typ für das Argument der Funktion `srand()`.

3.7 Schreiben Sie ein C-Programm, das zunächst den Zufallsgenerator wie in der vorhergehenden Aufgabe initialisiert und dann drei einfache Additionsaufgaben mit Zufallszahlen zwischen 10 und 99 stellt.

Zusatzfrage: Erzeugt das Programm bei einem erneuten Aufruf dieselben Additionsaufgaben?

Hinweis: Die Modulo-Division % liefert den Rest einer ganzzahligen Division. Zum Beispiel ergibt `18%5` den Wert `3`. In welchem Bereich liegt dann das Ergebnis des Ausdrucks `z%90+10` für eine beliebige positive Ganzzahl `z`?

3.8 Die Logarithmusfunktion `log()` und die Exponentialfunktion `exp()` werden in der Praxis oft verwendet, um Steigerungsraten zu beschreiben. Schreiben Sie ein C-Programm, das die Ergebnisse dieser Funktionen für die Werte 1, 10 und 100 etwa wie folgt anzeigt.

```
    x           log(x)          exp(x)
-----------------------------------------
  1.000000      0.000000      2.718282E+000
 10.000000      2.302585      2.202647E+004
100.000000      4.605170      2.688117E+043
```

Hinweis: Der Rückgabewert der Funktion `exp()` kann sehr groß werden, so dass die Darstellung als Fixpunktzahl mit dem `printf`-Formatelement `%f` nicht mehr geeignet ist. Verwenden Sie daher zur Ausgabe der Werte von `exp(x)` das Formatelement `%E`, das Zahlen wie auf einem Taschenrechner in exponentieller Darstellung ausgibt.

3.9 Was gibt das folgende Programm am Bildschirm aus?

Hinweis: Die selbst definierte Funktion `euro2dollar()` erhält als Argumente einen Euro-Betrag und den Wechselkurs. Mit der `return`-Anweisung gibt die Funktion den in US-Dollar umgerechneten Betrag zurück.

Im Formatelement `%.2f` ist `.2` die Genauigkeit. Sie bewirkt, dass genau zwei Stellen nach dem Dezimalpunkt ausgegeben werden.

```
#include <stdio.h>
double euro2dollar( double euro, double kurs);
```

```
int main()
{
   double kurs = 1.45, euro = 200.0, dollar;

   dollar = euro2dollar( euro, kurs);
   printf("Beim Kurs von %f Dollar fuer einen Euro sind\n"
          "%.2f Euro = %.2f Dollar\n", kurs, euro, dollar);

   kurs = 1.333333;
   euro = 300.0;
   dollar = euro2dollar( euro, kurs);
   printf("Beim Kurs von %f Dollar fuer einen Euro sind\n"
          "%.2f Euro = %.2f Dollar\n", kurs, euro, dollar);
   return 0;
}

// ------------------------------------------------------
// Die Funktion euro2dollar() gibt zu einem Euro-Betrag
// den entsprechenden Betrag in US-Dollar zurück.
// Der Kurs ist der Preis in Dollar für einen Euro und
// wird als zweites Argument übergeben.

double euro2dollar( double euro, double kurs)
{
   double dollar = euro * kurs;
   return dollar;
}
```

3.10 Die Höhe eines Turmes, der auf einer waagerechten Ebene steht, kann aus der Länge des Schattens und dem Winkel, den die Sonne zur Ebene bildet, berechnet werden. Es gilt:

Turmhöhe = Schattenlänge * Tangens(Winkel)

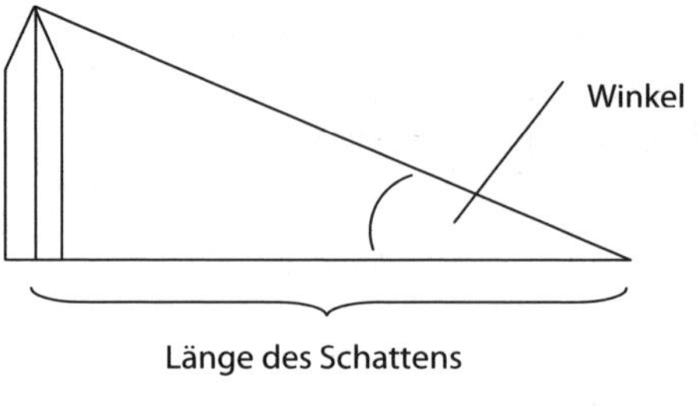

Schreiben Sie ein C-Programm, das vom Anwender des Programms die Länge des Schattens in Metern und den Winkel in Grad einliest und dann die Höhe des Turms ausgibt.

Hinweise:

1. In eine Variable `var` vom Typ `double` kann durch folgende Anweisung eine Zahl von der Tastatur eingelesen werden:

```
scanf("%lf", &var);
```

2. Den Tangens eines Winkels berechnet die Standardfunktion `tan()`, die den Winkel im Bogenmaß als Argument erhält. Um einen Winkel von Grad ins Bogenmaß umzurechnen, wird er mit `(pi/180)` multipliziert, wobei `pi = 3.1415927`.

Lösungen zu den Verständnisfragen

3.1 deklariert

3.2 Falsch (leere Klammern bedeuten keine Information über Parameter)

3.3 a), b) und c)

3.4 Richtig

3.5 c)

3.6 Richtig

3.7 b)

3.8 c)

3.9 `long`

3.10 Falsch (Funktionen, die keinen Wert zurückgeben, haben den Typ `void`.)

3.11 `stdio.h`

3.12 a)

3.13 Falsch

3.14 c)

3.15 `rand()`

3.16 b)

3.17 Falsch (`rand()` liefert mit jedem neuen Aufruf eine neue Zufallszahl.)

3.18 a)

3.19 `math.h`

3.20 `y = sqrt(x);`

Lösungen zu den Aufgaben

3.1 a)

```
double median3( double, double, double);
```

b)

```
void logStatus( void);
```

c)

```
double geradensteigung( double x1, double y1,
                        double x2, double y2);
```

d)

```
int ggt( int, int);
```

e)

```
double geomReihe( double q, int n);
```

f)

```
#include <stdbool.h>
bool InitApplication( void);
```

3.2 a) Es fehlt die Angabe des Typs für den Return-Wert.

b) Es fehlt die Deklaration der Parameter. Deshalb liegt zwar eine gültige Funktions-Deklaration vor, aber kein Prototyp.

c) Es fehlt der Typ des Parameters.

d) Es fehlen die Typangaben für den zweiten und dritten Parameter.

3.3

```
/* --------------------------------------------------
 * ex03_03.c
 * Potenzen einer Zahl berechnen und ausgeben.
 * --------------------------------------------------
 */
#include <stdio.h>
```

```
#include <math.h>

int main()
{
   double zahl = 3.0;

   printf("Berechnung von Potenzen\n\n", zahl);

   printf("%f hoch 3 = %f\n", zahl, pow( zahl, 3.0));
   printf("%f hoch 5 = %f\n", zahl, pow( zahl, 5.0));

   return 0;
}
```

3.4 Durch Addition von `0.5` und Anwendung der Funktion `floor()` wird eine positive Zahl kaufmännisch gerundet. Die Ausgabe des Programms ist also:

```
betrag1 = 99.000000  betrag2 = 100.000000
preis1  =  1.980000  preis2  =   2.990000
```

3.5 a) Das angegebene Argument `"Z"` ist ein String, kein Ausdruck vom Typ `int`. Richtig ist: `putchar('Z');`

b) Die Funktion `srand()` besitzt keinen Return-Wert. Er kann daher auch nicht an eine Variable zugewiesen werden.

c) Korrekt

d) Gemäß dem Prototyp wird die Funktion `printDoc()` ohne Argument aufgerufen.

e) Beim Aufruf fehlt das dritte Argument.

3.6 Die Funktion `srand()` initialisiert den Zufallsgenerator mit der aktuellen Anzahl Sekunden, die die Funktion `time()` zurückgibt. Dadurch liefert der Zufallsgenerator bei einem erneuten Aufruf des Programms andere Zufallszahlen, sofern zwischen den Aufrufen mindestens eine Sekunde vergangen ist.

3.7

```
/* ----------------------------------------------------
 * ex03_07.c
 * Drei Additionsaufgaben mit Zufallszahlen.
 * ----------------------------------------------------
 */
#include <stdio.h>
#include <stdlib.h>
```

```
#include <time.h>

int main()
{
   int z1, z2;

   srand( (unsigned int)time(NULL));

   printf("Loesen Sie folgende Additionsaufgaben! \n");
   printf("Zur Kontrolle: Ergebnis in Klammern.\n\n");

   z1 = 10 + rand() % 90;          // Zwei Zufallzahlen im
   z2 = 10 + rand() % 90;          // Bereich von 10 bis 99.
   printf("%d + %d = \n", z1, z2); // Die Additionsaufgabe.
   printf("(%d)\n", z1+z2);        // Das Ergebnis zur
                                   // Kontrolle.
   z1 = 10 + rand() % 90;          // Und noch zwei Aufgaben.
   z2 = 10 + rand() % 90;
   printf("%d + %d = \n", z1, z2);
   printf("(%d)\n", z1+z2);

   z1 = 10 + rand() % 90;
   z2 = 10 + rand() % 90;
   printf("%d + %d = \n", z1, z2);
   printf("(%d)\n", z1+z2);

   return 0;
}
```

Zur Zusatzfrage: Die Initialisierung mit der Zeit bewirkt, dass bei jedem Aufruf des Programms neue Aufgaben gestellt werden, sofern mindestens eine Sekunde seit dem letzten Aufruf vergangen ist.

3.8

```
/* --------------------------------------------------
 * ex03_08.c
 * Aufruf der Funktionen log() und exp()
 * --------------------------------------------------
 */
#include <stdio.h>
#include <math.h>
```

```
int main()
{
    double x = 1.0, y1, y2;

    y1 = log(x);
    y2 = exp(x);
    printf("    x              log(x)          exp(x)\n"
           "-----------------------------------------\n");
    printf(" %f     %f      %E\n", x, y1, y2);

    x = 10.0;
    y1 = log(x);
    y2 = exp(x);
    printf(" %f     %f      %E\n", x, y1, y2);

    x = 100.0;
    y1 = log(x);
    y2 = exp(x);
    printf("%f     %f      %E\n", x, y1, y2);

    return 0;
}
```

3.9 Die Ausgabe des Programms:

```
Bei einem Kurs von 1.450000 Dollar fuer einen Euro sind
200.00 Euro = 290.00 Dollar
Bei einem Kurs von 1.333333 Dollar fuer einen Euro sind
300.00 Euro = 400.00 Dollar
```

3.10

```
/* -------------------------------------------------
 * ex03_10.c
 * Dieses Programm berechnet die Höhe eines Turms aus
 * der Länge des Schattens und dem Winkel, den die Sonne
 * zum Horizont bildet.
 * -------------------------------------------------
 */
#include <stdio.h>
#include <math.h>       // Prototyp der Funktion tan()
```

```
int main()
{
   double turmhoehe = 0, schattenlaenge = 0, winkel = 0;
   const double pi = 3.1415927;

   printf("*** Berechnung der Turmhoehe ***\n\n");

   // Schattenlaenge vom Anwender einlesen:
   printf("Schattenlaenge des Turms (in Meter):      ");
   scanf("%lf", &schattenlaenge);

   // Ebenso den Winkel:
   printf("Winkel der Sonne zum Horizont (in Grad): ");
   scanf("%lf", &winkel);

   // Berechnung der Turmhöhe. Vor dem Aufruf von tan()
   // wird der Winkel von Grad in Bogenmaß umgerechnet.
   turmhoehe = schattenlaenge * tan( winkel * pi/180);

   printf("Die Hoehe des Turms: %.2f Meter\n", turmhoehe);

   return 0;
}
```

Kapitel 4

Formatierte Ein- und Ausgabe

Die Standardfunktion `printf()` bietet umfassende Möglichkeiten, Zeichen und Zahlen formatiert auszugeben. `printf()` schreibt auf die Standardausgabe `stdout`, die mit dem Bildschirm verbunden ist. Die Gegenfunktion `scanf()` liest formatierten Text von der Standardeingabe `stdin`, also von der Tastatur. Die Ein- und Ausgabe kann umgelenkt werden. Mehr zur Umlenkung und Übungen dazu finden Sie im siebten Kapitel.

- Formatelemente verwenden

  Die Funktionen `printf()` und `scanf()` erhalten als erstes Argument einen String, der mehrere *Formatelemente* (auch *Konvertierungsspezifikationen* genannt) enthalten kann. Jedem Formatelement ist ein weiteres Argument zugeordnet. Das Formatelement steuert die Ausgabe dieses Arguments bzw. das Einlesen eines Wertes. Jedes Formatelement beginnt mit dem %-Zeichen und endet mit einem Buchstaben, was den Typ der Konvertierung festlegt, zum Beispiel %d. Zwischen dem %-Zeichen und dem abschließenden Buchstaben können weitere Angaben stehen, um beispielsweise die Feldbreite festzulegen.

- Zahlen und Zeichen formatiert ausgeben

  Ganze Zahlen können mit %d dezimal, mit %o oktal und mit %x (oder %X) hexadezimal ausgegeben werden. Bei der Ausgabe von ganzen Zahlen vom Typ `long` (oder `unsigned long`) muss den obigen Typangaben der Buchstabe `l` vorangestellt werden (z.B. `%ld`).

  Das Formatelement %c gibt das Zeichen aus, das zum Zeichencode des Arguments gehört. Zum Beispiel hat das Fragezeichen den Code 63:

  ```
  printf("%c %d %X\n", 63,63,63);    // Ausgabe: ? 63 3F
  ```

  Zahlen vom Typ `float` oder `double` werden mit %f als Fixpunktzahl und mit %e (oder %E) in exponentieller Form ausgegeben, standardmäßig mit sechs Ziffern nach dem Dezimalpunkt. Das kann man durch die Angabe einer Genauigkeit ändern: So erzeugt `%.2f` eine Ausgabe mit zwei Ziffern nach dem Punkt.

- Zahlen und Zeichen formatiert einlesen

  Im einfachsten Fall enthält der Formatstring von `scanf()` nur Formatelemente und Zwischenraumzeichen. `scanf()` konvertiert dann die Eingabefelder gemäß den Formatelementen und legt das Ergebnis in den Variablen ab, deren Adressen als Argumente angegeben wurden. `scanf()` überliest führende Zwischenraumzeichen, ausgenommen beim Formatelement %c. Beim Einlesen einer Gleitpunktzahl sind die Typen `float` und `double` zu unterscheiden: Das Argument zu `%f` muss die Adresse einer `float`-Variablen sein, das zu `%lf` die Adresse einer `double`-Variablen.

Verständnisfragen

4.1 Die Funktionen für die formatierte Ein- und Ausgabe sind in der Header-Datei ________________ deklariert.

4.2 `printf()` ist eine Funktion, die mit einer unterschiedlichen Anzahl von Argumenten aufgerufen werden kann. Das erste Argument ist stets ein String, der für jedes weitere Argument ein __________________ enthält.

4.3 Um den Wert *einer* Variablen auszugeben, wird `printf()` mit _____ Argumenten aufgerufen.

4.4 In einem C-Programm, das mit einer `double`-Variable `x` arbeitet, bewirkt die Anweisung:

```
printf("Wert von x = %d\n", x);
```

a) die korrekte dezimale Ausgabe des Wertes von `x`.

b) eine unsinnige Ausgabe.

c) eine Fehlermeldung des Compilers.

4.5 Die `printf`-Anweisung, um den Wert einer Variablen `n` vom Typ `unsigned int` dezimal, oktal und hexadezimal anzuzeigen, lautet:

____

4.6 Bei der Ausgabe von Ganzzahlen im oktalen oder hexadezimalen Format werden diese stets ohne Vorzeichen interpretiert.

☐ Richtig

☐ Falsch

4.7 Die Variablen `temp1` und `temp2` vom Typ `float` enthalten zwei gemessene Temperaturen. Dann gibt die Anweisung

```
printf("Die Temperaturen: %.1f\n", temp1, temp2);
```

a) nur den Wert von `temp1` aus. Das 3. Argument `temp2` wird ignoriert.

b) beide Temperaturen im gleichen Format aus.

c) einen unsinnigen Wert aus.

4.8 Das Formatelement zur dezimalen Ausgabe eines Wertes vom Typ `long` lautet ________.

4.9 Der Standardwert für die Genauigkeit bei der Ausgabe von Gleitpunktzahlen ist

a) 2

b) 6

c) 10

4.10 Um zu erreichen, dass die Ausgabe in einem Feld linksbündig erfolgt, wird der Feldbreite ein ________________ vorangestellt.

4.11 Wenn die auszugebende Zeichenfolge länger als die angegebene Feldbreite ist, wird die Ausgabe abgeschnitten.

☐ Richtig

☐ Falsch

4.12 Ist die Feldbreite größer als die auszugebende Zeichenfolge, werden restliche Stellen im Feld standardmäßig mit folgendem Zeichen aufgefüllt:

a) Tabulator

b) Punkt

c) Blank

4.13 Eine Gleitpunktzahl vom Typ `double` soll rechtsbündig in einem Feld der Breite 12 mit zwei Stellen nach dem Dezimalpunkt angezeigt werde. Das Formatelement dafür lautet __________.

4.14 Den Wert, den die Funktion `scanf()` eingelesen hat, liefert die Funktion als Return-Wert.

☐ Richtig

☐ Falsch

4.15 Um mit `scanf()` einen Wert in eine Variable einzulesen, muss als weiteres Argument die ______________ der Variablen angegeben werden.

4.16 Die Anweisung, um mit der Funktion `scanf()` eine Zahl in die `double`-Variable `var` einzulesen, lautet ______________________.

4.17 Ein C-Programm liest mit einer `scanf`-Anweisung das Alter des Anwenders in eine Variable vom Typ `int` ein. Der Anwender gibt aber seinen Namen ein. Dieser Fehler wird angezeigt durch

a) den Return-Wert von `scanf()`.

b) den Wert 0 in der `int`-Variablen.

c) eine automatische Fehlermeldung.

4.18 Beim Einlesen von Zahlen mit der Funktion `scanf()` werden führende Zwischenraumzeichen ignoriert.

- ☐ Richtig
- ☐ Falsch

4.19 Was bewirkt die Angabe der Feldbreite in folgender `scanf`-Anweisung:

```
int n;  scanf("%5d", &n);
```

a) Nichts. Feldbreiten haben bei `scanf()` keine Bedeutung.

b) Es müssen mindestens 5 Ziffern eingegeben werden.

c) `scanf()` liest maximal 5 Ziffern von der Standardeingabe.

4.20 Der Puffer der Standardeingabe kann durch die Anweisung ______________ gelöscht werden.

Aufgaben

4.1 Wie lauten die entsprechenden Anweisungen?

a) Der Wert einer Variablen `x` vom Typ `float` soll rechtsbündig in einem Feld der Breite 15 in exponentieller Form mit fünf Ziffern nach dem Dezimalpunkt ausgegeben werden.

b) Das Ergebnis einer Berechnung steht in der Variablen `result` vom Typ `long` und soll wie folgt in einer `printf`-Anweisung angezeigt werden: linksbündig in einem Feld der Breite 12 das Wort »`Ergebnis:`« und dann rechtsbündig in einem Feld der Breite 10 der Wert von `result`.

c) Das Datum, das in den `int`-Variablen `tag`, `monat` und `jahr` gespeichert ist, soll im Format `tt.mm.jjjj` angezeigt werden.

Hinweis: Bei der Ausgabe einer Zahl wird ein Feld mit dem Zeichen 0 (statt mit Leerzeichen) aufgefüllt, wenn das Formatelement mit %0 beginnt.

4.2 Schreiben Sie ein C-Programm, das vom Anwender eine Gleitpunktzahl einliest und die Zahl in Fixpunktdarstellung und in exponentieller Darstellung mit zwei Ziffern hinter dem Dezimalpunkt ausgibt.

Beispielausgabe:

```
Geben Sie eine Gleitpunktzahl ein: 234.567
234.57
2.35E+002
```

4.3 Bestimmen und korrigieren Sie die zehn Fehler im folgenden Programm.

```
int main()
{
    long nummer = 0L;
    double preis = 0.0;

    scanf("Artikelnummer: %d", nummer);
    scanf("Artikelpreis:  %f", preis);

    printf("%-20c%c\n", "Artikelnummer", "Artikelpreis");
    printf("-----------------------------------\n");
    printf("%-20d%.2f\n", nummer, preis);

    return 0;
}
```

4.4 Schreiben Sie ein C-Programm, das

- die größte darstellbare Zahl vom Typ `unsigned int` und
- die Zahl -1

in dezimaler, oktaler und hexadezimaler Darstellung ausgibt. Jede Ausgabe soll linksbündig in einem Feld der Breite 16 erfolgen.

Hinweis: In der Header-Datei `limits.h` ist die Konstante `UINT_MAX` definiert, die die größte Zahl vom Typ `unsigned int` darstellt.

Beispielausgabe:

```
Dezimal          Oktal            Hexadezimal
4294967295       37777777777      FFFFFFFF
-1               37777777777      FFFFFFFF
```

4.5 Schreiben Sie ein C-Programm, das zu einer Entfernung in Meilen den entsprechenden Kilometer-Wert berechnet. Das Programm liest vom Anwender die Länge in Meilen ein und zeigt den zugehörigen km-Wert auf eine Dezimalstelle gerundet an. Eine Meile sind 1,609344 km.

4.6 Bestimmen Sie – soweit möglich – die Ausgabe des folgenden C-Programms, ohne das Programm auszuführen.

```
#include <stdio.h>
#include <stdlib.h>
```

```
int main()
{
    int anzahl = 0;
    unsigned int alter = 20, groesse = 175;
    char vorname[10] = "";        // Platz für 10 Zeichen.

    printf("%20.10s Klaus\n", "Hier kommt Otto");

    printf("Und wer bist Du? ");
    scanf("%9s", vorname);        // Den Vornamen einlesen.
                                  // (bis zu 9 Zeichen).
    printf("\nHallo %s\n", vorname);

    printf("Bitte Alter und Groesse (in cm) eingeben:\n");
    anzahl = scanf("%u %u", &alter, &groesse);

    printf("Anzahl: %d\n", anzahl);

    srand( alter * groesse);
    printf("Deine Glueckszahl: %u\n", rand() % alter);

    return 0;
}
```

4.7 Wie verhält sich das vorstehende Programm und welchen Wert hat die Variable `anzahl` bei folgenden Eingaben:

a) Als Vorname werden 10 oder mehr Buchstaben eingegeben.

b) Max gibt das Alter wie folgt ein: `15 Jahre`

c) Otto drückt bei der Eingabe sofort die Tastenkombination [Strg]+[Z].

4.8 Schreiben Sie ein C-Programm, das

- ein Zeichen
- ein einzelnes Wort
- eine Oktalzahl
- eine Hexadezimalzahl

einliest und auf dem Bildschirm anzeigt. Initialisieren Sie die verwendeten Variablen, damit diese in jedem Fall einen definierten Wert haben. Testen Sie das Programm mit verschiedenen Eingaben, auch mit fehlerhaften Eingaben.

Hinweis: Das Programm der Aufgabe 4.6 zeigt, wie mit `scanf()` ein Wort eingelesen werden kann.

Ein Beispielablauf:

```
Geben Sie ein Zeichen ein:          $
Geben Sie ein Wort ein:             Hi!
Geben Sie eine Oktalzahl ein:       4567
Geben Sie eine Hexadezimalzahl ein: 9Ab

Ihre Eingabe:
Das Zeichen:          $
Das Wort:             Hi!
Die Oktalzahl:        4567
Die Hexadezimalzahl: 9ab
```

4.9 Schreiben Sie ein C-Programm, das zunächst mit einer `scanf`-Anweisung drei beliebige Zeichen von der Tastatur einliest. Dann gibt das Programm für jedes Zeichen den zugehörigen Zeichencode (dezimal mit Feldbreite 3) und das Zeichen selbst aus, jeweils in einer eigenen Zeile.

Hinweis: Verwenden Sie statt des Typs `char` den Typ `unsigned char`. Dann ist sichergestellt, dass Zeichencodes größer als 127 – z.B. für Umlaute – nicht als negative Zahlen interpretiert werden.

4.10 Schreiben Sie ein C-Programm, das zu einem dezimalen Zeichencode (8 Bit) das entsprechende Zeichen und den hexadezimalen Zeichencode anzeigt. Der maximal dreistellige Zeichencode wird vom Anwender eingegeben.

Um sicherzustellen, dass der eingegebene Code kleiner als 255 ist, soll in jedem Fall der Rest der Division durch 256 gebildet werden. Diesen Wert liefert die Modulo-Division, also der Ausdruck `n % 256`, wobei `n` die eingegebene Zahl ist.

Lösungen zu den Verständnisfragen

4.1 `stdio.h`

4.2 Formatelement (= Konvertierungsspezifikation)

4.3 zwei

4.4 b)

4.5 `printf("%u %o %x", n, n, n);`

4.6 Richtig

4.7 a)

4.8 `%ld`

4.9 b)

4.10 Minuszeichen

4.11 Falsch

4.12 c)

4.13 `%12.2f` oder `%12.2lf`

4.14 Falsch

4.15 Adresse

4.16 `scanf("%lf", &var);`

4.17 a)

4.18 Richtig

4.19 c)

4.20 `fflush(stdin);`

Lösungen zu den Aufgaben

4.1 a)

```
printf("Wert von x: %15.5E\n", x);
```

b)

```
printf("%-12s%10ld\n", "Ergebnis:", result);
```

c)

```
printf("%02d.%02d.%04d\n", tag, monat, jahr);
```

4.2

```
/* ---------------------------------------------------
 * ex04_02.c
 * Eine Zahl einlesen und sie in Fixpunktdarstellung
 * und in exponentieller Darstellung mit zwei Ziffern
 * hinter dem Dezimalpunkt anzeigen.
 * ---------------------------------------------------
 */
#include <stdio.h>
```

```
int main()
{
   double zahl = 0.0;
   printf("Geben Sie eine Gleitpunktzahl ein: ");
   scanf("%lf", &zahl);       // In double-Variable einlesen.
   printf("%.2f\n", zahl);    // Fixpunktdarstellung.
   printf("%.2E\n", zahl);    // exponentielle Darstellung.

   return 0;
}
```

4.3 Die korrigierten Stellen sind unterstrichen:

```
/* ------------------------------------------------------
 * ex04_03.c
 * Eine Version ohne Fehler!
 * ------------------------------------------------------
 */
#include <stdio.h>           // Deklaration der Funktionen
                             // für die Ein- und Ausgabe.
int main()
{
   long nummer = 0L;
   double preis = 0.0;

   printf("Artikelnummer: ");
   scanf("%ld", &nummer);    // In long-Variable einlesen.
   printf("Artikelpreis:  ");
   scanf("%lf", &preis);     // In double-Variable einlesen.

   printf("\n%-20s%s\n", "Artikelnummer", "Artikelpreis");
   printf("----------------------------------\n");
   printf("%-20ld%.2f\n", nummer, preis);

   return 0;
}
```

4.4

```
/* ------------------------------------------------------
 * ex04_04.c
 * Die größte darstellbare Zahl vom Typ unsigned int
 * und die Zahl -1 in dezimaler, oktaler und
 * hexadezimaler Darstellung ausgeben.
 * ------------------------------------------------------
 */
```

```
#include <stdio.h>
#include <limits.h>

int main()
{
   printf("%-20s%-20s%-20s\n",
          "Dezimal", "Oktal", "Hexadezimal");
   printf("%-20u%-20o%-20X\n",
           UINT_MAX, UINT_MAX, UINT_MAX);
   printf("%-20d%-20o%-20X\n", -1, -1, -1);

   return 0;
}
```

4.5

```
/* --------------------------------------------------
 * ex04_05.c
 * Meilen in Kilometer umrechnen.
 * --------------------------------------------------
 */
#include <stdio.h>

int main()
{
   double miles = 0.0, km = 0.0;
   const double km_mile = 1.609344;      // km pro Meile

   printf(" *** Umrechnung von Meilen in Kilometer ***\n\n");

   printf("Anzahl Meilen: ");
   scanf("%lf", &miles);

   printf("Das sind %.1f Kilometer.\n", miles * km_mile);

   return 0;
}
```

4.6 Das Programm erzeugt folgende Ausgabe, wenn 37 für das Alter und 180 für die Größe eingegeben wird:

```
          Hier kommt Klaus
Und wer bist Du? Max
```

```
Hallo Max
Bitte Alter und Groesse (in cm) eingeben:
37 180
Anzahl: 2
Deine Glueckszahl: (Eine Zahl zwischen 0 und alter-1)
```

4.7 Die fehlerhaften Eingaben haben folgende Wirkungen:

a) Durch die Angabe der Feldbreite 9 liest `scanf()` maximal 9 Zeichen für den Vornamen ein. Die übrigen Buchstaben verbleiben im Eingabepuffer. Beim Einlesen des Alters und der Größe werden diese Buchstaben als Erstes gelesen, können aber nicht als Zahl interpretiert werden. Deshalb bricht `scanf()` die Eingabe ab und liefert als Return-Wert `0`. Die Variable `anzahl` hat also den Wert `0`.

b) Beim Einlesen des Alters und der Größe wird 15 an die Variable `alter` zugewiesen. Die verbleibende Zeichenfolge `"Jahre"` kann aber nicht in eine Zahl konvertiert werden. Die Variable `groesse` bleibt daher unverändert und `scanf()` liefert den Return-Wert `1`, der an die Variable `anzahl` zugewiesen wird.

c) Die Tastenkombination [Strg]+[Z] signalisiert »End of File« und bewirkt, dass `scanf()` die Eingabe mit dem Return-Wert `EOF` abbricht. Die Konstante `EOF` ist in `stdio.h` mit dem Wert `-1` definiert. Die Variable `anzahl` hat also anschließend den Wert `-1`.

4.8

```
// -----------------------------------------------------------
// ex04_08.c
// Das Programm liest im Dialog
//    ein Zeichen
//    ein Wort
//    eine Oktalzahl
//    eine Hexadezimalzahl
// ein und gibt sie auf dem Bildschirm aus.
// -----------------------------------------------------------
#include <stdio.h>

int main()
{
    char zeichen = ' ', wort[32] = "";
    int zahl1 = -1, zahl2 = -1;

    printf("Bitte eingeben:\n");
    printf("Ein Zeichen:           ");
```

```
    scanf("%c", &zeichen);
    printf("Ein Wort:              ");
    scanf("%s", wort);
    printf("Eine Oktalzahl:        ");
    scanf("%o", &zahl1);
    printf("Eine Hexadezimalzahl: ");
    scanf("%x", &zahl2);

    printf("\nIhre Eingabe:\n");
    printf("Das Zeichen:           %c\n", zeichen);
    printf("Das Wort:              %s\n", wort);
    printf("Die Oktalzahl:         %o\n", zahl1);
    printf("Die Hexadezimalzahl:   %X\n", zahl2);

    return 0;
}
```

4.9

```
/* -----------------------------------------------------
 * ex04_09.c
 * Drei Zeichen einlesen und dezimal die zugehörigen
 * Zeichencodes und die Zeichen ausgeben.
 * -----------------------------------------------------
 */
#include <stdio.h>

int main()
{
   unsigned char z1 = 0, z2 = 0, z3 = 0;

   printf("Geben Sie drei beliebige Zeichen ein: ");
   scanf("%c%c%c", &z1, &z2, &z3);  // 3 Zeichen einlesen.

   printf("\nDie Codes der Zeichen:\n");
   printf("%3d  %c\n", z1, z1);
   printf("%3d  %c\n", z2, z2);
   printf("%3d  %c\n", z3, z3);

   return 0;
}
```

4.10

```
/* -------------------------------------------------------
 * ex04_10.c
 * Einen Zeichencode dezimal einlesen und das zugehörige
 * Zeichen mit dem hexadezimalen Zeichencode ausgeben.
 * -------------------------------------------------------
 */
#include <stdio.h>

int main()
{
   unsigned int n = 0;

   printf("Geben Sie eine dreistellige positive "
          "Ganzzahl ein: ");
   scanf("%3u", &n);

   n = n % 256;             // Nur Codes < 256 zulassen.
   printf("\nDas Zeichen: %c", n);
   printf("\ndezimal:     %u", n);
   printf("\nhexadezimal: %X\n", n);

   return 0;
}
```

Kapitel 5

Operatoren

Ein Operator verknüpft seine Operanden und bildet so einen Ausdruck, dessen Wert das Ergebnis der Operation darstellt. Beispielsweise ist `a+b` ein Ausdruck, der aus dem Operator + und seinen Operanden `a` und `b` besteht und dessen Wert die Summe ist.

Jeder Ausdruck, der nicht den Typ `void` hat, kann wieder als Operand eines Operators eingesetzt werden. So können komplexe Ausdrücke mit mehreren Operatoren gebildet werden. Der Vorrang (die Priorität) der Operatoren bestimmt dann die Zuordnung der Operanden zu den Operatoren (vgl. Vorrangtabelle). Die Zuordnung kann durch Klammern auch selbst festgelegt werden, wie zum Beispiel im Ausdruck `(a+b)*c`. Dagegen ist dieser Ausdruck ohne Klammern, also `a+b*c`, gleichbedeutend mit `a+(b*c)`, da die üblichen Rechenregeln gelten.

Generell haben unäre Operatoren (Operatoren mit einem Operanden wie ++) einen höheren Vorrang als binäre Operatoren (Operatoren mit zwei Operanden). Haben Operatoren den gleichen Vorrang, so wird gewöhnlich »von links« zusammengefasst, bei Zuweisungen »von rechts«.

Die Übungen dieses Kapitels behandeln folgende Gruppen von Operatoren. Sie sind gemäß ihrem Vorrang aufgelistet, zuerst die Operatoren mit hohem Vorrang:

- Arithmetische Operatoren

  Für Berechnungen gibt es die unären Operatoren +, - (positives, negatives Vorzeichen), ++, -- (um 1 inkrementieren, dekrementieren) und die binären Operatoren + (Summe), – (Differenz), * (Multiplikation), / (Division), % (Modulo-Division). Der Ergebnistyp entspricht dem Typ der Operanden.

- Vergleichsoperatoren

  Die Vergleichsoperatoren sind < (kleiner), > (größer), <= (kleiner oder gleich), >= (größer oder gleich) == (gleich) und != (ungleich). Jeder Vergleich ist ein Ausdruck vom Typ `int` und hat den Wert 0 für »falsch« oder 1 für »wahr«.

- Logische Operatoren

  Die logischen Operatoren sind && (UND), || (ODER) und ! (NICHT). Analog zu Vergleichen liefert auch ein logischer Ausdruck den Wert 0 oder 1.

- Zuweisungsoperatoren

  Die *einfache Zuweisung* ordnet einer Variablen mit dem Operator = einen Wert zu (z.B. `var = 10`). Der Wert des Ausdrucks ist der zugewiesene Wert. Deshalb sind auch *Mehrfachzuweisungen* möglich (z.B. `x = y = 1.5`). Mit jedem binären arithmetischen Operator kann ein *zusammengesetzter Zuweisungsoperator* gebildet werden (z.B. ist `i+=2` äquivalent zu `i = i+2`).

Verständnisfragen

5.1 In C hat jeder Ausdruck mit Ausnahme der Zuweisung einen Wert.

- ☐ Richtig
- ☐ Falsch

5.2 Das Ergebnis der Division `3/2` ist ______ und hat den Typ ___________.

5.3 Der Ausdruck `7-3 * 3+2` hat den Wert

a) `0`.

b) `14`.

c) `20`.

5.4 In Ausdrücken kann die Zuordnung der Operanden zu den Operatoren durch Setzen von ________________ geändert werden.

5.5 Die Operanden der Modulo-Division müssen einen ganzzahligen Typ haben.

- ☐ Richtig
- ☐ Falsch

5.6 Der Ausdruck `2*3%4` hat den Wert _____.

5.7 Welche der folgenden Ausdrücke haben den Wert `0`?

a) `-3 * 2 + 13 % 7`

b) `13 / 2 - 2 * 3`

c) `8 % 3 - 8 / 3`

5.8 Die Operatoren `++` und `--` haben den gleichen Vorrang wie die Operatoren `+` und `-`.

- ☐ Richtig
- ☐ Falsch

5.9 Nach Ausführung des Code-Fragments

```
int a = 1, b = 1;
b = a++ + ++b;
```

haben die Variablen `a` und `b` folgende Werte:

a) `a == 1` und `b == 2`

b) `a == 2` und `b == 3`

c) `a == 2` und `b == 4`

5.10 Der Ausdruck `a++ * b-- % 2` mit den arithmetischen Variablen `a` und `b` ist äquivalent zum Ausdruck `(a++)*((b--)%2)`.

☐ Richtig

☐ Falsch

5.11 Ein C-Programm enthält die Definition:

```
const int max = 100;
```

Dann bewirkt die Anweisung:

```
++max;
```

a) eine Fehlermeldung des Compilers.

b) die Inkrementierung von `max`.

c) nichts, da `max` konstant ist.

5.12 Die Operatoren `*=` und `/=` haben den gleichen Vorrang wie die einfache Zuweisung `=`.

☐ Richtig

☐ Falsch

5.13 Nach Ausführung des Code-Fragments

```
int var = 6;
var /= 2 + 1;
```

hat die Variable `var` den Wert ____.

5.14 Mit der Definition

```
float x = 2.0F, y = 0.0F;
```

bewirkt die Anweisung:

```
x *= y = 5.0F;
```

a) eine Fehlermeldung des Compilers.

b) die Zuweisung von `5.0` an die Variablen `x` und `y`.

c) die Zuweisung von `5.0` an `y` und die Zuweisung von `10.0` an `x`.

5.15 In C ist ein Vergleich ein Ausdruck vom Typ ________.

5.16 Das Code-Fragment

```
int flag, i = 1;
printf("%d", flag = i == 2);
```

erzeugt folgende Ausgabe:

a) 0

b) 1

c) 2

5.17 Die Variablen a und b im Ausdruck

```
10 * a++ + b-- / 2 > 0
```

haben einen arithmetischen Typ. Die vollständige Klammerung des Ausdrucks gemäß den Vorrangregeln ergibt den äquivalenten Ausdruck ______________________________.

5.18 Jeder Operand eines booleschen Operators wird als wahr interpretiert, wenn sein Wert ungleich null ist.

☐ Richtig

☐ Falsch

5.19 Angenommen, die `int`-Variable a hat den Wert 0 und die `int`-Variable b den Wert 1. Dann hat die Bedingung

```
a < 10 || a > 20 && b == 0
```

den Wert ___, das heißt, die Bedingung ist _______.

5.20 Ein C-Programm enthält die Definition:

```
int result, n = -1;
```

Dann bewirkt die Anweisung:

```
result = n++ < 0 && ++n > 0;
```

a) die Zuweisung von 0 an `result`.

b) die Zuweisung von 1 an `result`.

c) eine Fehlermeldung des Compilers, da die Variable n in einem Ausdruck zweimal verändert wird.

Aufgaben

5.1 Auf einem Kindergeburtstag werden Überraschungseier an die Kinder verteilt, so dass jedes Kind gleich viele erhält. Schreiben Sie ein C-Programm, das zunächst die Anzahl der Kinder und die Anzahl der Eier vom Anwender einliest. Anschließend gibt das Programm die Anzahl Eier pro Kind und die Anzahl der übrig gebliebenen Eier aus, wobei die letzte Anzahl über die Modulo-Division ermittelt wird.

5.2 Schreiben Sie ein C-Programm, das aus dem Durchmesser und der Höhe eines Zylinders das Volumen und die Mantelfläche des Zylinders berechnet.

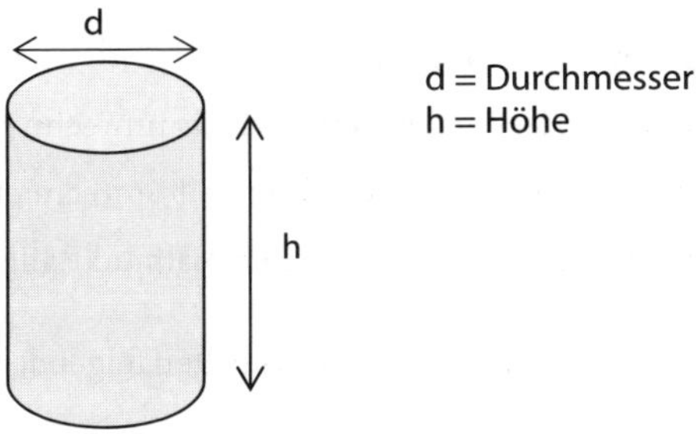

Hinweis: Verwenden Sie folgende Formeln:

```
Mantelfläche = π * d * h
Volumen      = π * (d/2)² * h
```

Dabei ist π die Kreiskonstante, also $\pi = 3{,}141593$.

Beispielausgabe:

```
*** Volumen und Mantelflaeche eines Zylinders ***

Bitte geben Sie ein:
Hoehe des Zylinders: 10
Durchmesser:         5

Das Volumen des Zylinders: 196.35
Seine Mantelflaeche:       157.08
```

5.3 Was gibt das folgende Programm auf dem Bildschirm aus?

```
#include <stdio.h>
```

```
int main()
{
    int a = 3, b = 3;

    a *= a;        printf("a = %d\n", a);
    a %= b + 1;    printf("a = %d\n", a);
    a = b--;       printf("a = %d  b = %d\n", a, b);
    a += 5 * b;    printf("a = %d\n", a);
    a /= b;        printf("a = %d\n", a);

    return 0;
}
```

5.4 Schreiben Sie ein C-Programm, das vom Anwender

a) eine Fahrenheit-Temperatur einliest und in Grad Celsius umrechnet.

b) eine Celsius-Temperatur einliest und in Grad Fahrenheit umrechnet.

Die Ergebnisse sollen mit einer Stelle nach dem Dezimalpunkt angezeigt werden.

Hinweis: Zwischen Grad Fahrenheit und Grad Celsius gelten folgende Beziehungen:

```
Celsius    = 5/9 * (Fahrenheit - 32)
Fahrenheit = 9/5 * Celsius +32
```

Zur Kontrolle: 20° Celsius sind 68° Fahrenheit.

5.5 Schreiben Sie ein C-Programm, das die Fläche und den Umkreis eines gleichseitigen Dreiecks berechnet. Das Programm liest vom Anwender die Seitenlänge des Dreiecks ein und gibt die Ergebnisse mit zwei Stellen nach dem Dezimalpunkt aus.

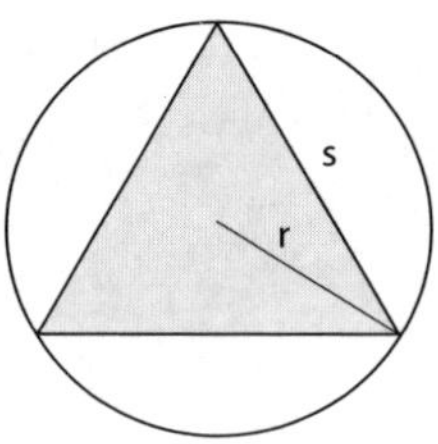

s = Seite des gleichseitigen Dreiecks
r = Radius des Umkreises

Hinweis: Für die Fläche des gleichseitigen Dreiecks und für den Radius des Umkreises gelten folgende Formeln:

```
Dreiecksfläche = s²/4 * √3
Umkreisradius  = s/√3
```

Berechnen Sie die Wurzel mit der Standardfunktion `sqrt()`, die in der Header-Datei `math.h` deklariert ist.

Zur Kontrolle: Ein gleichseitiges Dreieck mit der Seitenlänge 10 hat die Fläche 43,30 und der Radius des Umkreises ist: 5,77.

5.6 Die folgende Bedingung ist wahr, wenn die `int`-Variable `year` ein Schaltjahr speichert, andernfalls falsch.

```
year%4 == 0 && year%100 != 0 || year%400 == 0
```

a) Wann ist ein Jahr gemäß dieser Bedingung ein Schaltjahr? Formulieren Sie diese Bedingung mit eigenen Worten.

b) Welche der folgenden Jahre sind Schaltjahre:
2000, 2010, 2020, 2050, 2100?

5.7 Schreiben Sie ein C-Programm, das die monatlichen Raten für einen Kredit berechnet und anzeigt. Die Höhe des Kredits, der jährliche Zinssatz und die Laufzeit in Anzahl Monaten werden vom Anwender des Programms eingelesen.

Verwenden Sie für die Berechnung der Raten, die am Ende eines Monats gezahlt werden, folgende Formel:

```
Rate = Kredit * qⁿ(q - 1)/(qⁿ - 1)
```

Dabei ist n die Laufzeit in Anzahl Monate und q = 1 + (Zinssatz/100)/12.

Ein Beispielablauf:

```
*** Berechnung der monatlichen Raten eines Kredits ***
Geben Sie folgende Werte ein.
  Hoehe des Kredits:     20000
  Jaehrlicher Zinssatz: 7.5
  Laufzeit in Monaten:   60
Die monatliche Rate fuer diesen Kredit: 400.76
```

5.8 Im Folgenden haben die Variablen a, b und c einen arithmetischen Typ. Formulieren Sie die C-Ausdrücke, die folgende Bedingungen darstellen.

a) Das Quadrat von b ist größer als das Vierfache des Produkts von a und c.

b) Der Wert von b liegt echt zwischen den Werten von a und c.

c) Der Wert von b ist nicht null und der Quotient aus a und b größer als c.

d) Die Differenz b minus a ist nicht größer als die Differenz c minus b.

e) Genau ein Wert von a oder b ist kleiner als c, aber nicht beide.

5.9 Ein Programm speichert Zeiten in Anzahl Sekunden, um schnell Zeiten zu vergleichen und Differenzen berechnen zu können. Für die Anzeige muss aber die Anzahl Sekunden umgerechnet werden.

Schreiben Sie ein Testprogramm, das vom Anwender eine Anzahl Sekunden einliest und die entsprechende Anzahl Tage, Stunden, Minuten und Sekunden in den üblichen Wertebereichen ausgibt.

Ein Beispielablauf:

```
Geben Sie eine Anzahl Sekunden ein: 123456
Das sind
  Tage:      1
  Stunden:  10
  Minuten:  17
  Sekunden: 36
```

5.10 Was gibt das folgende Programm auf dem Bildschirm aus?

```
#include <stdio.h>

int main()
{
   int i = 0, j = 0, expr;

   expr = i++ && (j = 1);
   printf("i = %d  j = %d  expr = %d\n", i, j, expr);

   i = 0, j = 0;
   expr = i++ || (j = 2);
   printf("i = %d  j = %d  expr = %d\n", i, j, expr);

   i = 1, j = 1;
   expr = i>j || ++i && j--;
   printf("i = %d  j = %d  expr = %d\n", i, j, expr);

   return 0;
}
```

Lösungen zu den Verständnisfragen

5.1 Falsch

5.2 1 und hat den Typ `int`.

5.3 **a)**

5.4 Klammern

5.5 Richtig

5.6 2

5.7 **a)**, **b)** und **c)**

5.8 Falsch

5.9 **b)**

5.10 Falsch. Richtig ist `((a++)*(b--))%2`

5.11 **a)**

5.12 Richtig

5.13 2

5.14 **c)**

5.15 `int`

5.16 **a)**

5.17 `((10 * (a++)) + ((b--) / 2)) > 0`

5.18 Richtig

5.19 1 d.h. wahr

5.20 **b)**

Lösungen zu den Aufgaben

5.1

```
/* ----------------------------------------------------
 * ex05_01.c
 * Wie viele Überraschungseier erhält jedes Kind und
 * wie viele bleiben übrig?
 * ----------------------------------------------------
 */
#include <stdio.h>
```

```
int main()
{
   int nKinder = 0, nEier = 0;

   printf("*** Kindergeburtstag ***\n\n");

   printf("Wie viele Kinder sind da:  ");
   scanf("%d", &nKinder);
   printf("Und wie viele Ueberraschungseier: ");
   scanf("%d", &nEier);

   printf("Jedes Kind erhaelt %d Ueberraschungseier\n",
           nEier/nKinder);
   printf("und %d Eier bleiben uebrig.\n",
           nEier%nKinder);
   return 0;
}
```

5.2

```
/* ---------------------------------------------------
 * ex05_02.c
 * Dieses Programm berechnet das Volumen und die
 * Mantelfläche eines Zylinders.
 * ---------------------------------------------------
 */
#include <stdio.h>

int main()
{
   double diameter = 0.0, height = 0.0,
          volume = 0.0, lateral_surface = 0.0;
   const double pi = 3.141593;        // Kreiskonstante.

   printf(
   "*** Volumen und Mantelflaeche eines Zylinders ***\n\n");
   printf("Bitte geben Sie ein:\n"
          "Hoehe des Zylinders: ");
   scanf("%lf", &height);

   printf("Durchmesser:          ");
   scanf("%lf", &diameter);

   volume = pi * diameter * diameter * height / 4;
   printf("\nDas Volumen des Zylinders: %.2f\n", volume);
```

```
    lateral_surface = pi * diameter * height;
    printf("Seine Mantelflaeche:  %.2f\n", lateral_surface);

    return 0;
}
```

5.3 Das Programm erzeugt folgende Ausgabe:

```
a = 9
a = 1
a = 3  b = 2
a = 13
a = 6
```

5.4

```
/* -------------------------------------------------------
 * ex05_04.cpp
 * Das Programm rechnet eine Temperatur von Grad
 * Fahrenheit in Grad Celsius um (und umgekehrt).
 * -------------------------------------------------------
 */
#include <stdio.h>

int main()
{
    double celsius = 0.0, fahrenheit = 0.0;

    printf("*** Umrechnung Fahrenheit <--> Celsius ***\n");
    printf("Was ist die Temperatur in Grad Fahrenheit? ");
    scanf("%lf", &fahrenheit);

    celsius = 5.0*(fahrenheit-32.0)/9.0;
    printf("%.2f Grad Fahrenheit entsprechen "
           "%.2f Grad Celsius.\n\n", fahrenheit, celsius);

    printf("Und jetzt eine Temperatur in Grad Celsius: ");
    scanf("%lf", &celsius);

    fahrenheit = 9.0/5.0 * celsius + 32.0;
    printf("%.2f Grad Celsius entsprechen "
           "%.2f Grad Fahrenheit.\n\n", celsius, fahrenheit);
    return 0;
}
```

5.5

```
/* ------------------------------------------------------
 * ex05_05.c
 * Dieses Programm berechnet die Fläche und den Umkreis
 * eines gleichseitigen Dreiecks.
 * ------------------------------------------------------
 */
#include <stdio.h>
#include <math.h>                          // fuer sqrt()

int main()
{
   double seite = 0.0, flaeche, radius;
   double wurzeldrei = sqrt(3.0);    // Quadratwurzel aus 3.0

   printf("*** Flaeche und Umkreis eines "
          "gleichseitigen Dreiecks ***\n\n");
   printf("Wie lang ist eine Seite des Dreiecks: ");
   scanf("%lf", &seite);

   flaeche = seite * seite * wurzeldrei / 4;
   printf("Die Flaeche des Dreiecks: %.2f\n", flaeche);

   radius = seite / wurzeldrei;
   printf("Der Radius des Umkreises: %.2f\n", radius);

   return 0;
}
```

5.6 Der UND-Operator && hat eine höhere Priorität als der ODER-Operator || und Vergleichsoperatoren haben eine höhere Priorität als die UND-/ODER-Operatoren. Daher ist die Bedingung gleichbedeutend mit

```
((year%4 == 0) && (year%100 != 0)) || (year%400 == 0)
```

a) Ein Jahr ist also ein Schaltjahr, falls es durch 4 teilbar ist (das heißt, der Rest der Division durch 4 ist 0), aber nicht durch 100 teilbar ist. Zusätzlich sind alle Vielfachen von 400 Schaltjahren.

b) Gemäß a) sind also die Jahre 2000, 2020 Schaltjahre, aber die Jahre 2010, 2050 und 2100 nicht.

5.7

```
/* --------------------------------------------------
 * ex05_07.c
 * Dieses Programm berechnet die monatlichen Raten
 * für einen Kredit.
 * --------------------------------------------------
 */
#include <stdio.h>
#include <math.h>

int main()
{
   double kredit = 0.0, zinssatz = 0.0,
          monate = 0.0, rate = 0.0;
   double q = 0.0, qn = 0.0;        // Hilfsvariablen fuer
                                    // die Berechnung.
   printf("*** Berechnung der monatlichen Raten "
          "eines Kredits ***\n\n"
          "Geben Sie folgende Werte ein.\n");
   printf("  Hoehe des Kredits:    ");
   scanf("%lf", &kredit);
   printf("  Jaehrlicher Zinssatz: ");
   scanf("%lf", &zinssatz);
   printf("  Laufzeit in Monaten:  ");
   scanf("%lf", &monate);

   // Berechnung der monatlichen Rate:
   q  = 1.0 + (zinssatz/100)/12;      // Die Werte q und
   qn = pow(q,monate);                // q hoch n.
   rate = kredit * qn*(q-1) / (qn-1);

   printf("\nDie monatliche Rate fuer diesen Kredit: %.2f\n",
          rate);
   return 0;
}
```

5.8 a) `b*b > 4*a*c`

b) `a < b && b < c`

c) `b != 0 && a/b > c`

d) `b - a <= c - b` oder `!(b - a > c - b)`

e) `(a < c && b >= c) || (b < c && a >= c)`

5.9

```
/* ------------------------------------------------------
 * ex05_09.c
 * Dieses Programm konvertiert eine Zeit, die in Anzahl
 * von Sekunden vorliegt, in die entsprechende Anzahl
 * Tage, Stunden, Minuten und Sekunden.
 * ------------------------------------------------------
 */
#include <stdio.h>

int main()
{
   unsigned long n = 0;
   int days, hours, minutes, seconds;

   printf("Geben Sie die Anzahl Sekunden ein: ");
   scanf("%ld", &n);

   seconds = n % 60;     // Sekunden 0 - 59
   n       = n / 60;     // Gesamtzahl Minuten
   minutes = n % 60;     // Minuten 0 - 59
   n       = n / 60;     // Gesamtzahl Stunden
   hours   = n % 24;     // Stunden 0 - 23
   days    = n / 24;     // Tage

   printf("Das sind\n");
   printf("  Tage:     %d\n", days);
   printf("  Stunden:  %d\n", hours);
   printf("  Minuten:  %d\n", minutes);
   printf("  Sekunden: %d\n", seconds);

   return 0;
}
```

5.10 Das Programm erzeugt folgende Ausgabe:

```
i = 1  j = 0  expr = 0
i = 1  j = 2  expr = 1
i = 2  j = 0  expr = 0
```

Kapitel 6

Kontrollstrukturen

Zur Kontrolle des Programmflusses gibt es in C folgende Anweisungen:

- Schleifen mit `while`, `do while` und `for`

  Diese Anweisungen führen eine Gruppe von Anweisungen mehrfach aus. Die Anzahl der Schleifendurchläufe bestimmt eine Laufbedingung, die in `while`- und `for`-Schleifen zu Beginn eines Durchlaufes geprüft wird. Ein Beispiel:

  ```
  int n = 0;
  while( n < 10) { printf("%d ", n); ++n; }
  ```

  Diese Schleife wird 10 Mal durchlaufen und gibt die Zahlen 0 bis 9 aus. Wie dieses Beispiel auch zeigt, werden mehrere Anweisungen in einer Schleife zu einem Block zusammengefasst. Der Schleifenkopf einer `for`-Schleife enthält auch notwendige Initialisierungen und Reinitialisierungen. So ist die vorstehende `while`-Schleife äquivalent zu folgender `for`-Schleife:

  ```
  for( int n = 0; n < 10; ++n) printf("%d ", n);
  ```

  Die `do-while`-Schleife ist »fußgesteuert«, das heißt, die Laufbedingung steht am Ende der Schleife, so dass die Schleife mindestens einmal durchlaufen wird.

- Verzweigungen mit `if else`, `switch` und dem Auswahloperator

  Abhängig von einer Bedingung führt die `if-else` Anweisung entweder die Anweisung im `if`- oder im `else`-Zweig aus. So ermittelt die Anweisung

  ```
  if( a >= b) max = a;
  else        max = b;
  ```

  das Maximum von `a` und `b`. Mehrere Anweisungen im `if`- oder `else`-Zweig werden zu einem Block zusammengefasst. Falls im `else`-Zweig keine Anweisungen auszuführen sind, kann er auch fehlen. Eine Alternative zu `if-else`-Anweisungen ist oft der Auswahloperator `?:`. Beispielsweise liefert auch `max = (a >= b)? a : b;` das Maximum von `a` und `b`.

  Durch Schachteln von `if-else`-Anweisungen kann die Auswahl einer von mehreren Alternativen programmiert werden. Übersichtlicher als eine solche `else-if`-Kette ist jedoch die `switch`-Anweisung. Sie ist aber nur anwendbar, wenn ein ganzzahliger Ausdruck mit Konstanten verglichen werden soll.

- Bedingungsfreie Sprünge mit `goto`, `break` und `continue`

  Die `goto`-Anweisung bewirkt einen Sprung zur angegebenen Marke, die sich innerhalb derselben Funktion befinden muss. Mit `break` wird eine Schleife oder eine `switch`-Anweisung sofort verlassen. Dagegen kann mit `continue` in einer Schleife unmittelbar der nächste Durchlauf gestartet werden.

Verständnisfragen

6.1 Die Schleifenanweisungen in C verwenden zur Kontrolle der Schleife eine Laufbedingung.

☐ Richtig

☐ Falsch

6.2 In einer `for`-Schleife soll die `int`-Variable `n` die geraden Zahlen von 2 bis einschließlich 20 durchlaufen. Der Schleifenkopf dafür lautet ______________________.

6.3 Der Schleifenkopf `for(;;)`

a) ist unzulässig.

b) ist äquivalent zu `while(1)`.

c) erzeugt eine Endlosschleife.

6.4 Eine Schleife kann jederzeit mit der Anweisung __________ beendet werden.

6.5 Die Anweisungen einer Schleife werden mindestens einmal ausgeführt.

☐ Richtig

☐ Falsch

6.6 Gegeben ist folgende Schleife:

```
int i, sum;
for( sum = 0, i = 1; i < 5; ++i)
   sum += i;
```

Nach Ausführung der Schleife enthält `sum` den Wert _______.

6.7 Die `for`-Schleife aus Frage 6.6 ist äquivalent mit:

a)

```
sum = 0; i = 0;
while( i++ < 5 ) sum += i;
```

b)

```
sum = 0; i = 1;
while( ++i < 5 ) sum += i;
```

c)

```
sum = 0; i = 1;
do sum += i; while( i++ < 5 );
```

6.8 Die folgende Schleife ist eine Endlosschleife.

```
int i = 10;
while( i > 0)
   printf("%d ", i); --i;
```

☐ Richtig

☐ Falsch

6.9 Die Schleife

```
int a = 0, b = 10;
for(;;) {
   printf("%d\n", b - a);
   if( ++a >= --b) break;
}
```

kann übersichtlicher ohne `if`-Anweisung als `do-while`-Schleife geschrieben werden. Diese lautet: ______________________________.

6.10 Nach Ausführung der folgenden Schleife

```
int z = 0, erg = 10;
do { erg += erg; ++z; } while( erg < 100);
```

haben die Variablen `z` und `erg` folgende Werte:

a) `z == 3 und erg == 80`

b) `z == 3 und erg == 160`

c) `z == 4 und erg == 160`

6.11 Nach Ausführung des Code-Fragments

```
int i = 0, var = 100;
if( i != 0) var *= 2;
else        var /= 2;
```

hat die Variable `var` den Wert ____.

6.12 Die `if-else`-Anweisung aus Frage ist äquivalent mit

```
switch(i)
{  case 0:  var /= 2;  break;
   default: var *= 2;
}
```

☐ Richtig

☐ Falsch

6.13 Nach Ausführung der Anweisungen

```
int a = 10, b = 0;
if( a > 10)
  if( a <= 20) b = 1;
else           b = 2;
```

hat die Variable `b` den Wert ____.

6.14 Nach Ausführung der Anweisungen

```
int a = 10, b = 0;
if( a > 10)
{ if( a <= 20) b = 1; }
else           b = 2;
```

hat die Variable `b` den Wert ____.

6.15 Welche Ausgabe erzeugt die folgende `else-if`-Kette?

```
double speed = 78.5, amount = 200.0;
if( speed > 100.0)      printf("%.2f\n", amount);
else if( speed > 80.0)  printf("%.2f\n", amount/2);
else if( speed > 60.0)  printf("%.2f\n", amount/4);
```

a) `50.00`

b) `100.00`

c) `200.00`

6.16 Die `else-if`-Kette aus Frage kann durch eine äquivalente `switch`-Anweisung ersetzt werden.

☐ Richtig

☐ Falsch

6.17 In einer `switch`-Anweisung

```
switch( expression) { . . . }
```

muss der Ausdruck `expression` folgenden Typ haben:

a) einen numerischen Typ

b) einen ganzzahligen Typ

c) den Typ `int`

6.18 Für eine double-Variable x mit dem Wert -10.5 wird durch

```
int s = x > 0.0 ? 1 : (x < 0.0 : -1 : 0);
```

der Wert ____ an die Variable s zugewiesen.

6.19 Die Anweisung goto ermöglicht es, zu einer beliebigen Anweisung im selben Programm zu springen, wenn die Anweisung durch eine Marke gekennzeichnet ist.

☐ Richtig

☐ Falsch

6.20 Die ersten drei Zahlen und die letzten drei Zahlen, die von der Schleife

```
for( int j = 1900; j < 2010; j += 4) {
   if( j%100 == 0 && j%400 != 0) continue;
   printf("%6d", j):
}
```

ausgegeben werden, sind: ______________________________.

Aufgaben

6.1 Schreiben Sie ein C-Programm, das vom Anwender eine positive ganze Zahl einliest und die Fakultät dieser Zahl berechnet und ausgibt. Die Fakultät n! einer Zahl n ist das Produkt der ersten n ganzen Zahlen, also

```
n! = 1 * 2 * ... * (n-1) * n
```

Zum Beispiel ist 4! gleich 24. Außerdem ist 0! als 1 definiert.

Falls keine ganze Zahl eingegeben wird (z.B. ein Buchstabe) oder die Zahl negativ ist, soll das Programm mit einer Fehlermeldung enden.

6.2 Wo liegt der Fehler in den folgenden Schleifen?

a)

```
int sum10 = 0, k = 1;
while( k <= 10 )
   sum10 += k; ++k;
```

b)

```
for( int n = 1, n <= 10, ++n)
   printf("%5d", n*n);
```

c)

```
long erg; int k = 1;
do { erg *= k; } while( ++k <= 10);
```

d)

```
for( int sum = 0, a = 0; scanf("%d", &a) == 1; )
    sum += a;
printf("Summe: %d\n", sum);
```

6.3 Schreiben Sie folgende `while`-Schleife als `for`-Schleife und als `do-while`-Schleife.

```
int  n = 10, k = 3;
long binomi = 1;
int  i = 1, j = n;
while( i <= k)
   binomi = binomi * j--/i++;
```

Testen Sie Ihre Lösungen. (Für `n=10` und `k=3` ist `binomi = 120`.)

6.4 Schreiben Sie ein C-Programm, das eine Zeile Text zeichenweise einliest und die Zeichencodes der einzelnen Zeichen dezimal, hexadezimal und oktal anzeigt.

Ein Beispielablauf:

```
Geben Sie die Zeichen in einer Zeile ein:
ok!

   Zeichen  dezimal  hexadezimal  oktal
----------------------------------------
 1.     o      111          6F      157
 2.     k      107          6B      153
 3.     !       33          21       41
```

Hinweis: Verwenden Sie eine Variable vom Typ `unsigned char`, wenn Sie mit `scanf()` ein einzelnes Zeichen einlesen. Dann werden auch Zeichencodes größer als 127 nicht als negative Zahlen interpretiert.

6.5 Schreiben Sie ein C-Programm, das die ersten 30 Fibonacci-Zahlen berechnet und anzeigt. Die ersten beiden Fibonacci-Zahlen sind 0 und 1. Jede weitere Fibonacci-Zahl ist die Summe der beiden Vorgänger. Das ergibt die Zahlenfolge `0, 1, 1, 2, 3, 5, 8, 13, 21, ....`

6.6 Die Fibonacci-Zahlen (siehe Aufgabe 6.5) haben einige interessante Eigenschaften. Dividiert man jede Fibonacci-Zahl durch ihren Vorgänger, so erhält man die Folge der Fibonacci-Quotienten `1/1, 2/1, 3/2, 5/3, 8/5, ....` Diese Zahlenfolge konvergiert gegen den Grenzwert $(1+\sqrt{5})/2 = 1{,}618...$

Schreiben Sie ein C-Programm, das diesen Grenzwert näherungsweise bestimmt: Das Programm gibt die Fibonacci-Zahlen und ihre Quotienten aus bis einschließlich der ersten Fibonacci-Zahl, deren Quotient sich vom Quotienten des Vorgängers weniger als $0{,}00001 = E^{-6}$ unterscheidet.

Hinweis: Zur Berechnung der Quotienten ist es sinnvoll, die Fibonacci-Zahlen in Variablen vom Typ `double` zu speichern. Der Absolutwert der Differenz kann mit der Standardfunktion `fabs()` bestimmt werden.

Beispielausgabe:

```
       Fibonacci-Zahl   Quotient
----------------------------------
 1          0
 2          1
 3          1          1.0000000000
 4          2          2.0000000000
 5          3          1.5000000000
 ...
18       1597          1.6180344478
19       2584          1.6180338134
```

6.7 Schreiben Sie die erforderlichen Anweisungen, um

a) ganze Zahlen in eine Variable vom Typ `long` einzulesen und ihre Quadrate anzuzeigen, bis der Anwender ein Zeichen eingibt, das kein Vorzeichen und keine Ziffer ist.

b) positive Gleitpunktzahlen einzulesen und aufzusummieren, bis der Anwender eine ungültige Eingabe macht oder die Summe 100 überschreitet.

c) mit `scanf()` so lange Zeichen von der Tastatur einzulesen, bis ein `j` für »ja« oder `n` für »nein« eingegeben wurde.

6.8 Schreiben Sie ein C-Programm, das eine binäre Zahl von der Tastatur einliest, z.B. `10111`, und den entsprechenden dezimalen Wert ausgibt. Das Programm liest die binäre Ziffernfolge zeichenweise und aktualisiert das Ergebnis mit jedem gelesenen Zeichen. Führende Zwischenraumzeichen sollen überlesen werden.

Hinweise:

Die Standardfunktion `isspace(c)` liefert »wahr«, wenn das übergebene Zeichen in `c` ein Zwischenraumzeichen ist.

Der dezimale Wert ergibt sich aus der Potenzreihendarstellung zur Basis 2. So gilt für die binäre Zahl `1101`:

$$1*2^3 + 1*2^2 + 0*2^1 + 1*2^0 = 13$$

Die Potenzreihe ist gleichwertig mit

```
((1*2 + 1)*2 + 0)*2 + 1
```

Der dezimale Wert kann daher sukzessive berechnet werden, indem man nach dem Einlesen einer binären Ziffer den aktuellen Wert mit 2 multipliziert und den Wert der neuen Ziffer (also 0 oder 1) hinzuaddiert.

6.9 Die folgenden Code-Fragmente enthalten jeweils zwei Fehler. Bestimmen und korrigieren Sie die Fehler. Die Variablen `var` und `a` haben den Typ `int`.

a)

```
if( var >= 0 && <= 10)
   a = 0; printf("Wert im zulaessigen Bereich!\n");
else if( var > 10 )
   a = 1;
else
   a = -1;
```

b)

```
(var = 0) ? (a = 0); (a = 1);
```

c)

```
switch( var )
{
  case 0,1:     printf("var ist 0 oder 1\n");
                break;
  case var < 0: printf("var ist negativ\n");
                break;
  else:         printf("var ist groesser als 1\n");
}
```

6.10 Der Wert der Exponentialfunktion `exp(x)`, also der Wert e^x, besitzt folgende Reihendarstellung:

$$exp(x) = 1 + x/1! + x^2/2! + x^3/3! + x^4/4! \ldots$$

Schreiben Sie ein C-Programm, das einen Näherungswert für `exp(x)` berechnet, indem es die Summe der ersten 10 Reihenglieder bildet. Näherungswerte sollen für x = 0.5, 1.0, 1.5, ..., 4.5, 5.0 berechnet und tabellarisch mit großer Genauigkeit angezeigt werde. Zum Vergleich enthält die Tabelle jeweils auch der Wert der Standardfunktion `exp(x)` und die Differenz dazu.

Beispielausgabe:

```
  x      Naeherungswert        exp(x)        Differenz
-------------------------------------------------------
 0.50    1.6487212707     1.6487212707  0.000000000013
 1.00    2.7182818011     2.7182818285  0.000000027313
 1.50    4.4816865976     4.4816890703  0.000002472786
  ...
 4.50   89.4168365696    90.0171313005  0.600294730872
 5.00  146.3806010251   148.4131591026  2.032558077444
```

Hinweis: Für das n-te Glied der Reihe $a_n = x^n/n!$ gilt:

$$a_n = a_{n-1} * x/n$$

Lösungen zu den Verständnisfragen

6.1 Richtig

6.2 `for( n=2; n <= 20; n += 2)`

6.3 b) und c)

6.4 `break`

6.5 Falsch

6.6 10

6.7 c)

6.8 Richtig

6.9 `do printf("%d\n", b - a); while( ++a < --b);`

6.10 c)

6.11 50

6.12 Richtig

6.13 0

6.14 2

6.15 a)

6.16 Falsch

6.17 b)

6.18 `-1`

6.19 Falsch

6.20 `1904  1908 1912 ... 2000  2004 2008`

Lösungen zu den Aufgaben

6.1

```
/* --------------------------------------------------------
 * ex06_01.c
 * Berechnung der Fakultät n!
 * n! = 1 * 2 * 3 * ... * (n-1) * n
 * --------------------------------------------------------
 */
#include <stdio.h>
int main()
{
   int i, n;
   double f = 1.0;            // Fakultät n!
                              // Typ double für große Zahlen.
   printf("*** Berechnung der Fakultaet einer Zahl ***\n\n"
          "Geben Sie eine positive ganze Zahl ein: ");

   if( scanf("%d", &n) < 1 || n < 0)
   {
      printf("Fehlerhafte Eingabe!\n");
      return 1;
   }

   f = 1.0;                        // Berechnung der Fakultät
   for( i = 2; i <= n; ++i)
      f *= i;

   printf("Die Fakultaet von %d ist %.0f\n", n, f);
   return 0;
}
```

6.2 a) Es liegt eine Endlosschleife vor, da die Blockklammern fehlen. Richtig ist:

```
while( k <= 10 )
{  sum10 += k; ++k; }
```

b) Im Schleifenkopf der for-Schleife muss jedes Komma durch ein Semikolon ersetzt werden.

c) Die Variable erg ist nicht initialisiert.

d) Die Variable sum ist im Schleifenkopf definiert. Damit steht sie nach der Schleife nicht mehr zur Verfügung.

6.3 Die while-Schleife als for-Schleife:

```
binomi = 1;
for( i = 1, j = n; i <= k; ++i, --j)
    binomi = binomi * j / i;
```

Die while-Schleife als do-while-Schleife:

```
binomi = 1;
i = 1; j = n;
do
    binomi = binomi * j-- / i++;
while( i <= k);
```

6.4

```
/* --------------------------------------------------
 * ex06_04.c
 * Zeichencodes eingegebener Zeichen anzeigen.
 * --------------------------------------------------
 */
#include <stdio.h>

int main()
{
   unsigned char c;
   int count = 0;

   printf("*** Zeichencodes von Zeichen anzeigen. ***\n\n"
          "Geben Sie die Zeichen in einer Zeile ein:\n");

   while( scanf("%c", &c) == 1 && c != '\n')
   {
     if( count == 0)
        printf("\n  Zeichen  dezimal  hexadezimal  oktal\n"
               "--------------------------------------\n");
     ++count;
     printf("%2d.   %c  %8d  %8X   %8o\n", count,c,c,c,c);
```

```
   }
   return 0;
}
```

6.5

```
/* --------------------------------------------------
 * ex06_05.c
 * Berechnung und Ausgabe der ersten 30 Fibonacci-Zahlen.
 * Die ersten zwei Fibonacci-Zahlen sind 0 und 1. Jede
 * folgende Fibonacci-Zahl ist die Summe der zwei Vorgänger.
 * --------------------------------------------------
 */
#include <stdio.h>

int main()
{
   long fib0, fib1 = 0, fib2 = 1;   // Fibonacci-Zahlen
   int count;                       // Zähler

   printf("   *** Die ersten 30 Fibonacci-Zahlen ***\n\n");

   printf("%10ld", fib1);        // Die ersten beiden
   printf("%10ld", fib2);        // Fibonacci-Zahlen.
   for( count = 2; count < 30; ++count)
   {
      fib0 = fib1;
      fib1 = fib2;
      fib2 += fib0;              // Summe der zwei Vorgänger
      printf("%10ld", fib2);
      if( count % 5 == 4)        // 5 Zahlen in einer Zeile.
         putchar('\n');          // oder printf("\n");
   }
   return 0;
}
```

6.6

```
/* --------------------------------------------------
 * ex06_06.c
 * Die Fibonacci-Zahlen und ihre Quotienten bis
 * einschließlich der ersten Fibonacci-Zahl, deren
 * Quotient sich vom Quotienten des Vorgängers weniger
 * als 0,000001 unterscheidet.
 * --------------------------------------------------
 */
```

```
#include <stdio.h>
#include <math.h>

int main()
{
   double fib0, fib1 = 0, fib2 = 1;    // Fibonacci-Zahlen
   double q1, q2 = 0;                  // Quotienten
   int count = 0;

   printf(
   "  *** Fibonacci-Zahlen und ihre Quotienten ***\n\n");

   printf("      Fibonacci-Zahl    Quotient\n"
          "----------------------------------\n");

   printf("%2d. %10.0f\n", ++count,fib1); // Die ersten zwei
   printf("%2d. %10.0f\n", ++count,fib2); // Fibonacci-Zahlen

   do {
      fib0 = fib1;
      fib1 = fib2;
      fib2 += fib0;              // Summe der zwei Vorgänger
      q1 = q2;
      q2 = fib2/fib1;            // Quotient
      printf("%2d. %10.0f %20.10f\n", ++count, fib2, q2);
   }while( fabs(q2-q1) > 1E-6);

   return 0;
}
```

6.7 a)

```
long n = 0;
printf("Bitte ganze Zahlen eingeben!\n"
       "(Ende mit einem Buchstaben.)\n");
while( scanf("%ld", &n) == 1)
   printf("  %ld\n", n*n);
```

b)

```
double x = 0.0, sum = 0.0;
printf("Bitte positive Zahlen eingeben!\n");
```

```
while( scanf("%lf", &x) == 1 && x > 0.0
                              && (sum += x) < 100.0)
    ;
```

c)

```
unsigned char jn = ' ';
printf("OK? (j = ja, n = nein)\n");
while( scanf("%c", &jn) == 1 && jn != 'j' && jn != 'n')
     ;
```

6.8

```
// ----------------------------------------------------------
// ex06_08.c
// Liest vom Anwender eine binäre Zahl ein (z.B. 10111)
// und gibt den entsprechenden dezimalen Wert aus.
// ----------------------------------------------------------
#include <stdio.h>
#include <ctype.h>                    // für isspace()

int main()
{
   char c = 0;
   int value = 0;

   printf("   *** Umrechnung Binär -> Dezimal ***\n\n");
   printf("Geben Sie eine binäre Zahl ein (z.B. 10111): ");

   // Führende Zwischenraumzeichen überlesen:
   while( scanf("%c", &c) == 1 && isspace(c))
       ;

   // Binäre Ziffern einlesen. Erstes Zeichen schon in c.
   do
   {
       if( c != '0' && c != '1')
           break;
       value *= 2;
       if( c == '1')
          ++value;
   }while( scanf("%c", &c) == 1);

   printf("\nDer entsprechende dezimale Wert: %d\n", value);
   return 0;
}
```

6.9 a) Der logische Ausdruck ist syntaktisch falsch und es fehlen Blockklammern. Richtig ist:

```
if( var >= 0 && var <= 10)
{ a = 0; printf("Wert im zulaessigen Bereich!\n"); }
else if( var > 10 )
  a = 1;
else
  a = -1;
```

b) In der ersten Klammer steht statt eines Vergleichs eine Zuweisung. Die zwei Alternativen des Auswahloperators werden mit : getrennt. Richtig ist:

```
(var == 0) ? (a = 0) : (a = 1);
```

c) Die Ausdrücke der `case`-Marken müssen Konstante sein. Statt `else:` muss es `default:` heißen. Richtig ist:

```
switch( var )
{
   case 0:
   case 1:        printf("var ist 0 oder 1\n");
                  break;
   default:       if( var < 0)
                     printf("var ist negativ\n");
                  else
                     printf("var ist groesser als 1\n");
}
```

6.10

```
/* ----------------------------------------------------
 * ex06_10.c
 * Näherungsweise Berechnung von exp(x) (= e hoch x)
 * exp(x) = 1 + x/1! + x*x/2! + x*x*x/3! + ...
 * ----------------------------------------------------
 */
#include <stdio.h>
#include <math.h>

int main()
{
  double x = 0.5, y, ex, an = 1.0;
  int n;
```

```
  printf(" x     Naeherungswert      exp(x)      Differenz\n"
         "-----------------------------------------------\n");
  for( x = 0.5; x < 5.1; x += 0.5 )
  {
    // Summe der ersten 10 Reihenglieder:
    y = an = 1.0;
    for( n = 1; n <= 10; ++n)
    {
       an *= x/n;  y += an;
    }

    // Berechnung mit Standardfunktion.
    ex = exp(x);

    printf("%5.2f %15.10f %15.10f %15.12f\n",
                                   x, y, ex, ex-y);
  }
  return 0;
}
```

Kapitel 7

Symbolische Konstanten und Makros

Mit Makros können C-Programme übersichtlich und flexibel gestaltet werden. In diesem Kapitel werden Sie

- Makros definieren und aufrufen

  Mit der Definition eines Makros wird einer Zeichenfolge (z.B. einem C-Ausdruck) ein Name gegeben. Die Definition erfolgt mit der `#define`-Direktive:

  ```
  #define  Makroname  Zeichenfolge
  ```

  Der Präprozessor ersetzt dann überall im nachfolgenden Quelltext den Makronamen durch die Zeichenfolge. Ausgenommen sind nur Makronamen in Stringkonstanten. Makros, die Konstanten einen Namen geben, heißen auch *symbolische Konstanten*. Makros können mit Parametern definiert werden, so dass sie wie eine Funktion mit Argumenten aufrufbar sind. Die Parameter eines solchen *Funktionsmakros* sind Platzhalter, die beim Aufruf durch die aktuellen Argumente ersetzt werden. Die Definition eines Makros kann mit der `#undef`-Direktive wieder gelöscht werden.

- mit Standardmakros Zeichen klassifizieren und umwandeln

  Diese Makros testen ein einzelnes Zeichen, beispielsweise ob es sich um einen Klein- oder Großbuchstaben (`islower()`, `isupper()`), um eine Ziffer (`isdigit()`) oder um ein Zwischenraumzeichen (`isspace()`) handelt. Außerdem können Buchstaben in Klein- oder Großbuchstaben umgewandelt werden (`tolower()`, (`toupper()`). Die Definitionen dieser Standardmakros sind in der Header-Datei `ctype.h` enthalten.

- die Technik der bedingten Kompilierung einsetzen

  Mit den Direktiven `#ifdef` und `#ifndef` kann der Präprozessor überprüfen, ob ein Makro bereits definiert ist oder nicht. Dies kann z.B. dazu genutzt werden, um die Mehrfach-Inkludierung von Header-Dateien zu vermeiden: Dazu wird in der Header-Datei ein Makro definiert, dessen Existenz abgefragt werden kann.

- Filterprogramme schreiben

  Ein Filterprogramm liest einen Datenstrom von der Standardeingabe und sendet die manipulierten Daten zur Standardausgabe. Da unter den gängigen Betriebssystemen die Standardein-/ausgabe durch Umlenkung mit einer Datei verbunden werden kann, bieten Filterprogramme eine einfache Möglichkeit, Dateien zu manipulieren, So können in Textdateien z.B. bestimmte Zeichen ausgefiltert oder neue Zeichen wie Zeilennummern eingefügt werden.

Verständnisfragen

7.1 Die Definition eines Makros erfolgt mit der ____________________-Direktive des Präprozessors.

7.2 Bei welchen Direktiven handelt es sich um zulässige Makrodefinitionen?

a) `define LIMIT 1000`

b) `#undef LIMIT`

c) `Version: #define VERSION 1.52`

d) `#define SIZE  (16*512)`

e) `#define MB-RAM  4096`

7.3 Die Verwendung bereits definierter Makros in neuen Makrodefinitionen ist zulässig.

☐ Richtig

☐ Falsch

7.4 Das Code-Fragment

```
#define MB_RAM  4096
printf("Arbeitsspeicher(MB): MB_RAM ");
```

erzeugt die Ausgabe: ______________________________.

7.5 Die Makros

```
#define VAT_RATE 19.0
#define VAT(amount) (amount*VAT_RATE/100)
```

werden in der Anweisung

```
tax = VAT(11.50 + 6.10)
```

wie folgt erweitert:

a) `(11.50 + 6.10*VAT_RATE/100)`

b) `(11.50 + 6.10*19.0/100)`

c) `(11.50 + 6.10)*19.0/100`

7.6 Das Makro VAT aus der Frage 4.5 liefert bei einem Aufruf wie `VAT(11.50+6.10)` ein falsches Ergebnis. Eine korrekte Definition von VAT ist:

____.

7.7 Das Makro

```
#define MAX 100;
```

kann mit einer `int`-Variablen `n` wie folgt verwendet werden:

```
if(n > MAX) printf("Wert von n ist zu gross!\n");
```

☐ Richtig

☐ Falsch

7.8 Bei welchen der folgenden Definitionen handelt es sich um ein Makro mit einem Parameter?

a) `#define SquareOf(x)  ((x)*(x))`

b) `#define SQUAREOF x   ((x)*(x))`

c) `#define SquareOf (x)  (x)*(x)`

7.9 Um eine Makrodefinition in einer neuen Zeile fortzusetzen, muss die aktuelle Zeile mit dem Zeichen ____________ abgeschlossen werden.

7.10 Das Makro `ABS` ist wie folgt definiert:

```
#define ABS(x) ((x)>=0 ? (x) : -(x))
```

Für eine `int`-Variable `a` mit dem Wert `-2` liefert der Aufruf `ABS(++a)` den Wert `0`.

☐ Richtig

☐ Falsch

7.11 Makros, die in einer Ihrer Quelldateien definiert sind, wollen Sie auch in anderen Quelldateien verwenden. Zu diesem Zweck ist es sinnvoll,

a) die Quelldatei mit den Makrodefinitionen in den anderen Quelldateien zu inkludieren.

b) eine Header-Datei mit den Makrodefinitionen zu erstellen und diese in den Quelldateien zu inkludieren.

c) die Makrodefinitionen in jede Quelldatei zu kopieren.

7.12 Um einem Makro eine andere Bedeutung zu geben, genügt es, das Makro mit gleichem Namen erneut zu definieren.

☐ Richtig

☐ Falsch

7.13 Um Standardmakros wie `isdigit()` oder `toupper()` aufrufen zu können, muss die Header-Datei ______________ inkludiert werden.

7.14 Die ausführbare Datei eines C-Programms enthält den Maschinencode eines Makros

a) so oft, wie das Makro im Quellcode aufgerufen wird.

b) genau einmal.

c) keinmal.

7.15 Die Definition eines Makros kann mit der Direktive ____________ aufgehoben werden.

7.16 Beim Aufruf eines Funktionsmakros überprüft der Compiler die aktuellen Argumente wie bei einem gewöhnlichen Funktionsaufruf.

☐ Richtig

☐ Falsch

7.17 Zur Überprüfung, ob ein Makro definiert ist, gibt es folgende Direktive:

a) `#ifdefined`

b) `#ifdef`

c) `#ifnotdef`

7.18 Das Code-Fragment

```
#ifndef MyMakros
#define MyMakros
  ...
#endif
```

bewirkt, dass der Quellcode im Block zwischen `#ifndef` und `#endif` nicht kompiliert wird, wenn das Makro `MyMakros` bereits definiert ist.

☐ Richtig

☐ Falsch

7.19 Das Filterprogramm

```
#include <stdio.h>
#include <ctype.h>
int main()
{  int c;
   while( (c = getchar()) != EOF)
   { c = toupper(c); putchar(c); }
```

```
    return 0;
}
```

a) filtert alle Zeichen aus, die keine Großbuchstaben sind.

b) filtert alle Zeichen aus, die keine Buchstaben sind, und wandelt Klein- in Großbuchstaben um.

c) filtert keine Zeichen aus, wandelt aber Klein- in Großbuchstaben um.

7.20 Angenommen, `zeilen.exe` ist ein ausführbares Filterprogramm, das einen Text mit Zeilennummern versieht, und Ihr Betriebssystem ermöglicht die Umlenkung der Ein- und Ausgabe. Dann lautet die Kommandozeile, um im aktuellen Verzeichnis die Textdatei `file1.txt` mit `zeilen.exe` zu lesen und das Ergebnis als `file2.txt` zu speichern:

____

Aufgaben

7.1 Definieren Sie folgende Makros:

a) Das Makro `PI`, das die Kreiskonstante 3.1415927 repräsentiert.

b) Das Makro `LF` (»line feed«), das das Zeilenendezeichen `'\n'` repräsentiert.

c) Das Makro `Alert`, das einen Warnton erzeugt. Dazu gibt `Alert` mit `putchar()` das Steuerzeichen `'\a'` (Code 7) aus.

d) Das Makro `Discard` mit einem Parameter `delim`, das von der Standardeingabe so lange Zeichen liest und verwirft, bis entweder das »Dateiende« EOF oder das Trennzeichen `delim` gelesen wurde.

Hinweis: Ein Makro kann auch eine Block-Anweisung repräsentieren.

7.2 Wo liegen die Fehler in den folgenden Makro-Definitionen:

a) `#define FIRST = 1`

b) `#define Area(a,b) (a*b)`

c) `#define Mul2 (x) ((x)*=2)`

d) `#define Max(a,b) ((a) >= (b)) ? (a) : (b)`

7.3 Definieren Sie folgende Makros für Zufallszahlen:

a) Das Makro `InitRandom`, das den Zufallsgenerator mit der aktuellen Zeit initialisiert.

Hinweis: Dieses Makro ruft die Standardfunktionen `srand()` und `time()` auf, wie dies in der Aufgabe 3.6 beschrieben wurde.

b) Das Makro `Random` mit zwei Parametern, das mit jedem Aufruf eine ganze Zufallszahl liefert, die größer oder gleich dem ersten Parameter und kleiner oder gleich dem zweiten Parameter ist. Der Aufrufer des Makros muss sicherstellen, dass die Parameter ganzzahlig sind und der erste Parameter kleiner als der zweite ist.

Hinweis: Dieses Makro ruft die Standardfunktionen `rand()` auf und verwendet die Modulo-Division, um eine Zufallszahl zwischen `0` und einer Obergrenze zu erhalten.

Testen Sie die Makros mit einem Programm, das einmal den Zufallsgenerator initialisiert und dann 100 Zufallszahlen zwischen 10 und 100 ausgibt.

7.4 Erstellen Sie die Header-Datei `myMakros.h`, in der Sie folgende Makros definieren:

a) Die Makros `ABS`, `MIN` und `MAX`, die mit Hilfe des Auswahloperators den Absolutwert einer Zahl, sowie das Minimum und das Maximum zweier Zahlen ermitteln.

b) Die Makros `PI`, `LF`, `Alert` und `Discard` aus der Aufgabe 7.1.

Inkludieren Sie die Header-Datei in eine Quelldatei, in der Sie jedes Makro mindestens einmal aufrufen.

7.5 Fügen Sie in die Header-Datei `myMakros.h` Direktiven ein, die eine mehrfache Inkludierung der Header-Datei verhindern.

7.6 Das Standardmakro `isdigit(c)` liefert »wahr«, wenn das übergebene Zeichen in `c` eine dezimale Ziffer ist, andernfalls »falsch«. Entsprechend prüft das Standardmakro `isxdigit(c)`, ob das übergebene Zeichen eine hexadezimale Ziffer ist. Das sind die Ziffern `0` bis `9` und die Buchstaben `a` bis `f` und `A` bis `F`, wobei die Ziffern `a` und `A` den dezimalen Wert 10 repräsentieren, `b` und `B` den Wert 11 usw.

a) Analysieren Sie zunächst folgendes Makro. Welchen Wert liefert es?

```
#define DigitVal(c) (!isxdigit(c) ? -1 : \
    (isdigit(c) ? (c-'0') : (toupper(c)-'A'+10)) )
```

b) Schreiben Sie dann ein C-Programm, das eine hexadezimale Zahl von der Tastatur einliest, z.B. `a2F`, und den entsprechenden dezimalen Wert ausgibt. Das Programm verwendet zunächst das Standardmakro `isspace()`, um führende Zwischenraumzeichen zu überlesen. Dann aktualisiert das Programm das Ergebnis mit jeder gelesenen Ziffer, wobei die Umrechnung mit Hilfe des Makros aus Teil a) erfolgt.

Hinweis: Der dezimale Wert ergibt sich aus der Potenzreihendarstellung zur Basis 16. So hat die hexadezimale Zahl `a2F` den dezimalen Wert

$$10*16^2 + 2*16^1 + 15*16^0 = 2607$$

Die Potenzreihe ist gleichwertig mit

```
(10*16 + 2)*16 + 15
```

Der dezimale Wert kann also sukzessive berechnet werden, indem man nach dem Einlesen einer Ziffer den aktuellen Wert mit 16 multipliziert und den Wert der neuen Ziffer hinzuaddiert.

7.7 Das Standardmakro `assert()` prüft, ob ein Ausdruck wahr (d.h ungleich 0) oder falsch (d.h. gleich 0) ist. Ein Beispiel:

```
assert(a < b);    // Programmabbruch, falls nicht a < b
```

Ist der angegebene Ausdruck falsch, bricht `assert()` das Programm ab und gibt eine Fehlermeldung aus, die den Ausdruck und den Namen der Quelldatei mit der Zeilennummer enthält. Ist der Ausdruck wahr, wird das Programm mit der nächsten Anweisung fortgesetzt.

Das `assert`-Makro ist in der Header-Datei `assert.h` definiert. Es wird gewöhnlich während der Testphase eines Programms eingesetzt. Alle `assert`-Aufrufe können deaktiviert werden. Dazu genügt es, vor dem Inkludieren von `assert.h` das Makro NDEBUG zu definieren.

Schreiben Sie ein C-Programm, das vom Anwender zwei Gleitpunktzahlen einliest, die erste durch die zweite Zahl dividiert und das Ergebnis anzeigt. Stellen Sie mit dem Makro `assert()` sicher, das nicht durch null dividiert wird.

7.8 Schreiben Sie ein Filterprogramm, das in einer Textdatei die Steuerzeichen (ASCII Codes 0–31 sowie 127) sichtbar macht. Jedes Steuerzeichen wird durch seinen dezimalen Code ersetzt, der in runden Klammern angezeigt wird, z.B. (9) für den horizontalen Tabulator. Das Steuerzeichen selbst wird nicht ausgegeben, es sei denn, es ist ein Zeilenvorschub. Zeichen, die keine Steuerzeichen sind, werden unverändert ausgegeben.

Hinweis: Das Standardmakro `iscntrl(c)` liefert »wahr«, wenn das übergebene Zeichen ein Steuerzeichen ist, andernfalls »falsch«. Das Makro ist in der Header-Datei `ctype.h` definiert.

7.9 Schreiben Sie ein Filterprogramm, das die Zeilen und Wörter in einem Text zählt und am Ende anzeigt. Dabei sind Wörter Zeichenfolgen, die durch Zwischenraumzeichen getrennt sind, also durch Zeichen, für die das Standardmakro `isspace()` wahr liefert.

Hinweis: Die letzte Zeile im Text muss nicht notwendig mit einem Zeilenende `'\n'` abschließen. Daher soll eine Zeile am Anfang der Zeile gezählt werden. Beachten Sie, dass dem ersten Zeichen einer Zeile, mit Ausnahme der ersten Zeile, ein Zeilenende `'\n'` vorangeht. Für das Zählen der Wörter kann eine entsprechende Logik verwendet werden.

7.10 Schreiben Sie ein Filterprogramm, das in einem Text jede Folge von Zeichen, die nur aus Blanks (Leerzeichen) und Tabulatorzeichen (`\t`) bestehen, durch ein Blank ersetzt. Davon ausgenommen sind

a) Blanks und Tabulatorzeichen am Anfang einer Zeile, die unverändert erhalten bleiben.

b) Blanks und Tabulatorzeichen am Ende einer Zeile, für die kein Blank ausgegeben wird.

Hinweis: Verwenden Sie ein Flag, das anzeigt, ob gerade am Anfang einer Zeile gelesen wird.

Lösungen zu den Verständnisfragen

7.1 `#define`

7.2 d)

7.3 Richtig

7.4 `Arbeitsspeicher(MB): MB_RAM`

7.5 b)

7.6 `#define VAT(amount) ((amount)*VAT_RATE/100.0)`

7.7 Falsch (Das Semikolon nach 100 ist zu viel.)

7.8 a)

7.9 \ (Backslash)

7.10 Richtig

7.11 b)

7.12 Falsch

7.13 `ctype.h`

7.14 a)

7.15 `#undef`

7.16 Falsch

7.17 b)

7.18 Richtig

7.19 c)

7.20 `zeilen <file1.txt >file2.txt`

Lösungen zu den Aufgaben

7.1

```
#include <stdio.h>        // Enthält die Makros
                          // getchar(), putchar() und EOF.
```

a)

```
#define PI  3.1415927          // Kreiskonstante
```

b)

```
#define LF  '\n'               // Zeilenende
```

c)

```
#define Alert putchar('\a')    // Einen Ton ausgeben.
```

d)

```
// Alle Zeichen bis einschließlich delim überlesen:
#define Discard(delim) \
     { int c; while((c = getchar()) != EOF && c != delim);}
```

7.2 a) Das Makro FIRST repräsentiert die Zeichenfolge = 1, nicht die Konstante 1. Richtig ist:

```
#define FIRST  1
```

b) Da bei einem Aufruf die Argumente a und b beliebige Ausdrücke sein können, müssen sie in der Erweiterung in Klammern stehen:

```
#define Area(a,b) ((a)*(b))
```

c) Die linke Klammer der Parameter muss direkt dem Makronamen folgen:

```
#define Mul2(x) ((x)*=2)
```

d) Die Klammern um den Vergleich (a) >= (b) sind unnötig. Aber der gesamte Ausdruck muss in Klammern stehen, da er bei der Erweiterung Teil eines größeren Ausdrucks sein kann.

```
#define Max(a,b) ((a) >= (b) ? (a) : (b))
```

7.3

```
/* ----------------------------------------------------
 * ex07_03.c
```

```
 * Die Makros InitRandom und Random(m,n) definieren
 * und verwenden.
 * ----------------------------------------------------
 */
#include <stdio.h>
#include <stdlib.h>        // Prototyp von srand(), rand()
#include <time.h>          // Prototyp von time()

// Initialisierung des Zufallsgenerators:
#define InitRandom  srand((unsigned int)time(NULL))
// Eine ganze Zufallszahl zwischen n und m:
#define Random(m,n)  (rand()%((n)+1-(m)) + (m))

int main()
{
   int i;

   printf("\nEinige Zufallszahlen zwischen 10 und 100:\n");
   InitRandom;
   for( i = 1; i <= 100; ++i)
   {
       printf("%6d", Random(10,100));  // Eine Zufallszahl
       if(i % 10 == 0)                 // 10. Zahlen?
           putchar('\n');              // -> neue Zeile.
   }
   putchar('\n');
   return 0;
}
```

7.4

```
/* ----------------------------------------------------
 * myMakros.h
 * Enthält die Definitionen einiger Makros.
 * ----------------------------------------------------
 */
#include <stdio.h>        // Die Definitionen der Makros
                          // getchar(), putchar() und EOF.

// ... Die Makros PI, LF, Alert und Discard(delim)
//     wie in der Lösung zu Aufgabe 7.1

#define ABS(x)   ((x)<0 ? -(x) : (x))      // Absolutwert
#define MIN(x,y) ((x)<=(y) ? (x) : (y))    // Minimum
```

```
#define MAX(x,y) ((x)>=(y) ? (x) : (y))   // Maximum

/* --------------------------------------------------
 * ex07_04.c
 * Makros aus myMakros.h verwenden.
 * --------------------------------------------------
 */
#include <stdio.h>
#include "myMakros.h"

int main()
{
   double x1 = 0.0, x2 = 0.0;

   Alert;
   printf("\nGeben Sie zwei Zahlen ein.\n");
   printf("1. Zahl: ");
   if( scanf("%lf", &x1) < 1)
   {  // Pgm. beenden, falls keine Zahl eingegeben wurde.
      printf("Ungueltige Eingabe!\n");  return 1;
   }
   Discard(LF);            // Rest der Zeile überlesen.
   printf("2. Zahl: ");
   if( scanf("%lf", &x2) < 1)
   {
      printf("Ungueltige Eingabe!\n");  return 1;
   }
   Discard(LF);            // Rest der Zeile überlesen.

   printf("Die groessere Zahl: %f\n", MAX(x1,x2));
   printf("Die kleinere Zahl:  %f\n", MIN(x1,x2));
   printf("Abstand der Zahlen: %f\n", ABS(x1-x2));

   printf("\nWeiter mit <Return> ");
   getchar();

   x1 = ABS(x1);
   printf("Ein Kreis mit dem Radius %f hat den Umfang %f\n",
          x1, PI*2*x1 );
   return 0;
}
```

7.5

```
/* ---------------------------------------------------
 * myMakros.h
 * Mit Direktiven, um mehrfache Inkludierung zu verhindern.
 * ---------------------------------------------------
 */
#ifndef MYMAKROS_H
#define MYMAKROS_H
//
// ... Inhalt wie in der Lösung zu
//
#endif    //MYMAKROS_H
```

7.6

```
// ------------------------------------------------------
// ex07_06.c
// Liest vom Anwender eine hexadezimale Zahl ein (z.B. a2F)
// und gibt den entsprechenden dezimalen Wert aus.
// ------------------------------------------------------
#include <stdio.h>
#include <ctype.h>             // für isdigit(), isxdigit(),
                               // toupper(), isspace()

#define DigitVal(c) (!isxdigit(c) ? -1 : \
        (isdigit(c) ? ((c)-'0') : (toupper(c)-'A'+10)))

int main()
{
   int c = 0, digitval= 0, value = 0;

   printf(" *** Umrechnung Hexadezimal -> Dezimal ***\n\n");

   printf(
   "Geben Sie eine hexadezimale Zahl ein (z.B. a2F): ");

   // Führende Zwischenraumzeichen überlesen:
   while( (c = getchar()) != EOF && isspace(c))
       ;
   // Hexadezimale Ziffern lesen. Erstes Zeichen schon in c.
   do
   {
      if( (digitval = DigitVal(c)) < 0)
         break;                     // Keine Hex-Ziffer.
```

```
        value *= 16;
        value += digitval;
    }while( (c = getchar()) != EOF);

    printf("\nDer entsprechende dezimale Wert: %d\n", value);
    return 0;
}
```

7.7

```
/* ------------------------------------------------------------
 * ex07_07.c
 * Testet das Standardmakro assert().
 * ------------------------------------------------------------
 */
#include <stdio.h>
#include <assert.h>

int main()
{
    double numerator = 0.0, denominator = 0.0;

    printf("--- Der Quotient zweier Zahlen. ---\n\n"
           "Geben Sie folgende Zahlen ein:\n");
    printf(" Zaehler: ");
    if( scanf("%lf", &numerator) < 1)  // Falls keine Zahl
    {                                  // eingegeben wurde.
        printf("Fehlerhafte Eingabe!\n"); return 1;
    }

    printf(" Nenner:  ");
    if( scanf("%lf", &denominator) < 1) // Falls keine Zahl
    {                                   // eingegeben wurde.
        printf("Fehlerhafte Eingabe!\n"); return 1;
    }

    assert(denominator != 0.0);     // Abbruch,
                                    // falls Nenner 0 ist.
    printf("Der Quotient der Zahlen ist %f\n",
                                  numerator / denominator);
    return 0;
}
```

7.8

```
/* ----------------------------------------------------------
 * ex07_08.c
 * Ein Filterprogramm, das Steuerzeichen in einer Textdatei
 * sichtbar macht, indem es den Code der Steuerzeichen
 * ausgibt, z.B. (9) für den horizontalen Tabulator.
 * ----------------------------------------------------------
 * Beim Lesen von der Tastatur (d.h. ohne Eingabe-Umlenkung)
 * ist die Eingabe mit Strg+Z (DOS/Windows) oder
 * Strg+D (Unix/Linux) zu beenden.
 */
#include <stdio.h>
#include <ctype.h>

#define LF    '\n'        // Zeilenende (line feed)

int main()
{
   int c;
   while( (c = getchar()) != EOF)
   {
      if( iscntrl(c))         // Steuerzeichen?
      {                       // ja
         printf("(%d)", c);   // -> Zeichencode
         if( c == LF)         // LF ausgeben.
           putchar(c);
      }
      else                    // alle anderen Zeichen.
         putchar(c);
   }
   return 0;
}
```

7.9

```
/* ----------------------------------------------------------
 * ex07_09.c
 * Filterprogramm zum Zählen von Zeilen und Wörtern.
 * ----------------------------------------------------------
 */
#include  <stdio.h>
#include  <ctype.h>
#define LF  '\n'          // Zeilenende (line feed)
```

```
int main()
{   // Initialisierung von c0 so, dass auch die erste
    // Zeile und das erste Wort gezählt werden.
    int c0 = LF,            // vorhergehendes Zeichen.
        c;                  // aktuelles Zeichen.
    int nl =0, nw = 0;      // Zähler für Zeilen und Wörter

    while( (c = getchar()) != EOF)
    {
        if( c0 == LF)
            ++nl;
        if( isspace(c0) && !isspace(c))
            ++nw;
        c0 = c;
    }
    printf("Zeilen: %d  Worte: %d\n", nl, nw);
    return 0;
}
```

7.10

```
/* ----------------------------------------------------
 * ex07_09.c
 * Das Filterprogramm ersetzt Folgen von Blanks und
 * Tabulatoren durch ein Blank und löscht Blanks und
 * Tabulatoren am Zeilenende.
 * Blanks und Tabulatoren am Zeilenanfang bleiben erhalten.
 * ----------------------------------------------------
 */
#include  <stdio.h>

#define BLANK ' '
#define TAB   '\t'         // Horizontaler Tabulator
#define LF    '\n'         // Zeilenende (line feed)
#define TRUE  1
#define FALSE 0

int main()
{
   int c0 = LF,            // vorhergehendes Zeichen.
       c;                  // aktuelles Zeichen.
   int newline = TRUE;     // Flag für "neue Zeile"
```

```
    while( (c = getchar()) != EOF)
    {
      if( newline)
        if( c == BLANK || c == TAB) // Blanks und Tabs am
        {                           // Anfang einer Zeile
          putchar(c);               // beibehalten.
          continue;
        }
        else                        // Erstes Zeichen, das
          newline = FALSE;          // kein Blank oder Tab ist.

      if( c == TAB)                 // TAB -> BLANK
        c = BLANK;

      if( c!= BLANK)                // Für eine Folge von Blanks
      {                             // nur ein Blank ausgeben,
        if( c0 == BLANK && c != LF) // wenn noch ein anderes
          putchar(c0);              // Zeichen folgt.
        putchar(c);
      }

      if( c == LF)
        newline = TRUE;             // Wieder am Anfang
                                    // einer Zeile.
      c0 = c;
    }
    return 0;
}
```

Kapitel 8

Typumwandlungen

In C dürfen die Operanden von Operatoren einen unterschiedlichen arithmetischen Typ haben. Ein Beispiel:

```
int n = 7;   float var = n * 2.5;
```

Hier wird die `int`-Variable `n` mit dem `double`-Wert `2.5` multipliziert und das Ergebnis in der `float`-Variablen `var` gespeichert. In solchen Fällen nimmt der Compiler automatisch *implizite* Typumwandlungen vor, das heißt, die Operanden eines Operators werden in einen gemeinsamen Typ konvertiert, in dem dann die Operation durchgeführt wird. Darüber hinaus ist es möglich und gelegentlich notwendig, dass der Programmierer selbst explizit eine Typumwandlung veranlasst. Bei Umwandlung arithmetischer Datentypen sind folgende Fälle zu unterscheiden:

- Ganzzahl-Erweiterung

  In einem Ausdruck kann statt eines Operanden vom Typ `int` oder `unsigned int` stets auch ein Operand mit einem kleineren Typ (z.B. `char` oder `short`) eingesetzt werden. Dann erfolgt automatisch eine Erweiterung zu `int` oder falls notwendig zu `unsigned int`. Diese *Ganzzahlerweiterung* ist stets werterhaltend.

- Übliche arithmetische Typumwandlungen

  Diese Umwandlungen werden auf die beiden Operanden der binären arithmetischen Operatoren, der binären Bit-Operatoren und der Vergleichsoperatoren angewendet, sowie auf den 2. und 3. Operanden des Auswahlwahloperators `?:`. Dabei erfolgt die Typanpassung stets so, dass gemäß der »Typhierarchie« der »kleinere« Typ in den »größeren« umgewandelt wird, z.B. `int` in `double`. Haben beide Operanden einen ganzzahligen Typ, wird zunächst für jeden Operanden die Ganzzahl-Erweiterung durchgeführt. Es kann zu Datenverlust kommen, wenn ein Operand einen `unsigned` Typ und der andere den entsprechenden `signed` Typ hat. In diesem Fall wird in den `unsigned` Typ konvertiert, so dass ein negativer Wert nicht mehr darstellbar ist.

- Implizite Typumwandlungen bei Zuweisungen und Funktionsaufrufen

  In Zuweisungen wird der Wert des rechten Operanden in den Typ der Variablen auf der linken Seite konvertiert. Ist der Wert nicht mit dem Zieltyp darstellbar, werden bei Ganzzahlen die höherwertigen Bytes abgeschnitten und bei der Umwandlung einer Gleitpunktzahl in eine Ganzzahl die Nachkommastellen. In einem Funktionsaufruf erfolgt die Konvertierung der Argumente in den entsprechenden Parametertyp wie bei der Zuweisung.

- Explizite Typumwandlungen

  Mit dem Cast-Operator `(typ)` kann der Programmierer den Wert eines Ausdrucks in den angegebenen Typ umwandeln. So liefert `(int)x` den ganzzahligen Anteil einer Gleitpunktzahl `x` als `int`-Wert, sofern dieser als `int` darstellbar ist.

Verständnisfragen

8.1 Eine arithmetische Operation wie z.B. die Addition kann mit Operanden verschiedenen Typs durchgeführt werden, ohne dass der Compiler eine Typumwandlung vornehmen muss.

- ☐ Richtig
- ☐ Falsch

8.2 Wenn die Operanden eines binären arithmetischen Operators einen unterschiedlichen arithmetischen Typ haben, führt der Compiler die üblichen ____________________ durch.

8.3 In C wird mindestens mit Operanden vom Typ `int` gerechnet, das heißt, für Operanden mit einem kleineren Typ wird die ____________________ durchgeführt.

8.4 Die üblichen arithmetischen Typumwandlungen werden angewendet auf die arithmetischer Operanden

a) aller arithmetischer Operatoren.

b) aller binären Operatoren.

c) aller binären arithmetischen Operatoren und Vergleiche.

8.5 Die üblichen arithmetischen Typumwandlungen erfolgen auf der Basis der Typhierarchie. Generell gilt:

a) Der »größere« Typ wird in den »kleineren« Typ umgewandelt.

b) Der »kleinere« Typ wird in den »größeren« Typ umgewandelt.

c) Die Umwandlung hängt vom beteiligten Operator ab.

8.6 Die üblichen arithmetischen Typumwandlungen sind nicht immer werterhaltend, das heißt, der Wert eines Operanden kann sich bei der Typumwandlung verändern.

- ☐ Richtig
- ☐ Falsch

8.7 Wenn auf einem System der Typ `int` eine größere Breite (= Anzahl Bits) als der Typ `short` hat, wird bei der Ganzzahlerweiterung der Typ `unsigned short` umgewandelt in

a) `unsigned short` (unverändert).

b) `int`.

c) `unsigned int`.

8.8 Bei der Umwandlung eines Wertes vom Typ `long` in den Typ `double` bleibt das Bitmuster erhalten.

☐ Richtig

☐ Falsch

8.9 Bei der Umwandlung eines negativen Wertes vom Typ `int` in den Typ `unsigned int`

a) bleibt das Bitmuster erhalten, wird aber ohne Vorzeichen interpretiert.

b) wird das Einer-Kompliment gebildet.

c) wird das Zweier-Kompliment gebildet.

8.10 Gegeben sei die Definition:

```
long n = -1L;
```

Dann hat der Ausdruck `(n < 0 ? 0 : 7.5)` den Typ ____________.

8.11 Angenommen, in einem Ausdruck muss ein Wert vom Typ `short` in den Typ `long` konvertiert werden. Dies erfolgt mit

a) der Null-Erweiterung, das heißt, die höherwertigen Bits werden mit 0 aufgefüllt.

b) der Vorzeichen-Erweiterung, das heißt, die höherwertigen Bits werden mit dem Vorzeichenbit des Wertes aufgefüllt.

c) keiner der zwei genannten Erweiterungen.

8.12 Das Code-Fragment

```
int i = -1;  unsigned int limit = 10;
if( i < limit) printf("Im if-Zweig.\n");
else           printf("Im else-Zweig.\n");
```

erzeugt die Ausgabe: ______________________________.

8.13 In einer Zuweisung mit arithmetischen Typen

a) werden die üblichen arithmetischen Typumwandlungen durchgeführt.

b) wird die Variable auf der linken Seite in den Typ des Wertes auf der rechten Seite umgewandelt.

c) wird der Wert auf der rechten Seite in den Typ der Variablen auf der linken Seite umgewandelt.

8.14 Nach Ausführung des folgenden Code-Fragments

```
int a = 5, b = 10;  double quotient;
quotient = a/b;
```

hat die Variable `quotient` den Wert _______.

8.15 Bei einer Zuweisung eines Wertes vom Typ `long` an eine `float`-Variable kann es zu Rundungsfehlern kommen.

☐ Richtig

☐ Falsch

8.16 Der Compiler gibt gewöhnlich eine Warnung aus, wenn es bei einer *impliziten* Typumwandlung zu Datenverlust kommen kann. Um eine solche Warnung zu vermeiden, kann der Programmierer eine Typumwandlung auch _____________ durchführen.

8.17 Gegeben sei eine Variable `n` vom Typ `int`. Die explizite Typumwandlung

```
(double)n
```

vergrößert die Variable `n` so, dass sie `double`-Werte speichern kann.

☐ Richtig

☐ Falsch

8.18 Nach folgenden Anweisungen

```
long g; double x = 3 * 3.3;
g = (long)x;
```

hat die Variable `g` den Wert _______.

8.19 Mit zwei `int`-Variablen `i` und `j` wird der Ausdruck

```
(double)i*j;
```

wie folgt ausgewertet:

a) Das Ergebnis der Multiplikation `i*j` wird explizit in `double` umgewandelt.

b) Die Variablen `i` und `j` werden explizit in `double` umgewandelt und anschließend multipliziert.

c) Zuerst wird die Variable `i` explizit in `double` umgewandelt. Dann wird `j` implizit in `double` umgewandelt, um anschließend die Multiplikation auszuführen.

8.20 Gegeben seien folgende Deklarationen:

```
void calculate( double, long);
int n = 3;   double x = 1.7;
```

Dann werden der Funktion beim Aufruf

```
calculate( n/2, x+0.5);
```

folgende zwei Werte übergeben:

a) `1.0` und `1`

b) `1.0` und `2`

c) `1.5` und `2`

Aufgaben

8.1 Welchen Typ haben folgende Ausdrücke, wenn `lvar` eine Variable vom Typ `long` ist? Begründen Sie Ihre Antwort.

a) `lvar != 0`

b) `lvar + 10`

c) `lvar / 2.0`

d) `lvar = 1000`

e) `lvar < 0 ? -0.5 : 0.5`

f) `lvar < -100 || lvar > 100`

8.2 Bestimmen Sie die impliziten Typumwandlungen in folgenden Definitionen und Ausdrücken:

a)
```
char c = 'B';
short s = -1;
unsigned int ui = 10;
```

b) `c != 'X'`

c) `c + s`

d) `ui > s`

e) `ui *= 2.0`

8.3 Der Aufruf `time(NULL)` der Standardfunktion `time()` liefert eine Anzahl Sekunden vom Typ `time_t`, der als Synonym für den Typ `long` definiert sei.

Was bewirkt dann der folgende Aufruf der Standardfunktion `srand()` auf einem 16-Bit System?

```
#include <time.h>          // Prototyp von time()
#include <stdlib.h>        // Prototyp von srand()
...
srand((unsigned int)time(NULL));
```

8.4 Schreiben Sie ein Programm, das den möglichen Rundungsfehler bei der Konvertierung von `long` nach `float` zeigt. Initialisieren Sie zu diesem Zweck eine `long`-Variable mit dem Wert 1234567890. Zeigen Sie diesen Wert an und – nach der Zuweisung an eine `float`-Variable – auch den entsprechenden `float`-Wert. Wie groß ist die Differenz zum Ausgangswert, wenn Sie den `float`-Wert an eine zweite `long`-Variable zuweisen?

Wie groß ist die Differenz, wenn Sie statt `float` den Typ `double` verwenden?

Hinweis: Nehmen Sie die notwendigen Konvertierungen von `long` nach `float` und von `float` nach `long` explizit vor, um Warnungen des Compilers zu vermeiden.

8.5 Welche Werte erhält die Variable `x` in den folgenden Zuweisungen?

```
int a = 3, b = 4;
double x;
```

a) `x = a/b;`

b) `x = (double)a/b;`

c) `x = (double)(a/b);`

d) `x = a/(double)b;`

8.6 Bestimmen und erläutern Sie die Ausgabe des folgenden Programms:

```
#include <stdio.h>

int main()
{
   double x = 0.9;
   int    i = 0xaaff;
   char   c;
   unsigned char uc;

   uc = (unsigned char)i;  printf("uc = %X\n", uc);
                           printf("uc = %d\n", uc);
```

```
    c  = (char)i;            printf(" c = %X\n", c);
                             printf(" c = %d\n", c);
    i = (int)x+0.5;          printf(" i = %d\n", i);

    return 0;
}
```

8.7 Wo liegen die möglichen Fehler in den folgenden Anweisungen? Gegeben sind:

```
short a = 1000, b = 1000;
char c = 'Ö';                  // Ein Umlaut
```

a)

```
long n = (long)(a*b);
```

b)

```
(float)a = 1.5;
```

c)

```
printf("Der Zeichencode von %c ist %d\n", c, (int)c);
```

8.8 Gegeben sind die Variablen:

```
long l1, l2;
short s;
unsigned short us;
```

In folgenden Zuweisungen kommt es zu impliziten Typumwandlungen. Geben Sie jeweils das Verfahren an (Null-Erweiterung, Vorzeichen-Erweiterung, Abschneiden bestimmter Bytes, Reinterpretaton des Bitmusters) und hexadezimal das gespeicherte Bitmuster nach der Zuweisung.

a) `s  = -1;`

b) `l1 = s;`

c) `us = l1;`

d) `s  = us;`

e) `l2 = us;`

8.9 Die Funktion `myFunc()` besitzt den Prototyp:

```
int myFunc(unsigned long);
```

Zu welchen Typumwandlungen kommt es dann in folgenden Anweisungen und welche Auswirkung haben diese?

a)

```
double x;
x =  myFunc(0.8);
```

b)

```
int i;
i =  myFunc(-1);
```

c)

```
unsigned int ui;
ui = myFunc(0);
```

8.10 Schreiben Sie ein C-Programm, das zunächst das Makro `Round2()` mit einem Parameter definiert. Das Makro rundet mit Hilfe von Typumwandlungen eine positive Gleitpunktzahl auf zwei Stellen nach dem Dezimalpunkt. Das Makro wird nur für Zahlen bis zu einer Million benötigt. Zum Testen des Makros liest das Programm vom Anwender eine Gleitpunktzahl ein, die auch negativ sein kann, und gibt die gerundete Zahl aus.

Hinweis: Die Rundung einer negativen Zahl wird auf die Rundung der entsprechenden positiven Zahl zurückgeführt.

Eine Beispielausgabe:

```
Ihre Gleitpunktzahl: -12.3456
Der gerundete Wert:  -12.350000
```

Lösungen zu den Verständnisfragen

8.1 Falsch

8.2 Arithmetischen Typumwandlungen

8.3 Ganzzahlerweiterung

8.4 c)

8.5 b)

8.6 Richtig

8.7 b)

8.8 Falsch

8.9 a)

8.10 `double`

8.11 b)

8.12 Im `else`-Zweig (Da `i` in `unsigned int` konvertiert wird.)

8.13 c)

8.14 `0.0`

8.15 Richtig

8.16 explizit

8.17 Falsch

8.18 9

8.19 c)

8.20 b)

Lösungen zu den Aufgaben

8.1
- a) `int` (Vergleichsausdruck)
- b) `long` (da `lvar` vom Typ `long`)
- c) `double` (da `2.0` vom Typ `double`)
- d) `long` (= Typ der Zielvariablen)
- e) `double` (= Typ des 2. und 3. Operanden des Auswahloperators)
- f) `int` (logischer Ausdruck)

8.2
- a) `'B'` vom Typ `int` wird vor der Zuweisung an `c` in `char` umgewandelt.
  `-1` vom Typ `int` wird vor der Zuweisung an `s` in `short` umgewandelt.
  `10` wird vor der Zuweisung an `ui` in `unsigned int` umgewandelt.
- b) Vor dem Vergleich wird `c` in den Typ `int` umgewandelt (Ganzzahlerweiterung). Das ist auch der Typ von `'B'`.
- c) Vor der Addition werden `c` und `s` in den Typ `int` umgewandelt (Ganzzahlerweiterung).
- d) Da `ui` den Typ `unsigned int` hat, wird auch `s` vor dem Vergleich in den Typ `unsigned int` umgewandelt.

e) Vor der Multiplikation wird der Wert von `ui` in den Typ `double`, den Typ der Konstanten `2.0`, umgewandelt. Dann wird das Ergebnis der Multiplikation von `double` in den Typ `unsigned int` umgewandelt und an `ui` zugewiesen.

8.3 Die aktuelle Anzahl Sekunden, die die Funktion `time()` zurückgibt, wird in den Typ `unsigned int` konvertiert. Dabei werden die höherwertigen Bytes abgeschnitten, das heißt, die Funktion `srand()` initialisiert den Zufallsgenerator mit Hilfe der niederwertigen Bytes des Returnwertes. Der entsprechende Wert hat sich also bei einem erneuten Aufruf der Funktion `time()` geändert, sofern mindestens eine Sekunde vergangen ist.

8.4

```
/* ----------------------------------------------------
 * ex08_04.c
 * Demo für einen möglichen Rundungsfehler bei
 * der Konvertierung von long in float.
 * ----------------------------------------------------
 */
#include <stdio.h>

int main()
{
   long n1 = 1234567890, n2 = 0;
   float x = 0;

   printf("Der long-Wert dezimal: %ld\n", n1);

   x = (float)n1;
   printf("Als float-Wert:        %E\n", x);

   n2 = (long)x;
   printf("Wieder als long-Wert:  %ld\n", n2);

   printf("Die Differenz zum Ausgangswert: %ld\n", n2-n1);
   return 0;
}
```

8.5 a) `0.0`

b) `0.75`

c) `0.0`

d) `0.75`

8.6 Die Ausgabe des Programms auf einem 32-Bit-System (d.h. `sizeof(int) == 4`):

```
uc = FF
uc = 255
 c = FFFFFFFF
 c = -1
 i = 0
```

Bei der Konvertierung von `i` nach `char` oder `unsigned char` erhält die Zielvariable das niederwertige Byte, also 0xFF. Auf die Argumente `ui` und `c` von `printf()` wird die Ganzzahlerweiterung angewendet, das heißt auf `ui` die Null-Erweiterung und auf `c` die Vorzeichenerweiterung. Das führt zur Ausgabe FF und FFFFFFFF bzw. dezimal 255 und -1.

Im Ausdruck `(int)x+0.5` wird zuerst x nach `int` konvertiert, da der Vorrang des Cast-Operators höher ist als der von +. Das Ergebnis von `(int)x` ist 0 und wird vor der Addition wieder zu `double` erweitert. Die Addition ergibt also `0.5`. Dieser Wert wird bei der Zuweisung an `i` zu `int` konvertiert, was wieder 0 ergibt.

8.7 a) Das Ergebnis der Multiplikation `a*b` ist zu groß für den Typ `short`. Es wird daher ein falscher Wert in `long` umgewandelt und an `n` zugewiesen. Richtig wäre

```
long n = (long)a*(long)b; // oder: long n = (long)a*b;
```

b) Der Ausdruck `(float)a` stellt den Wert von `a` als `float` dar, ist aber kein L-Wert, das heißt repräsentiert keine Speicherstelle, an die etwas zugewiesen werden könnte.

c) Ein Umlaut hat einen Zeichencode, der größer ist als 127. Gewöhnlich ist aber der Typ `char` gleichbedeutend mit `signed char`, das heißt, `c` repräsentiert einen negativen Wert. Daher wird als Zeichencode auch ein negativer Wert ausgegeben.

8.8 a) Durch die Zuweisung `s = -1;` werden die höherwertigen Bytes des Integers `-1` abgeschnitten. Das Bitmuster in `s` ist 0xFFFF.

b) Vorzeichen-Erweiterung: Nach der Zuweisung `ll = s;` speichert `ll` das Bitmuster 0xFFFFFFFF.

c) Im Ausdruck `us = ll;` erfolgt die Konvertierung wieder durch Abschneiden der höherwertigen Bytes. Das Bitmuster in `us` ist 0xFFFF und repräsentiert den höchsten Wert vom Typ `unsigned short`, also den dezimalen Wert 65535.

d) Reinterpretation des Bitmusters: Das Bitmuster `0xFFFF` bleibt erhalten, wird aber in `s` mit Vorzeichen interpretiert, also als `-1`.

e) Null-Erweiterung: Nach der Zuweisung `l2 = us;` speichert `l2` das Bitmuster `0x0000FFFF`.

8.9 Wegen des Prototyps `int myFunc(unsigned long);` kommt es zu folgenden Typumwandlungen:

a) Im Aufruf `x = myFunc(0.8);` wird das Argument `0.8` in `unsigned long` konvertiert, was `0` ergibt. Der Return-Wert vom Typ `int` wird in `double` konvertiert.

b) Im Aufruf `i = myFunc(-1);` wird das Argument `-1` in `unsigned long` konvertiert, also in den High-Value von `unsigned long` (= 4 294 967 295).

c) Im Aufruf `ui = myFunc(0);` wird der Return-Wert vom Typ `int` in `unsigned int` konvertiert. Es kommt also zu Datenverlust, wenn der Return-Wert negativ ist.

8.10

```
/* --------------------------------------------------
 * ex08_10.c
 * Runden mit Hilfe von Typumwandlungen.
 * --------------------------------------------------
 */
#include <stdio.h>

#define Round2(x) (((long)(x*100+0.5))/100.0)

int main()
{
   double val = 0.0;
   printf("*** Runden auf zwei Nachkommastellen ***\n\n");
   printf("Ihre Gleitpunktzahl: ");
   if( scanf("%lf", &val) < 1)
       printf("Ungueltige Eingabe!\n");
   else
       printf("Der gerundete Wert:  %f\n",
              val>=0.0 ? Round2(val) : -Round2(-val) );
   return 0;
}
```

Kapitel 9

Vektoren und Strings

Ein Vektor (engl. *array*) speichert eine Menge von Daten eines bestimmten Typs in einem zusammenhängenden Speicherbereich. Die Notwendigkeit dafür besteht sehr oft, z.B. wenn ein Programm eine Fülle von Messwerten oder viele Datensätze über Personen verarbeiten muss. Wie eine gewöhnliche Variable muss auch ein Vektor definiert werden, entweder global, d.h. außerhalb von Funktionen, oder lokal innerhalb eines Blocks.

- Eindimensionale Vektoren definieren und verwenden

  Die Definition eines eindimensionalen Vektors legt seinen Namen sowie den Typ und die Anzahl der Vektorelemente fest. Beispielsweise definiert

```
int arr[20];
```

  einen Vektor `arr` mit 20 Elementen vom Typ `int`. Das Objekt `arr` selbst hat den Typ »Vektor von `int`-Elementen« oder kurz »`int`-Vektor«. Die Anzahl der Vektorelemente heißt auch Länge des Vektors. Der Zugriff auf die einzelnen Elemente erfolgt über eine Nummer, den sog. Index, der stets bei 0 beginnt. Die Elemente von `arr` sind also `arr[0]`, `arr[1]`, `...` , `arr[19]`. Die Initialisierung eines Vektors erfolgt durch eine Liste mit Werten für die einzelnen Elemente. Dabei kann die explizite Angabe der Vektorlänge entfallen:

```
double num[] = { -1.0, -0.5, 0.0, 0.5, 1.0};
```

  Der Vektor `num` besteht also aus 5 Elementen vom Typ `double`, die die Werte der Liste enthalten. Ist die Länge des Vektors angegeben und größer als die Anzahl der Listenelemente, werden die überzähligen Elemente mit 0 initialisiert.

- Mit Strings arbeiten

  In C ist ein String eine Folge von Zeichen, die zusammen mit dem Stringende-Zeichen `'\0'` in einem Vektor mit Elementen vom Typ `char` oder `wchar_t` gespeichert ist. Die Länge eines Strings ist die Anzahl der Zeichen ohne das abschließende Null-Zeichen. Bei der Definition kann zur Initialisierung ein String-Literal angegeben werden. Ein Beispiel:

```
char str[40] = "Come on!";   // Stringlänge 8, Vektorlänge 40
```

  Für die Verarbeitung von Strings gibt es zahlreiche Standardfunktionen, z.B. `strlen()` zur Bestimmung der Stringlänge und `strcpy()` zum Kopieren von Strings. Diese Funktionen sind in der Header-Datei `string.h` deklariert.

- Mehrdimensionale Vektoren einsetzen

  In der Definition ist für jede Dimension ein Paar eckiger Klammern anzugeben. Zum Beispiel definiert `int mat[4][3];` einen 2-dimensionalen Vektor, auch Matrix genannt, mit 4 Zeilen und 3 Spalten. In C ist ein n-dimensionaler Vektor nichts anderes als ein eindimensionaler Vektor, dessen Elemente (n-1)-dimensionale Vektoren sind. So besteht `mat` aus den 4 Zeilen der Matrix.

Verständnisfragen

9.1 Vektoren können nicht lokal innerhalb eines Blocks definiert werden.

- ☐ Richtig
- ☐ Falsch

9.2 In C hat das erste Element eines Vektors stets den Index ___.

9.3 Die Elemente eines Vektors belegen einen zusammenhängenden Speicherbereich.

- ☐ Richtig
- ☐ Falsch

9.4 Für einen beliebigen Vektor `arr` liefert der Ausdruck

```
sizeof(arr)/sizeof(arr[0])
```

a) die Größe des von `arr` belegten Speichers in Anzahl Bytes.

b) die Länge des Vektors `arr`.

c) die Anzahl Bytes pro Vektorelement.

9.5 Gegeben sei die symbolische Konstante LEN, die eine positive Ganzzahl repräsentiert, und die Vektordefinition

```
int v[LEN];
```

Dann wird dem letzten Vektorelement mit folgender Anweisung der Wert 0 zugewiesen: ________________

9.6 Angenommen, einem Vektorelement soll ein neuer Wert zugewiesen werden. Der verwendete Index ist aber unzulässig (d.h. negativ oder zu groß). Dann

a) gibt der Compiler eine Fehlermeldung aus.

b) wird das Programm bei der Ausführung der Anweisung mit einer Fehlermeldung beendet.

c) gerät das Programm durch die Ausführung der Anweisung in einen undefinierten Zustand und kann abstürzen.

9.7 Nach der Vektordefinition

```
char a[] = { 'O', 'K', '?' };
```

hat `a[2]` den Wert ______.

9.8 Für den String

```
char name[] = "Jim";
```

liefert `strlen(name)` den Wert ___ und `sizeof(name)` den Wert ___.

9.9 Welche der folgenden Definitionen sind korrekte String-Definitionen?

a) `char s1[] = "Test!";`

b) `char s2[5] = "Test!";`

c) `char s3[10] = "Test!";`

d) `char s4[] = { 'T', 'e', 's', 't', '!' };`

e) `char s5[] = { 'T', 'e', 's', 't', '!', '\0' };`

9.10 Ein Vektor kann an einen anderen Vektor zugewiesen werden, wenn beide Vektoren gleich lang sind und ihre Elemente denselben Datentyp haben.

☐ Richtig

☐ Falsch

9.11 Zum Vergleich zweier Strings gibt es die Standardfunktion ______________.

9.12 Die Standardfunktion `strcpy()` kopiert einen String in einen `char`-Vektor. Beim Aufruf ist der `char`-Vektor als erstes Argument und der zu kopierende String als zweites Argument anzugeben. Ein Beispiel:

```
#include <string.h>       // Prototyp von strcpy()
...
char msg[6];
strcpy( msg, "Heads up!");
```

Hier ist aber der Aufruf von `strcpy()` nicht korrekt, weil ______________
______________________.

9.13 Für einen beliebigen Vektor v und einen Index `i` sind die Ausdrücke `&v[i]` und `v+i` äquivalent.

☐ Richtig

☐ Falsch

9.14 Gegeben sei der String

```
char fluss[24] = "fluss=Isar";
```

Dann repräsentiert der Ausdruck `fluss+6`

a) die Adresse des Zeichens `'I'`.

b) das Zeichen `'='`.

c) den String ab dem 6. Zeichen, also `"=Isar"`.

9.15 Gegeben sei der `char`-Vektor `word` mit der Länge 16. Die Anweisung, um das nächste Wort, aber höchstens 15 Zeichen des Wortes, von der Standardeingabe in den Vektor `word` einzulesen, lautet:

____

9.16 Die zwei `char`-Vektoren `str1` und `str2` speichern jeweils einen String. Dann bewirkt der Ausdruck

```
str1 < str2
```

a) eine Fehlermeldung des Compilers.

b) den Vergleich der beiden Strings.

c) den Vergleich zweier Adressen.

9.17 Die Variable `i` und der Vektor `arr` sind wie folgt definiert:

```
int i = 2;
double arr[5] = { 15.7, 10.1, 21.4, 17.5, 13.9 };
```

Welche der folgenden Ausdrucke sind zulässig?

a) `arr[2*i]`

b) `arr[i+3]`

c) `arr[i-2]`

9.18 Gegeben seien die Variable `i` und der Vektor `arr` aus der vorhergehenden Frage, sowie die Variable

```
double sum = 0.0;
```

Dann summiert die folgende `for`-Schleife alle Elemente des Vektors `arr`, so dass die Variable `sum` anschließend die Summe enthält:

____.

9.19 Gegeben sei ein zweidimensionaler Vektor `matrix` mit Elementen vom Typ `int`. Dann ist `matrix[0]`

a) das erste Element der Matrix vom Typ `int`.

b) die erste Zeile der Matrix.

c) die erste Spalte der Matrix.

9.20 `mat` ist eine Matrix mit Elementen vom Typ `double`, die aus 4 Zeilen und 3 Spalten besteht. Dann verdoppelt die folgende Anweisung das erste Element in der letzten Zeile: ______________________

Aufgaben

9.1 Definieren und initialisieren Sie folgende Vektoren:

a) Einen Vektor, der die 12 Monatsumsätze eines Artikels speichern kann. Die ersten drei Elemente werden mit den schon bekannten Umsätzen 876.54, 789.12 und 918.27 initialisiert.

b) Einen Vektor mit 8 ganzzahligen Elementen, der mit den Potenzen 2^0, 2^1, 2^2, ..., 2^7, also mit 1, 2, 4, ..., 128 initialisiert ist.

c) Einen Vektor, der 10 Strings speichern kann, wobei jeder String ein Spruch ist, der bis zu 79 Zeichen enthalten darf. Initialisieren Sie die ersten beiden Einträge, z.B. mit »Es kommt, wie es kommt!« und »Aus Fehlern wird man klug!«

9.2 Was gibt folgendes Programm auf dem Bildschirm aus?

```
#include <stdio.h>
#include <string.h>          // Prototyp strlen()

int main()
{
   char str[] = "ABCDEF";
   int i = 0, len = strlen(str);

   printf("Die Laenge des Strings \"%s\" ist %d\n",
                                            str, len);
   for( i = 1; i < len; i += 2)
   {
       putchar(str[i]);  putchar(' ');
   }
   putchar('\n');

   for( i = 0; i < len; ++i)
       puts(str+i);
   return 0;
}
```

9.3 Bestimmen und korrigieren Sie die Fehler in den folgenden Anweisungen. Gegeben sind:

```
char c, str1[] = "Hallo ";
```

a)

```
scanf("%1s", &c);  // Das nächste Zeichen einlesen,
                   // das kein Zwischenraumzeichen ist.
```

b)

```
   char str2[];       // Einen neuen String definieren und
   gets(str2);        // eine Zeile Text einlesen.
```

c)

```
if( str1 == str2)  // Zwei Strings vergleichen
    puts("Die beiden Strings sind gleich.");
```

9.4 Schreiben Sie ein C-Programm, das zunächst vom Anwender bis zu 100 ganze Zahlen einliest. Die Eingabe soll mit der Eingabe eines Buchstabens enden. Anschließend sucht das Programm den kleinsten und größten Wert und berechnet den Durchschnittswert der Zahlen. Die Ergebnisse werden auf dem Bildschirm angezeigt.

9.5 Schreiben Sie ein C-Programm, das vom Anwender ein Name-Wert-Paar in der Form

Name=Wert

in einen String einliest. Dabei darf der Name-String bis zu 31 Zeichen und der Wert-String bis zu 127 Zeichen lang sein. Falls die Eingabe nicht dieser Form entspricht, das heißt, es gibt keinen Namen oder kein Gleichheitszeichen oder die Strings sind zu lang, endet das Programm mit einer Fehlermeldung. Andernfalls werden der Name und der Wert (die Zeichen nach dem ersten Gleichheitszeichen) extrahiert, in zwei separate Strings kopiert und angezeigt.

Beispielausgabe:

```
Geben Sie ein Paar 'Name=Wert' ein: ort=Berlin-Kreuzberg
Name: ort
Wert: Berlin-Kreuzberg
```

9.6 Schreiben Sie die erforderlichen Anweisungen, um zwei Strings zu einem Name-Wert-Paar zusammenzufügen:

a) Definieren Sie die drei `char`-Vektoren `name`, `value` und `pair`. Initialisieren Sie `name` und `value`, so dass `name` einen String enthält, der den Wert in `value` bezeichnet.

b) Der String `pair` wird überprüft, ob er groß genug ist, um die Strings `name`, `value` und ein Gleichheitszeichen aufzunehmen.

c) Der String `name` wird nach `pair` kopiert und ein Gleichheitszeichen sowie der String `value` angehängt.

Hinweis: Verwenden Sie in Teil c) folgende Standardfunktionen:

```
char *strcpy( char destination[], const char source[] );
char *strcat( char destination[], const char source[] );
```

Die Funktion `strcpy()` kopiert den String `source` nach `destination`. Dagegen hängt `strcat()` den String `source` an den String `destination` an. Beide Funktionen geben ihr erstes Argument als Return-Wert zurück. Normalerweise wird der Return-Wert nicht verwendet.

9.7 Schreiben Sie ein C-Programm, das für das Lottospiel »6 aus 49« einen Tipp vorschlägt, das heißt, sechs zufällige Zahlen und eine Zusatzzahl ausgibt. Die Zahlen müssen nicht sortiert sein.

Hinweis: Zur Erzeugung der Zufallszahlen können Sie die Makros `InitRandom` und `Random` aus der Lösung zur Aufgabe 7.3 verwenden. Natürlich darf keine Zahl zweimal vorkommen.

9.8 Schreiben Sie ein C-Programm, das den Sortier-Algorithmus »Sortieren durch Auswahl« (»Selection Sort«) implementiert und mit 100 Zufallszahlen zwischen -1000 und +1000 testet. Das Programm gibt zunächst die unsortierten Zahlen aus und anschließend die aufsteigend sortierten Zahlen.

Beim Selection-Sort wird zuerst im Vektor das kleinste Element gesucht und mit dem ersten Element getauscht. Dann wird ab dem zweiten Element das kleinste Element gesucht und mit dem zweiten Element getauscht. Dieses Prinzip wird fortgesetzt, solange noch nicht das letzte Element erreicht ist.

Hinweis: Zur Erzeugung der Zufallszahlen können Sie die Makros `InitRandom` und `Random` aus der Lösung zu Aufgabe 7.3 verwenden.

9.9 Schreiben Sie ein C-Programm, das eine ganze Zahl einliest und das Bitmuster (32 Bit) der Zahl als String speichert und anzeigt. Wenn je vier Bits durch ein Blank getrennt werden, ist die Anzeige übersichtlicher. Beispielsweise haben 5 und -1 folgende Bitmuster:

```
 5 : 0000 0000 0000 0000 0000 0000 0000 0101
-1 : 1111 1111 1111 1111 1111 1111 1111 1111
```

Hinweise:

1. Das Bitmuster eines `int`-Wertes bleibt erhalten, wenn der Wert in `unsigned int` konvertiert wird.
2. Für einen nicht negativen Wert `n` gilt: Die Modulo-Division `n%2` liefert das niederwertigste Bit und die Division `n/=2` verschiebt das Bitmuster um eine Position nach rechts.

9.10 Schreiben Sie ein C-Programm, das alle Primzahlen kleiner als 1000 und ihre Anzahl ausgibt. Eine ganze Zahl ist eine Primzahl, wenn sie größer als 1 ist und nur durch 1 oder sich selbst teilbar ist. Die ersten Primzahlen sind also 2,3,5,7,11, ... Verwenden Sie das *Sieb des Eratosthenes*:

Es bleiben nur Primzahlen übrig, wenn man alle Vielfachen einer schon gefundenen Primzahl »streicht«, das heißt, man streicht

alle Vielfachen von 2, also 4, 6, 8, ...
dann alle Vielfachen von 3, also 6, 9, 12, ...
dann alle Vielfachen von 5, also 10, 15, 20, ...(4 wurde schon gestrichen)
etc.

Hinweis: Definieren Sie einen `char`-Vektor der Länge 1000, in dem zunächst alle Elemente ab dem Index 2 auf 1 gesetzt sind. Die Zahl i »streichen« bedeutet dann, das i-te Element auf 0 zu setzen.

Lösungen zu den Verständnisfragen

9.1 Falsch

9.2 0

9.3 Richtig

9.4 b)

9.5 `v[LEN-1] = 0;`

9.6 c)

9.7 `'?'` (dezimal 63)

9.8 `strlen(name)` hat den Wert 3 und `sizeof(name)` den Wert 4.

9.9 a), c) und e)

9.10 Falsch

9.11 `strcmp()`

9.12 der Vektor `msg` zu klein ist. (Er muss mindestens die Größe 10 haben.)

9.13 Richtig

9.14 a)

9.15 `scanf("%15s", word);`

9.16 c)

9.17 a) und c)

9.18 `for( i = 0; i < 5; ++i) sum += arr[i];`

9.19 b)

9.20 `mat[3][0] *= 2;`

Lösungen zu den Aufgaben

9.1 a)

```
double sales[12] = { 876.54, 789.12, 918.27};
```

b)

```
int powers_of_2[] = {1, 2, 4, 8, 16, 32, 64, 128};
```

c)

```
char sayings[10][80] = {"Es kommt, wie es kommt!",
                        "Aus Fehlern wird man klug!" };
```

9.2 Die Ausgabe des Programms:

```
Die Laenge des Strings "ABCDEF" ist 6
B D F
ABCDEF
BCDEF
CDEF
DEF
EF
F
```

9.3 Die Fehler und möglichen Korrekturen:

a) Mit dem Formatelement `%1s` wird zwar nur ein Zeichen eingelesen, aber als String gespeichert. Daher werden mindestens zwei Byte benötigt, eines für das Stringendezeichen. Richtig ist zum Beispiel:

```
char s[2];
scanf("%1s", s);    // s[0] enthält das Zeichen.
```

b) Bei der Definition eines Vektors muss die Länge angegeben sein (direkt oder indirekt durch eine Initialisierungsliste). Beim Einlesen einer Zeile Text mit `gets()` kann keine Begrenzung angegeben werden. Der `char`-Vektor muss also für alle Fälle groß genug sein, zum Beispiel:

```
char str2[200];    // Platz für 199 Zeichen.
gets(str2);        // Eine Zeile Text einlesen.
```

c) Mit `str1 == str2` werden nur die Anfangsadressen der zwei Strings verglichen. Zum Vergleich der Strings ist die Funktion `strcmp()` aufzurufen, die 0 zurückgibt, wenn die beiden Strings gleich sind:

```
if( strcmp(str1,str2) == 0)  // Strings vergleichen
   puts("Die beiden Strings sind gleich.");
```

9.4

```
/* -----------------------------------------------------
 * ex09_04.c
 * Bis zu 100 ganze Zahlen einlesen und das
 * Minimum, Maximum und den Durchschnitt anzeigen.
 * -----------------------------------------------------
 */
#include <stdio.h>

#define MAX 100
long num[MAX];

int main()
{
   int i, iMin = 0, iMax = 0, count = 0; // Indizes, Zähler
   long sum = 0;                         // Summe

   printf("Geben Sie bis zu %d ganze Zahlen ein\n"
        "(Abbruch mit Buchstaben):\n", MAX);

   // Die Zahlen einlesen und die Summe bilden:
   for( i=0; i < MAX && scanf("%ld",&num[i]) == 1; ++i)
      sum += num[i];
   count = i;                  // Anzahl eingelesener Zahlen

   // Das Minimum und das Maximum suchen:
   for( i = 1; i < count; ++i)
   {
```

```
      if( num[i] > num[iMax])
          iMax = i;
      if( num[i] < num[iMin])
          iMin = i;
    }
    // Ausgabe der Ergebnisse:
    printf("Anzahl Vektorelemente:  %d\n", count);
    if( count > 0)
    {
       printf("Kleinster Wert: %ld\n"
              "Groesster Wert: %ld\n"
              "Durchschnitt:   %.2f\n",
               num[iMin], num[iMax], (double)sum/count);
    }
    return 0;
}
```

9.5

```
/* --------------------------------------------------------
 * ex09_05.c
 * Liest von der Tastatur ein Name-Wert-Paar in der Form
 * Name=Wert
 * und extrahiert Name und Wert in separate Strings.
 * --------------------------------------------------------
 */
// Diese Lösung verwendet keine Standardfunktionen zur
// Stringverarbeitung. Eine Lösung unter Verwendung von
// strlen(), strcpy() und strncpy() finden Sie bei den
// Lösungen im Internet.

#include <stdio.h>
char input[160], name[32], value[128];

int main()
{
   int i, j;

   puts("Geben Sie ein Paar 'Name=Wert' ein:  ");
   // Textzeile einlesen (maximal 159 Zeichen):
   scanf("%159[^\n]", input);

   // Zeichen '=' suchen:
   for( i=0; input[i] != '\0' && input[i] != '='; ++i)
       ;
```

```
    if( i == 0 || input[i] != '=')
    {                              // Kein Name oder kein '='
       puts("Unzulaessige Eingabe!");
       return 1;
    }

    // Name kopieren:
    for( i=0; i < sizeof(name)-1 && input[i] != '=' ; ++i)
       name[i] = input[i];
    name[i] = '\0';                   // Stringende

    if( input[i] != '=')
    {                                 // Name zu lang
       puts("'Name' zu lang!");
       return 2;
    }
    ++i;                              // Position nach '='

    // Wert kopieren:
    for( j = 0; j < sizeof(value)-1 && input[i] != '\0';
                                                  ++i, ++j)
       value[j] = input[i];
    value[j] = '\0';                  // Stringende

    if( input[i] != '\0')
    {                                 // Wert zu lang
       puts("'Wert' zu lang!");
       return 3;
    }
    // Alles ok. Ergebnis anzeigen:
    printf("Name: %s\n", name);
    printf("Wert: %s\n", value);

    return 0;
}
```

9.6 Zwei Strings zu einem Name-Wert-Paar zusammenfügen.

a)

```
char name[] = "img",
     value[] = "sunset.jpg",
     pair[128];
```

b)

```
if( sizeof(pair) < strlen(name) + strlen(value) + 2)
{
   puts("Fehler: Vektor pair ist zu klein!");
   return 1;
}
```

c) Vorausgesetzt die Header-Datei `string.h` ist inkludiert.

```
   strcpy( pair, name);      // Name kopieren.
   strcat( pair, "=");       // '=' anhängen.
   strcat( pair, value);     // Wert anhängen.
```

9.7

```
/* ----------------------------------------------------
 * ex09_07.c
 * 6 Lottozahlen ("6 aus 49") und eine Zusatzzahl
 * "zufällig" auswählen und unsortiert anzeigen.
 * ----------------------------------------------------
 */
#include <stdio.h>
#include <stdlib.h>         // Prototyp von srand(), rand()
#include <time.h>           // Prototyp von time()

// Die Makros InitRandom und Random aus Aufgabe 7.3:
// Initialisierung des Zufallsgenerators:
#define InitRandom  srand((unsigned int)time(NULL))

// Eine ganze Zufallszahl zwischen n und m:
#define Random(m,n) (rand()%((n)+1-(m)) + (m))

int main()
{
   int lotto[7];          // 6 Lottozahlen und Zusatzzahl.
   int i, j, z;           // Indizes, Zufallszahl.

   printf("\n*** 6 Lottozahlen und eine Zusatzzahl ***\n");
   InitRandom;
   for( i = 0; i < 7; )
   {
      z = Random(1,49);           // Eine Zufallszahl
                                  // zwischen 1 und 49.
```

```
      for( j = 0; j < i; ++j)      // schon vorhanden?
        if( lotto[j] == z)
          break;                   // gefunden.
      if( j == i)                  // z ist neu.
        lotto[i++] = z;
   }

   printf("\n6 Lottozahlen: ");
   for( i = 0; i < 6; ++i)
      printf("%4d", lotto[i]);

   printf("\nZusatzzahl:    %4d\n", lotto[6]);
   return 0;
}
```

9.8

```
/* --------------------------------------------------
 * ex09_08.c
 * Den Sortier-Algorithmus "Selection Sort"
 * implementieren und mit Zufallszahlen testen.
 * --------------------------------------------------
 */
#include <stdio.h>
#include <stdlib.h>          // Prototyp von srand(), rand()
#include <time.h>            // Prototyp von time()

// Initialisierung des Zufallsgenerators:
#define InitRandom  srand((unsigned int)time(NULL))

// Eine ganze Zufallszahl zwischen n und m:
#define Random(m,n) (rand()%((n)+1-(m)) + (m))

#define LEN 100              // Länge des Zahlenvektors
int arr[LEN];

int main()
{
   int i, j, iMin, tmp;        // Indizes, Hilfsvariable.

   printf("\n*** Selection-Sort-Algorithmus ***\n");
   InitRandom;
   // Zufallszahlen zum Testen:
   for( i = 0; i < LEN; ++i)          // Zufallszahlen von
      arr[i] = Random(-1000, 1000); // -1000 bis +1000.
```

```
   printf("\nDie unsortierten Zahlen:\n");
   for( i = 0; i < LEN; ++i)
      printf("%8d", arr[i]);

   // Sortieren:
    for( i = 0; i < LEN-1; ++i)  // Jeweils ab Index i das
    {                            // kleinste Element suchen.
     iMin = i;                   // iMin ist der Index mit
                                 // dem gesuchten kleinsten
     for( j = i+1; j < LEN; ++j) // Vektorelement.
         if(arr[j] < arr[iMin])
            iMin = j;
                     // arr[i] und arr[iMin] vertauschen:
     tmp = arr[i],  arr[i] = arr[iMin],  arr[iMin] = tmp;
   }

   printf("\nDie sortierten Zahlen:\n");
   for( i = 0; i < LEN; ++i)
      printf("%8d", arr[i]);

   return 0;
}
```

9.9

```
/* -----------------------------------------------------
 * ex09_09.c
 * Bitmuster eines int-Wertes (32 Bit) in einem String
 * speichern und anzeigen.
 * -----------------------------------------------------
 */
#include <stdio.h>

int main()
{
   char bitPattern0[33];       // 32 Bit ohne Blanks
   char bitPattern[40];        // 32 Bit und 7 Blanks
   int i = 0, j = 0, val = 0;
   unsigned int n;

   printf(" *** Das Bitmuster einer ganzen Zahl. ***\n\n");
   printf("Geben Sie eine ganze Zahl ein: ");
```

```
   if( scanf("%d", &val) < 1)
   { printf("Ungueltige Eingabe\n");
     return 1;
   }

   // Bitmuster ohne Blanks:
   n = (unsigned int)val;          // als unsigned int
   bitPattern0[32] = '\0';         // Stringende
   for( i = 31; i >= 0; --i)       // Das niederrwertigste Bit
   {                               // steht rechts.
       if( n % 2 != 0)
         bitPattern0[i] = '1';
       else
         bitPattern0[i] = '0';
       n /= 2;
   }

   // Bitmuster mit Blanks:
   for( i = 0, j = 0; i < 32; ++i, ++j)
   {
      bitPattern[j] = bitPattern0[i];
      // Nach jedem 4. Bit (nicht am Ende) ein Blank:
      if( i%4 == 3 && i < 31)
         bitPattern[++j] = ' ';
   }
   bitPattern[j] = '\0';                // Stringende

   printf("Bitmuster von %d : %s\n", val, bitPattern);
   return 0;
}
```

9.10

```
/* -----------------------------------------------------
 * ex09_10.c
 * Primzahlen mit dem Sieb des Eratosthenes ermitteln.
 * -----------------------------------------------------
 */
#include <stdio.h>

#define LIMIT 1000                // Obergrenze
char isPrime[LIMIT] = {0};        // Vektor mit den Flags
```

```
int main()
{
   int i, j, count = 0;          // Indizes, Zähler

   for(i = 2; i < LIMIT; ++i)    // Flags auf 1 setzen.
      isPrime[i] = 1;
   // Sieben:
   for(i = 2; i < LIMIT/2; ++i)
   {
      if( isPrime[i])       // Primzahl?
      {                     // Ja, alle Vielfachen löschen.
          for( j = i+i; j < LIMIT; j += i)
              isPrime[j] = 0;
      }
   }

   // Die Primzahlen und ihre Anzahl ausgeben:
   count = 0;
   printf("Die Primzahlen kleiner als %d:\n", LIMIT);
   for( i=2; i < LIMIT; ++i)
      if( isPrime[i])
      {    printf("%8d", i);   ++count; }

   printf("\nDas sind %d Primzahlen.\n", count);
   return 0;
}
```

Kapitel 10

Funktionen

Funktionen sind die »Bausteine«, aus denen jedes C-Programm besteht. Sie enthalten die Anweisungen des Programms. Die Funktion mit dem vorgegebenen Namen `main` wird direkt nach dem Laden des Programms aufgerufen. Sie bildet das »Hauptprogramm« und muss in jedem C-Programm definiert sein. Alle anderen Funktionen sind »Unterprogramme« und können einen beliebigen Namen haben.

Jede Funktion wird genau einmal definiert und kann beliebig oft deklariert und aufgerufen werden. Deklaration und Aufruf einer Funktion wurden bereits in Kapitel 3 behandelt. In diesem Kapitel werden Sie

- eigene Funktionen definieren

  Die Definition einer Funktion besteht aus dem Funktionskopf und dem Funktionsblock:

  ```
  typ name( Parameterdeklarationen )          // Funktionskopf
  {  /* Deklarationen und Anweisungen */  }   // Funktionsblock
  ```

  Der Funktionskopf legt den Typ des Return-Wertes, den Namen der Funktion und den Typ und Namen der Parameter fest. Dagegen bestimmen die Anweisungen im Funktionsblock, was die Funktion tut. Wenn die Funktion keine Parameter besitzt, gibt es keine Parameterdeklarationen oder diese besteht nur aus dem Wort `void`.

- `inline`-Funktionen einsetzen

  Der Compiler fügt den Maschinencode einer `inline`-Funktion bei jedem Aufruf direkt an die Stelle des Aufrufs ein. Damit wird die Ausführung der Funktion beschleunigt, da kein Unterprogrammsprung stattfindet, aber die ausführbare Datei kann größer werden.

  Um eine Funktion als *inline* zu definieren, genügt es, dem Funktionskopf das Schlüsselwort `inline` voranzustellen. Zu beachten ist, dass die Definition beim Aufruf sichtbar ist, da der Compiler – im Gegensatz zu einer »normalen« Funktion – ja auch den Funktionsblock kennen muss. `inline`-Funktionen sind eine Alternative zu Makros. Ein Vorteil von `inline`-Funktionen ist, dass der Compiler den korrekten Aufruf überprüft und keine Seiteneffekte entstehen.

- rekursive Funktionen definieren

  Eine Funktion heißt *rekursiv*, wenn sie sich direkt oder indirekt selbst aufruft. Eine Funktion darf sich aber nicht endlos selbst aufrufen, das heißt, es ist immer ein Abbruchkriterium notwendig. Mit rekursiven Funktionen können einfach und elegant Probleme gelöst werden, die selbst rekursiv formuliert sind, wie z.B. das Durchlaufen von Baumstrukturen.

Verständnisfragen

10.1 Wenn in einer Quelldatei die Funktion `main()` und andere Funktionen definiert werden, gilt für ihre Reihenfolge:

a) Die Funktionen dürfen in beliebiger Reihenfolge definiert werden.

b) Die Funktion `main()` muss zuerst definiert werden.

c) Zuerst müssen alle anderen Funktionen definiert werden, dann die Funktion `main()`.

10.2 Die Parameter einer Funktion sind lokale Variablen, die beim Aufruf mit den Werten der Argumente initialisiert werden.

☐ Richtig

☐ Falsch

10.3 Eine Funktion, die keinen Wert zurückgibt, hat den Typ ________.

10.4 Der Prototyp einer Funktion unterscheidet sich vom Funktionskopf der Definition durch

a) nichts.

b) ein Semikolon und evtl. fehlende oder andere Parameternamen.

c) Default-Werte, die der Prototyp enthalten kann.

10.5 Jede Funktionsdefinition enthält mindestens eine `return`-Anweisung.

☐ Richtig

☐ Falsch

10.6 Die Definition einer Funktion kann mehrere `return`-Anweisungen enthalten.

☐ Richtig

☐ Falsch

10.7 Beim Aufruf einer Funktion muss ein Argument

a) ein Ausdruck sein, dessen Wert in den Typ des entsprechenden Parameters konvertiert werden kann.

b) ein Ausdruck sein, dessen Typ mit dem Typ des entsprechenden Parameters übereinstimmt.

c) eine Variable vom Typ des entsprechenden Parameters sein.

10.8 Bei der Definition einer Funktion muss der Programmierer darauf achten, dass die Namen von lokalen Variablen nicht in Konflikt mit Namen in anderen Funktionen stehen.

☐ Richtig

☐ Falsch

10.9 Die ausführbare Datei eines C-Programms enthält den Maschinencode einer gewöhnlichen Funktion, die 3-mal aufgerufen wird, ____-mal.

10.10 In C ist es nicht möglich, dass eine Funktion eines ihrer Argumente verändert.

☐ Richtig

☐ Falsch

10.11 Wenn beim Aufruf einer Funktion nicht für jeden Parameter ein Argument angegeben ist, erhalten die übrigen Parameter den Default-Wert `0`.

☐ Richtig

☐ Falsch

10.12 Der Maschinencode einer `inline`-Funktion wird

a) vom Compiler an der Stelle des ersten Aufrufs eingefügt.

b) vom Compiler an jeder Stelle eingefügt, an der sie aufgerufen wird.

c) wie bei einer normalen Funktion vom Linker eingefügt.

10.13 Um eine `inline`-Funktion aufrufen zu können, genügt es, ihren Prototyp am Anfang der Quelldatei anzugeben.

☐ Richtig

☐ Falsch

10.14 Eine `inline`-Funktion wird in verschiedenen Quelldateien benötigt. In diesem Fall sollten Sie die `inline`-Funktion in einer ______________ definieren.

10.15 Die Funktion `myFunc()` besitzt folgenden Prototyp:

```
int myFunc( char str[]);
```

Dann kann die Funktion `myFunc()` jedes Zeichen eines als Argument übergebenen Strings ändern.

☐ Richtig

☐ Falsch

10.16 Angenommen, beim Aufruf einer Funktion wird als Argument der Name eines Vektors angegeben. Der entsprechende Parameter der Funktion enthält dann

a) eine lokale Kopie des Vektors.

b) das erste Vektorelement.

c) die Anfangsadresse des Vektors.

10.17 Eine Funktion, die sich selbst aufruft, wird als ____________ Funktion bezeichnet.

10.18 Wenn eine Funktion sich selbst aufruft, werden die lokalen Variablen

a) mit jedem Aufruf neu angelegt.

b) nur beim ersten Aufruf angelegt.

c) abhängig vom Compiler neu angelegt.

10.19 Beim Aufruf einer rekursiven Funktion muss der Programmierer darauf achten, dass zur Laufzeit genügend Platz auf dem __________ verfügbar ist.

10.20 Gegeben ist folgende Funktion:

```
long func( int n)
{
  if( n < 1)          return 0;
  else if( n == 1)    return 1;
  else                return func(n-2) + func(n-1);
}
```

Dann liefert der Aufruf `func(3)` den Wert

a) `0 + 1`, also `1`.

b) `1 + 1`, also `2`.

c) `1 + 2`, also `3`.

Aufgaben

10.1 Definieren Sie folgende Funktionen:

a) Die Funktion `fahr2celsius()` liefert zu einer Temperatur in Grad Fahrenheit den entsprechenden Wert in Grad Celsius.

b) Die Funktion `celsius2fahr()` liefert zu einer Temperatur in Grad Celsius den entsprechenden Wert in Grad Fahrenheit.

Beide Funktionen erhalten als Argument einen `double`-Wert und liefern das Ergebnis als `double`-Wert. Zwischen Grad Fahrenheit und Grad Celsius gelten folgende Beziehungen:

```
Celsius    =  5/9 * (Fahrenheit - 32)
Fahrenheit =  9/5 * Celsius + 32
```

Beispielsweise sind 20° Celsius 68° Fahrenheit. Testen Sie die Funktionen mit einem Programm, das sich in einer separaten Quelldatei befindet. Das Programm liest vom Anwender jeweils eine Temperatur in Grad Fahrenheit und Grad Celsius ein und zeigt die umgerechneten Temperaturen mit einer Stelle nach dem Dezimalpunkt an.

10.2 Bestimmen Sie die Fehler in den Definitionen folgender Funktionen.

a)

```
void func( int a)
{  return a*a; }
```

b)

```
double func( double x)
{  printf("Testwert: %f\n", x); }
```

c)

```
double func( double x, y)
{  return x*y; }
```

d)

```
void func( long n)
{  n = 10*n; }
```

10.3 Ein Sparer zahlt einige Jahre lang am Anfang jeden Monats einen bestimmten Betrag auf ein Sparkonto ein.

Schreiben Sie eine C-Funktion `endkapital()`, die das gesparte Kapital berechnet, das sich am Ende der Laufzeit angesammelt hat. Die Funktion erhält drei Argumente: die monatliche Rate, den jährlichen Zinssatz und die Laufzeit in Jahren. Das Endkapital berechnet sich gemäß der Formel:

$$endkap = rate \cdot (12 + 6{,}5 \cdot i) \cdot \frac{(1+i)^n - 1}{i}$$

Dabei sind: *rate* = monatliche Rate, i = jährlicher Zinssatz (z.B. 3% = 0,03) und n = Laufzeit in Jahren.

10.4 Definieren Sie die drei Funktionen `a_mean()`, `g_mean()` und `h_mean()`, die das arithmetische, geometrische und harmonische Mittel zweier positiver Zahlen *x* und *y* berechnen. Für diese gilt:

Arithmetisches Mittel: $\frac{x+y}{2}$

Geometrisches Mittel: $\sqrt{x \cdot y}$

Harmonisches Mittel: $\frac{2}{\frac{1}{x}+\frac{1}{y}} = \frac{2 \cdot x \cdot y}{x+y}$

Jede Funktion besitzt zwei Parameter und gibt den entsprechenden Mittelwert zurück. Testen Sie die Funktionen mit zwei Zahlen, die der Anwender eingibt. Das Programm besteht aus zwei Quelldateien, wobei eine die Funktionen für die Mittelwerte enthält und die andere die Funktion `main()`.

10.5 Die drei Funktionen `a_mean()`, `g_mean()` und `h_mean()` aus der vorstehenden Aufgabe werden nun als `inline`-Funktionen definiert. Die Funktionen sollen auch in anderen Quelldateien aufgerufen werden können.

Nehmen Sie an dem Programm alle erforderlichen Änderungen vor.

10.6 Definieren Sie die Funktion `strInsert()`, die einen String an einer bestimmten Position eines anderen Strings einfügt. Die Funktion erhält drei Argumente:

1. der String, in den eingefügt wird,
2. der einzufügende String,
3. die Einfügeposition.

Dabei bedeutet die Position 0, dass der zweite String vor dem ersten eingefügt wird. Achtung: Beim Aufruf der Funktion muss der `char`-Vektor, der den ersten String enthält, groß genug sein, um beide Strings zu speichern!

Der Return-Wert ist die neue Länge des ersten Strings. Falls die Einfügeposition ungültig ist, d.h. negativ oder größer als die Länge des ersten Strings, ist der Return-Wert -1.

10.7 In Aufgabe 9.9 wurde gezeigt, wie das Bitmuster (32 Bit) einer ganzen Zahl bestimmt und als String gespeichert werden kann. Erstellen Sie nun eine Funktion `bitPattern()`, die diese Aufgabe übernimmt. Als Argumente erhält die Funktion den `int`-Wert und einen `char`-Vektor für das Bitmuster, der mindestens die Länge 40 haben muss. Je vier Bits werden durch ein Blank getrennt. Die Funktion gibt nichts zurück.

Testen Sie die Funktion in einer Schleife, in der Sie vom Anwender jeweils eine ganze Zahl einlesen und ihr Bitmuster anzeigen. Das Programm soll durch eine ungültige Eingabe, z.B. einen Buchstaben, beendet werden.

10.8 Schreiben Sie eine rekursive Funktion `power()`, die die Potenz `xn` für eine Gleitpunktzahl `x` und eine nicht negative Ganzzahl `n` berechnet und zurückgibt. Die Werte `x` und `n` werden als Argumente übergeben.

Es gilt: $x^0 = 1$ und $x^n = x * x^{n-1}$ für $n > 0$.

Vergleichen Sie das Ergebnis, das Ihre Lösung liefert, mit dem Ergebnis der Standardfunktion `pow()`.

10.9 Für zwei natürliche Zahlen `n` und `k` gibt der Binomialkoeffizient $\binom{n}{k}$ (gesprochen: »n über k«) die Anzahl Möglichkeiten an, `k` Elemente aus `n` auszuwählen. Beispielsweise gibt es »49 über 6« verschiedene Tipps beim Lotto 6 aus 49. Für die Binomialkoeffizienten gilt:

$$\binom{n}{0} = 1 \text{ und } \binom{n}{k} = \binom{n}{k-1} \cdot \frac{n-k+1}{k}$$

Definieren und testen Sie die Funktion `binomialkoeffizient()` mit zwei Parametern für `n` und `k`, die mit den angegebenen Formeln rekursiv den Binomialkoeffizienten `n` über `k` berechnet. Sind `n` oder `k` negativ oder ist `k` größer als `n`, soll die Funktion `-1` zurückgeben.

Hinweise:

1. Die Binomialkoeffizienten sind zwar ganzzahlig, können aber sehr groß werden. Daher soll die Funktion das Ergebnis als `double`-Wert zurückgeben.
2. Die Berechnung kann immer auf den Fall k <= n/2 zurückgeführt werden, da gilt: $\binom{n}{k} = \binom{n}{n-k}$.

10.10 Um den Sortier-Algorithmus »Selection Sort« für `double`-Werte in verschiedenen Quelldateien aufrufen zu können, soll er als Funktion `selectionSort()` implementiert werden. Als Argumente erhält die Funktion einen Vektor mit `double`-Elementen und die Länge des Vektors. Die Funktion gibt nichts zurück.

Beim Selection-Sort wird zuerst im Vektor das kleinste Element gesucht und mit dem ersten Element getauscht. Dann wird ab dem zweiten Element das kleinste Element gesucht und mit dem zweiten Element getauscht. Dieses Prinzip wird so lange fortgesetzt, bis das letzte Element erreicht ist.

Testen Sie die Funktion mit einem Vektor, der »zufällig« erzeugte Gleitpunktzahlen enthält.

Lösungen zu den Verständnisfragen

10.1 a)

10.2 Richtig

10.3 `void`

10.4 b)

10.5 Falsch

10.6 Richtig

10.7 a)

10.8 Falsch

10.9 ein

10.10 Richtig

10.11 Falsch

10.12 b)

10.13 Falsch

10.14 Header-Datei

10.15 Richtig

10.16 c)

10.17 rekursive

10.18 a)

10.19 Stack

10.20 b)

Lösungen zu den Aufgaben

10.1

```
/* ----------------------------------------------------------
 * ex10_01.c
 * Aufruf der Funktionen fahr2celsius() und celsius2fahr().
 * ----------------------------------------------------------
 */
#include <stdio.h>
double fahr2celsius( double fahrenheit);  // Prototypen
double celsius2fahr( double celsius);
```

```
int main()
{
   double celsius = 0.0, fahrenheit = 0.0;

   printf("*** Umrechnung Fahrenheit <--> Celsius ***\n\n");
   printf("Was ist die Temperatur in Grad Fahrenheit? ");
   scanf("%lf", &fahrenheit);

   celsius = fahr2celsius( fahrenheit);

   printf("%.1f Grad Fahrenheit entsprechen "
          "%.1f Grad Celsius.\n\n", fahrenheit, celsius);

   printf("Und jetzt eine Temperatur in Grad Celsius: ");
   scanf("%lf", &celsius);

   fahrenheit = celsius2fahr( celsius);

   printf("%.1f Grad Celsius entsprechen "
          "%.1f Grad Fahrenheit.\n\n", celsius, fahrenheit);
   return 0;
}

/* ----------------------------------------------------
 * fahrcelsius.c
 * Die Funktionen fahr2celsius() und celsius2fahr().
 * ----------------------------------------------------
 */
// Umrechnung von Grad Fahrenheit in Grad Celsius:
double fahr2celsius( double fahrenheit)
{
   return 5.0/9.0 * (fahrenheit-32.0);
}

// Umrechnung von Grad Celsius in Grad Fahrenheit:
double celsius2fahr( double celsius)
{
   return 9.0/5.0 * celsius + 32.0;
}
```

10.2 Die Fehler und mögliche Korrekturen.

a) Statt `void` muss der Typ des Return-Wertes `int` sein, also

```
int func( int a)
{  return a*a; }
```

b) Die Funktion gibt nichts zurück. Sie muss daher den Typ `void` haben:

```
void func( double x)
{  printf("Testwert: %f\n", x); }
```

c) Jeder Parameter muss separat deklariert werden. Richtig ist:

```
double func( double x, double y)
{  return x*y; }
```

d) Es wird nur der lokale Parameter verändert, nicht das Argument. Das Ergebnis kann aber als Return-Wert zurückgegeben werden:

```
long func( long n)
{  return 10*n; }
```

10.3

```
// -----------------------------------------------------
// Die Funktion endkapital() liefert das Kapital
// am Ende eines Sparvertrages. Die Argumente sind:
// - monatliche Sparrate
// - jährlicher Zinssatz (z.B. 0.03 = 3%)
// - Laufzeit in Jahren.

#include <math.h>                        // Prototyp pow()

double endkapital( double rate, double i, double n)
{
   double tmp = pow(1+i,n) - 1 ;       // (1+i hoch n) - 1.
   return rate * (12 + 6.5*i)*tmp/i;
}
```

10.4

```
/* -----------------------------------------------------
 * ex10_04.c
 * Aufruf der Funktionen a_mean(), g_mean() und h_mean().
 * -----------------------------------------------------
 */
#include <stdio.h>
```

```
double a_mean( double x, double y);      // Prototypen
double g_mean( double x, double y);
double h_mean( double x, double y);

int main()
{
   double a = 0.0, b = 0.0;

   printf("*** Mittelwerte zweier positiver Zahlen ***\n\n");
   printf("Ihre zwei Zahlen: ");
   if( scanf("%lf %lf", &a, &b) < 2)
   {  printf("Ungueltige Eingabe!\n");
      return 1;
   }

   printf("Arithmetisches Mittel: %.2f \n", a_mean(a,b));
   printf("Geometrisches Mittel:  %.2f \n", g_mean(a,b));
   printf("Harmonisches Mittel:   %.2f \n", h_mean(a,b));
   return 0;
}

/* -------------------------------------------------------
 * means.c
 * Die Funktionen a_mean(), g_mean() und h_mean()
 * zur Berechnung des arithmetischen, geometrischen und
 * harmonischen Mittels zweier Zahlen.
 * -------------------------------------------------------
 */
#include <math.h>      // Prototyp sqrt()

double a_mean( double x, double y)
{
   return (x + y)/2;
}

double g_mean( double x, double y)
{
   return sqrt(x*y);
}
```

```
double h_mean( double x, double y)
{
   return (2*x*y)/(x+y);
}
```

10.5 Die `inline`-Funktionen werden in einer Header-Datei definiert:

```
/* ---------------------------------------------------
 * means.h
 * Die inline-Funktionen a_mean(), g_mean() und h_mean().
 * ---------------------------------------------------
 */
#include <math.h>       // Prototyp sqrt()

inline double a_mean( double x, double y)
{
   return (x + y)/2;
}

inline double g_mean( double x, double y)
{
   return sqrt(x*y);
}

inline double h_mean( double x, double y)
{
   return (2*x*y)/(x+y);
}

/* ---------------------------------------------------
 * ex10_05.c
 * Aufruf der inline-Funktionen.
 * ---------------------------------------------------
 */
#include <stdio.h>
#include "means.h"     // Definition der inline-Funktionen

int main()
{
// Aufrufe unverändert (siehe ex10_04.c).
}
```

10.6

```
/* -------------------------------------------------------
 * ex10_06.c
 * Aufruf der Funktion strInsert().
 * -------------------------------------------------------
 */
#include <stdio.h>

// Prototyp:
int strInsert(char str1[], const char str2[], int pos);

int main()
{
   char name[100] = "Hans!",
        s1[] = "Hallo ",
        s2[] = "lieber ";

   printf("\"%s\" vor \"%s\" einfuegen:\n", s1, name);
   strInsert(name,s1,0);
   puts(name);

   printf("\"%s\" an Position 6 in \"%s\" einfuegen:\n",
          s2, name);
   strInsert(name,s2,6);
   puts(name);

   return 0;
}

/* -------------------------------------------------------
 * strInsert.c
 * Die Funktion strInsert(char str1[],char str2[],int pos)
 * fügt den String str2 in str1 an der Position pos ein.
 + Return-Wert: Länge str1 nach dem Einfügen oder -1.
 * str1 muss groß genug sein, beide Strings zu speichern.
 * -------------------------------------------------------
 */
#include <string.h>       // für strlen(), strncpy()

int strInsert(char str1[], const char str2[], int pos)
{
    int len1 = (int)strlen(str1),     // Stringlängen
        len2 = (int)strlen(str2),
        i, j;                         // Indizes
```

```
    if( pos < 0 || pos > len1)
       return -1;                // unzulässige Position

    if( len2 == 0)
       return len1;              // Nichts zu tun.

    // In str1 Platz für str2 machen, das heißt,
    // die Zeichen ab pos nach hinten verschieben.
    // Die letzten Zeichen zuerst:
    for( i = len1, j = len1 + len2; i >= pos; --i, --j)
       str1[j] = str1[i];

    // und str2 einfügen (ohne Stringende '\0'):
    strncpy(str1+pos, str2, len2);
//  oder statt strncpy():
//  for( i = 0, j = pos; str2[i] != '\0'; ++i, ++j)
//     str1[j] = str2[i];

    return len1 + len2;
}
```

10.7

```
/* ----------------------------------------------------
 * ex10_07.c
 * Funktion bitPattern() testen:
 * int-Werte einlesen und ihre Bitmuster anzeigen.
 * ----------------------------------------------------
 */
#include <stdio.h>
void bitPattern( int val, char pattern[]);

int main()
{
   int val = 0;
   char bits[40];               // 32 Bit und 7 Blanks

   printf(" *** Das Bitmuster ganzer Zahlen. ***\n\n");
   printf("Geben Sie jeweils eine ganze Zahl ein.\n"
          "(Abbruch mit einem Buchstaben.)\n");

   while( scanf("%d", &val) == 1)
   {
      bitPattern( val, bits);
```

```
    puts( bits);
  }
  return 0;
}

/* ----------------------------------------------------
 * bitPattern.c
 * Die Funktion bitPattern() speichert das Bitmuster
 * eines int-Wertes (32 Bit) in einem String.
 * ----------------------------------------------------
 */
void bitPattern( int val, char pattern[])
{
  int i = 0, j = 0;
  unsigned int n = (unsigned int)val; // als unsigned int;
  char pattern0[33];                  // Hilfsvektor.

  // Bitmuster ohne Blanks:
  pattern0[32] = '\0';              // Stringende
  for( i = 31; i >= 0; --i)         // Das niederwertigste Bit
  {                                 // steht rechts.
     if( n % 2 != 0)  pattern0[i] = '1';
     else             pattern0[i] = '0';
     n /= 2;
  }

  // Bitmuster mit Blanks:
  for( i = 0, j = 0; i < 32; ++i, ++j)
  {
    pattern[j] = pattern0[i];
    // Nach jedem 4. Bit (nicht am Ende) ein Blank:
    if( i%4 == 3 && i < 31)
      pattern[++j] = ' ';
  }
  pattern[j] = '\0';                 // Stringende
}
```

10.8

```
/* ---------------------------------------------------
 * ex10_08.c
 * Definiert und testet die rekursive Funktion power().
 * ---------------------------------------------------
 */
```

```
#include <stdio.h>
#include <math.h>

double power(double x, unsigned int exp);   // Prototyp

int main()       // Testet die rekursive Funktion power()
{
   double       base     = 0.0;
   unsigned int exponent = 0;

   printf("  **** Berechnung ganzzahliger Potenzen ****\n\n"
          "Geben Sie Testwerte ein.\n");
   printf("Basis (Gleitpunktzahl):              ");
   scanf("%lf", &base);
   printf("Exponent (nicht-negative Ganzzahl): ");
   scanf("%u", &exponent);

   printf("%f hoch %u ist %f\n",
          base, exponent, power( base, exponent) );

   printf("\nDie Standardfunktion pow() liefert: %f\n",
          pow( base, (double)exponent) );

   return 0;
}

// -----------------------------------------------------
// Die rekursive Funktion power() berechnet
// ganzzahlige Potenzen einer Gleitpunktzahl.

double power(double base, unsigned int exp)
{
    if( exp == 0)
        return 1.0;
    else
        return base * power( base, exp-1);
}
```

10.9

```
/* ----------------------------------------------------
 * ex10_09.c
 * Die rekursive Funktion binomialkoeffizient() aufrufen.
```

```
 * ---------------------------------------------------
 */
#include <stdio.h>
double binomialkoeffizient(int n, int k);   // Prototyp

int main()
{
   int n = 49, k = 6;
   double binomi = 0;

   printf("\n** Berechnung von Binomialkoeffizienten **\n");

   binomi = binomialkoeffizient(n,k);
   if( binomi < 0)
      printf("Fehler: Unzulaessige Argumente!\n");
   else
      printf("Es gibt %.0f Moeglichkeiten, %d aus %d "
             "auszuwaehlen.\n",  binomi, k, n);
   return 0;
}

/* -----------------------------------------------------
 * binomialkoeffizient.c
 * Die rekursive Funktion binomialkoeffizient()
 * berechnet den Wert "n über k".
 * Das ist die Anzahl der Möglichkeiten, k Elemente aus
 * n Elementen auszuwählen.
 * -----------------------------------------------------
 */
double binomialkoeffizient(int n, int k)
{
   if( n < 0 || k < 0 || k > n )
      return -1;

   if( k > n/2) k = n-k;      // zur Optimierung

   if( k == 0)
      return 1;
   else
      return (binomialkoeffizient(n, k-1) * (n-k+1))/k;
}
```

10.10

```
/* ---------------------------------------------------------
 * selectionSort.c
 * Die Funktion selectionSort() implementiert den
 * Sortier-Algorithmus "Selection Sort" für Gleitpunktzahlen.
 * ---------------------------------------------------------
 */
void selectionSort( double arr[], int len)
{
   int i, j, iMin;                // Indizes
   double tmp;                    // Zum Tauschen.

   // Sortieren:
    for( i = 0; i < len-1; ++i)   // Jeweils ab Index i das
    {                             // kleinste Element suchen.
     iMin = i;                    // iMin ist der Index mit
                                  // dem gesuchten kleinsten
     for( j = i+1; j < len; ++j)  // Vektorelement.
         if(arr[j] < arr[iMin])
            iMin = j;
                        // arr[i] und arr[iMin] vertauschen:
     tmp = arr[i],  arr[i] = arr[iMin],  arr[iMin] = tmp;
   }
}
```

Kapitel 11

Speicherklassen

Die Speicherklasse einer Funktion oder eines Objekts (d.h. einer gewöhnlichen Variable, eines Vektors oder einer Struktur bzw. Union) wird durch die Position der Definition und der darin verwendeten Speicherklassen-Spezifizierer festgelegt. Sie bestimmt den Geltungsbereich des Bezeichners, d.h. den Teil des Programms, in dem die Funktion oder das Objekt verwendet werden kann. Außerdem ist die Lebensdauer eines Objekts abhängig von seiner Speicherklasse.

- Speicherklassen von Objekten

  Die Speicherklassen-Spezifizierer für Objekte sind `auto`, `register`, `static` und `extern`.

  Objekte, die innerhalb eines Blocks ohne Speicherklassen-Spezifizierer oder mit dem Spezifizierer `auto` definiert sind, gehören zur Speicherklasse `auto`. Diese lokalen Variablen werden beim Eintritt in den Block auf dem Stack erzeugt und beim Verlassen wieder zerstört.

  Auch ein mit dem Spezifizierer `register` definiertes Objekt gehört zur Speicherklasse `auto`. Es wird aber, sofern möglich, für den schnellen Zugriff in einem Register der CPU gespeichert. Als `static` definierte Objekte sind permanent, das heißt, ihre Lebensdauer ist wie bei den globalen Objekten die gesamte Ausführungszeit des Programms. Ihr Geltungsbereich ist aber beschränkt: Der Zugriff auf ein `static`-Objekt ist nur innerhalb des Blocks möglich, in dem es definiert ist, oder innerhalb derselben Quelldatei, wenn es außerhalb jeder Funktion definiert ist.

  Ein Objekt ist global, wenn es außerhalb von Funktionen ohne Speicherklassen-Spezifizierer definiert ist. Der Zugriff auf ein solches Objekt ist überall im Programm möglich. In einer anderen Quelldatei wird das Objekt durch eine `extern`-Deklaration »importiert«.

- Speicherklassen von Funktionen

  Eine Funktion kann mit dem Speicherklassen-Spezifizierer `extern` oder `static` definiert bzw. deklariert werden. Doch gewöhnlich wird eine Funktion ohne einen Spezifizierer definiert. Das ist äquivalent mit der Verwendung von `extern` und bedeutet, dass es sich um eine globale Funktion handelt, die überall im Programm nach ihrer Deklaration (Prototyp) aufrufbar ist.

  Dagegen kann eine Funktion, die mit dem Spezifizierer `static` definiert wird, nur in der Quelldatei aufgerufen werden, die auch die Definition enthält. Der »private« Charakter ergibt sich daraus, dass der Name einer `static`-Funktion nicht dem Linker bekannt gegeben wird. Daher gibt es auch keinen Namenskonflikt mit Namen in anderen Quelldateien.

Verständnisfragen

11.1 Der Geltungsbereich und die Lebensdauer eines Objekts wird durch die Position der Definition im Quellcode und dem dabei verwendeten ________ ________________ festgelegt.

11.2 Um ein Programm einfach und übersichtlich zu halten, sollten möglichst alle Variablen global definiert werden.

☐ Richtig

☐ Falsch

11.3 Eine Variable ist global in einer anderen Quelldatei definiert. Für den Zugriff auf die Variable

a) ist keine weitere Aktion notwendig.

b) muss die Variable mit einer `extern`-Deklaration importiert werden.

c) muss die Variable mit dem Spezifizierer `extern` definiert worden sein.

11.4 Die Deklaration, um die globale `double`-Variable `limit` in der aktuellen Quelldatei verfügbar zu machen, lautet:

____

11.5 Um einer global definierten Variablen in einer neuen Quelldatei einen eigenen Anfangswert zu geben, kann die `extern`-Deklaration einen Initialisierer enthalten.

☐ Richtig

☐ Falsch

11.6 Ein innerhalb einer Funktion definiertes Objekt wird als ________ bezeichnet.

11.7 Das Code-Fragment

```
int n = 10;
void myFunc()
{
   int n = 20;
   printf("Wert von n = %d\n", n);
   ...
}
```

a) erzeugt eine Fehlermeldung des Compilers.

b) erzeugt die Ausgabe: `Wert von n = 10`.

c) erzeugt die Ausgabe: `Wert von n = 20`.

11.8 Die Lebensdauer eines lokalen Objekts endet stets mit dem Verlassen des Blocks, in dem es definiert ist.

☐ Richtig

☐ Falsch

11.9 Der Anfangswert einer lokalen, nicht statischen Variablen, die ohne Initialisierung definiert wurde, ist

a) undefiniert.

b) 0.

c) abhängig vom Compiler.

11.10 Um zu erreichen, dass eine lokale Variable beim Wiedereintritt in den Block, in dem sie definiert ist, noch mit ihrem alten Wert vorhanden ist, muss sie als ___________-Variable definiert werden.

11.11 Zwei nicht lokale, als `static` definierte Variablen dürfen denselben Namen haben, wenn sie in verschiedenen Quelldateien definiert sind.

☐ Richtig

☐ Falsch

11.12 Nicht initialisierte statische Variablen haben den Anfangswert ______.

11.13 Eine `static`-Variable wird innerhalb eines Funktionsblocks definiert und initialisiert. Dann erfolgt die Initialisierung der Variablen

a) beim Laden des Programms.

b) beim 1. Eintritt in den Block.

c) bei jedem Eintritt in den Block.

11.14 Die Lebensdauer statischer Objekte ist wie die Lebensdauer globaler Objekte die gesamte Ausführungszeit des Programms.

☐ Richtig

☐ Falsch

11.15 Gegeben sei folgende Funktion:

```
long func()
{
   static long a = 1;
   return a *= 2;
}
```

Dann gibt der dritte Aufruf der Funktion den Wert ________ zurück.

11.16 Ein Programm verwaltet in einer Quelldatei die zentrale Datenbasis des Programms. Auf diese Daten soll in anderen Quelldateien nur unter der Kontrolle von Funktionen zugegriffen werden können, die in derselben Quelldatei definiert sind. Dies wird erreicht, indem die Daten als ____________ definiert werden.

11.17 Eine Funktion kann nicht innerhalb einer anderen Funktion definiert werden.

- ☐ Richtig
- ☐ Falsch

11.18 Einige global definierte Objekte und Funktionen werden in verschiedenen Quelldateien des Programms benötigt. In diesem Fall sollten Sie diese Objekte und Funktion in einer __________________ deklarieren.

11.19 Um eine `static`-Funktion aufzurufen, die in einer anderen Quelldatei definiert ist, genügt es, den Prototyp der Funktion anzugeben.

- ☐ Richtig
- ☐ Falsch

11.20 Für die Funktionen einer Quelldatei soll eine Hilfsfunktion `calc()` definiert werden, die in anderen Quelldateien nicht aufrufbar ist. Die Funktion besitzt zwei Parameter `x` und `y` vom Typ `double` und gibt einen `int`-Wert zurück. Dann lautet der Funktionskopf der Funktion:

____

Aufgaben

11.1 Schreiben Sie die erforderlichen Deklarationen für eine

a) globale Variable `gvar` vom Typ `long`, die in einer anderen Quelldatei definiert ist.

b) für eine globale Funktion `gfunc()`, die in einer anderen Quelldatei definiert ist.

c) für eine statische Funktion `sfunc()`, die später in derselben Quelldatei definiert ist.

Die beiden Funktionen erhalten kein Argument und liefern das Ergebnis als `double`-Wert.

11.2 Gegeben sei folgender Ausschnitt eines Programms, das aus mehreren Quelldateien besteht.

```
// "Zufallszahlen" gemäß der linearen Kongruenzmethode.
#include <time.h>                   // Für time().

const long  m = 32768;              // 2 hoch 15.
static long z;                      // Zufallszahl

void initRandom()
{
   z = (long)time(NULL) % m;        // Keim
}
long myRandom()
{
   const static long a = 9757, // geeignete Konstanten
                     b = 6925; // zum Rechnen.
   z = (z * a + b) % m;
   return z;
}
```

In welchen Bereichen des Programms ist der Zugriff – erforderliche Deklarationen vorausgesetzt – auf die Variablen (also `m`, `z`, `a` und `b`) und die Funktionen (`initRandom()` und `myRandom()`) möglich?

11.3 Entwickeln Sie ein C-Programm, das aus mehreren Quelldateien besteht und Folgendes leistet:

- Die erste Quelldatei enthält zwei globale `char`-Vektoren, um den Namen und die Telefonnummer einer Person zu speichern. Außerdem definiert sie die zwei Funktionen `readData()` und `writeData()`: Die erste Funktion liest vom Anwender einen Namen und eine Telefonnummer in die Variablen ein, die zweite zeigt die Daten auf dem Bildschirm an. Beide Funktionen erhalten kein Argument und geben 1 zurück, falls kein Fehler auftrat, andernfalls 0.
- Die zweite Quelldatei enthält die Funktion `main()`, die die Funktionen aus der ersten Quelldatei aufruft. Außerdem überprüft `main()`, ob die globalen Variablen nach dem Einlesen jeweils mindestens zwei Zeichen enthalten.
- Stellen Sie die Deklarationen der Variablen und Funktionen in eine Header-Datei, die den gleichen Basisnamen hat wie die erste Quelldatei. Die Deklaration eines Vektors, die keine Definition ist, enthält keine Längenangabe.

11.4 Was gibt folgendes Programm auf dem Bildschirm aus?

```
#include <stdio.h>
int a = 10;
```

```
extern int calc(void);

int main()
{
   int a = calc();
   printf("In main(): a = %d\n", a);
   a = calc();
   printf("In main(): a = %d\n", a);
   return 0;
}

int calc()
{
   static int b = 0;
   a *= ++b;
   printf("In calc(): a = %d\n", a);
   return 10*a;
}
```

11.5 Erstellen Sie zunächst eine Quelldatei mit folgendem Inhalt:

- zwei Variablen für Fibonacci-Zahlen, auf die nur Funktionen in dieser Quelldatei Zugriff haben.
- die Funktion `nextFibo()`, die die nächste Fibonacci-Zahl zurückgibt, und die Funktion `resetFibo()`, nach deren Aufruf `nextFibo()` wieder die erste Fibonacci-Zahl zurückgibt.

Testen Sie die Funktionen durch Aufrufe in der Funktion `main()`, die sich in einer separaten Quelldatei befindet und zweimal eine Folge von Fibonacci-Zahlen ausgibt.

Hinweis: Die ersten beiden Fibonacci-Zahlen sind `0` und `1`. Jede weitere Fibonacci-Zahl ist die Summe der beiden Vorgänger.

11.6 Bestimmen Sie die Fehler in den folgenden Anweisungen und korrigieren Sie gegebenenfalls die Fehler.

a)

```
register int n = 0;
void func() {  ++n; }
```

b)

```
void func()
{  extern register int n;  ++n; }
```

c)

```
double func( static double x)
{  return 2*x; }
```

d)

```
int func()
{  static register int n = 10;  return ++n; }
```

e)

```
double func( register double arr[], register int len)
{  return arr[len/2]; }
```

11.7 Definieren Sie die Funktion `reverse_d()`, die die Reihenfolge der Elemente in einem `double`-Vektor umkehrt. Das erste Element wird also das letzte Element, das zweite das vorletzte usw. Deklarieren Sie die am häufigsten verwendeten Variablen als `register`-Variablen, sofern sie dafür geeignet sind. Die Funktion steht in einer eigenen Quelldatei. Als Argumente erhält sie den Vektor und seine Länge und gibt nichts zurück.

Testen Sie die Funktion `reverse_d()`, indem Sie in `main()` vom Anwender beliebige Zahlen in einen Vektor einlesen und die Zahlen sowohl in der ursprünglichen Reihenfolge als auch nach dem Aufruf der Funktion `reverse_d()` anzeigen.

11.8 Die Daten einer Datenreihe, wie beispielsweise Messdaten oder die Kurse einer Aktie, können durch Bildung eines *gleitenden Durchschnitts* geglättet werden. Dabei werden für eine feste Anzahl `n`, z.B. 10, jeweils die Durchschnitte von `n` aufeinanderfolgenden Werten berechnet. Kommt ein neuer Wert hinzu, muss auch wieder ein neuer gleitender Durchschnitt berechnet werden.

Erstellen Sie zur effektiven Berechnung von gleitenden Durchschnitten eine Quelldatei mit folgendem Inhalt:

- Eine symbolische Konstante, die die maximale Anzahl festlegt, mit der gleitende Durchschnitte berechnet werden können. Außerdem drei Variablen: eine Variable, die die aktuelle Anzahl `n` für die Durchschnittsberechnung enthält, eine Variable für den zuletzt berechneten gleitenden Durchschnitt und einen `double`-Vektor als Ringpuffer, der die letzten `n` zur Berechnung verwendeten Werte enthält. Auf die Variablen sollen nur die Funktionen in dieser Quelldatei Zugriff haben.
- Die Funktion `initMovingAverage()` zur Initialisierung der Variablen. Der Funktion werden in einem Vektor die ersten `n` Daten übergeben und

die Anzahl `n`. Ist `n` nicht positiv, gibt die Funktion `0` zurück. Ist `n` größer als die maximal zulässige Anzahl, wird `n` auf die maximale Anzahl verkleinert. Die Funktion berechnet den ersten gleitenden Durchschnitt und gibt die Anzahl `n` zurück.

- Die Funktion `getNumber()`, die die Anzahl zurückgibt, mit der die Durchschnitte berechnet werden,
  die Funktion `getMovingAverage()`, die den zuletzt berechneten gleitenden Durchschnitt zurückgibt, und
  die Funktion `nextMovingAverage()`: Diese Funktion erhält als Argument einen neuen Wert, aktualisiert entsprechend den gleitenden Durchschnitt und gibt ihn zurück.

Hinweis: Wenn `x` ein neuer Wert ist und `y` der »älteste« der letzten `n` Werte, kann der gleitende Durchschnitt aktualisiert werden, indem `x/n` addiert und `y/n` subtrahiert wird.

Stellen Sie die Prototypen der Funktionen in eine Header-Datei, die den gleichen Basisnamen hat wie die Quelldatei.

Zum Testen initialisieren Sie in einer neuen Quelldatei einen `double`-Vektor mit beliebigen Daten. (In einer praktischen Anwendung können die Daten aus einer Datei oder einer Datenbank eingelesen werden.) Das Testprogramm zeigt die Daten an und erfragt vom Anwender eine Anzahl `n` für die Berechnung des gleitenden Durchschnitts. Mit den ersten `n` Daten wird die Initialisierungsfunktion aufgerufen und dann mit den weiteren Funktionen alle gleitenden Durchschnitte berechnet und angezeigt.

Lösungen zu den Verständnisfragen

11.1 Speicherklassen-Spezifizierer

11.2 Falsch

11.3 b)

11.4 `extern double limit;`

11.5 Falsch

11.6 lokal

11.7 c)

11.8 Falsch

11.9 a)

11.10 `static`

11.11 Richtig

11.12 0

11.13 a)

11.14 Richtig

11.15 8

11.16 `static`

11.17 Richtig

11.18 Header-Datei

11.19 Falsch

11.20 `static int calc( double x, double y)`

Lösungen zu den Aufgaben

11.1 Die erforderlichen Deklarationen sind:

a)

```
extern long gvar;
```

b)

```
double gfunc( void);
// oder:  extern double gfunc( void);
```

c)

```
static double sfunc( void);
```

11.2 Die Funktionen `initRandom()` und `myRandom()` sind gewöhnliche, global definierte Funktionen, die überall im Programm aufrufbar sind. Auch die Variable `m` ist global definiert, aber auf `m` ist nur der lesende Zugriff möglich.

Bei der Variablen `z` handelt es sich um eine modulglobale Variable, auf die nur die Funktionen direkten Zugriff haben, die in der gleichen Quelldatei definiert sind.

Die Variablen `a` und `b` sind lokal in der Funktion `myRandom()`. Als `const` und `static` deklarierte Objekte werden sie einmal beim Programmstart erzeugt und initialisiert und können dann nicht mehr geändert werden.

11.3

```
/* --------------------------------------------------
 * ex11_03.c
 * Übung mit globalen Variablen und Funktionen.
 * --------------------------------------------------
 */
```

```
#include <stdio.h>
#include <string.h>
#include "data.h"

int main()              // Verwendung der global definierten
{                       // Funktionen und Variablen.
   if( !readData())
   {
     printf("Fehler beim Lesen der Daten!\n");
     return 1;
   }
   if(strlen(name) < 2 || strlen(telNr) < 2)
   {
     printf("Keine gueltigen Daten!\n");
     return 1;
   }
   if( !writeData())
   {
     printf("Fehler beim Schreiben der Daten!\n");
     return 2;
   }
   return 0;
}
```

Die Quelldateien `data.h` und `data.c`:

```
/* ------------------------------------------------------
 * data.h
 * Deklarationen der globalen Elemente in data.c.
 * ------------------------------------------------------
 */
extern char name[];    // Deklarationen der globalen Daten
extern char telNr[];

extern int readData(void);          // Prototypen
extern int writeData(void);

/* ------------------------------------------------------
 * data.c
 * Globale Daten einlesen und ausgeben.
 * ------------------------------------------------------
 */
```

```
#include <stdio.h>

char name[64];                        // Die globalen Daten
char telNr[32];

int readData()
{
   printf("\nBitte Namen und Telefonnummer eingeben.\n"
          "Name:     ");
   if( scanf("%63[^\n]", name) < 1) // Bis Zeilenende lesen.
      return 0;
   fflush(stdin);                     // Eingabepuffer leeren.
   printf("Telefon:  ");
   if( scanf("%31[^\n]",telNr) < 1) // Bis Zeilenende lesen.
      return 0;
   fflush(stdin);                     // Eingabepuffer leeren.
   return 1;
}

int writeData()
{
   printf("\n-------------------------------\n"
          "Namen:    %s\n"
          "Telefon:  %s\n", name, telNr);
   return 1;
}
```

11.4 Die Ausgabe des Programms:

```
In calc(): a = 10
In main(): a = 100
In calc(): a = 20
In main(): a = 200
```

11.5

```
/* ----------------------------------------------------
 * ex11_05.c
 * Die Funktionen nextFibo() und resetFibo() aufrufen.
 * ----------------------------------------------------
 */
#include <stdio.h>
#include "fibonacci.h"
```

```
int main()
{
   int i;
   printf("\nEinige Fibonacci-Zahlen:\n");
   for( i = 0; i < 8; ++i)
       printf("%5ld", nextFibo() );

   printf("\n\nWieder von vorne und einige mehr ...:\n");
   resetFibo();
   for( i = 0; i < 16; ++i)
       printf("%5ld", nextFibo() );
   putchar('\n');
   return 0;
}
```

Die Quelldateien `fibonacci.h` und `fibonacci.c`:

```
/* -----------------------------------------------------
 * fibonacci.h
 * Deklaration der Funktionen aus fibonacci.c.
 * -----------------------------------------------------
 */
long nextFibo(void);              // Prototypen
void resetFibo();

/* -----------------------------------------------------
 * fibonacci.c
 * Die Funktion nextFibo(), die mit jedem Aufruf die
 * nächste Fibonacci-Zahl liefert (Start mit 0) und die
 * Funktion resetFibo(), nach deren Aufruf nextFibo()
 * wieder die erste Fibonacci-Zahl 0 liefert.
 * -----------------------------------------------------
 */
static long f1 = 0, f2 = 1;

long nextFibo()
{
    long f = f1;
    f1 = f2; f2 = f + f1;
    return f;
}
```

```
void resetFibo()
{
    f1 = 0;  f2 = 1;
}
```

11.6 Die Fehler und mögliche Korrekturen.

a) Globale Variablen können nicht als `register`-Variablen deklariert werden. Richtig ist daher:

```
int n = 0;     // oder:  static int n = 0;
void func(){  ++n; }
```

b) Da es keine globalen `register`-Variablen gibt, kann auch nicht auf sie verwiesen werden. Der Spezifizierer `register` muss entfallen:

```
void func()
{  extern int n;  ++n; }     // n global definiert.
```

c) Parameter können nicht `static` sein. Richtig ist daher:

```
double func(double x)
{  return 2*x; }
```

d) Nur lokale, nicht statische Variablen können `register`-Variablen sein. Der Spezifizierer `register` muss entfallen:

```
int func()
{  static int n = 10;  return ++n; }
```

e) Kein Fehler! Parameter können `register`-Variablen sein. Der Parameter `arr` repräsentiert eine Adresse und ist nicht zu groß, um in einem Register gespeichert zu werden.

11.7

```
/* ----------------------------------------------------
 * ex11_07.c
 * Aufruf der Funktion reverse_d(), die die Reihenfolge
 * der Elemente eines double-Vektors invertiert.
 * ----------------------------------------------------
 */
#include <stdio.h>
void reverse_d( double arr[], int len);   // Prototyp

#define MAX 100
```

```
double num[MAX];

int main()
{
   int i, count = 0;                // Indiz, Zähler

   printf("Geben Sie bis zu %d beliebige Zahlen ein\n"
        "(Abbruch mit Buchstaben):\n", MAX);

   // Die Zahlen einlesen und die Summe bilden:
   for( i=0; i < MAX; ++i)
       if( scanf("%lf",&num[i]) < 1)
           break ;
   count = i;                   // Anzahl eingelesener Zahlen

   printf("\nDie eingegebenen Zahlen:\n");
   for( i = 0; i < count; ++i)
     printf(" %7.2f", num[i]);

   reverse_d(num, count);

   printf("\nDie Zahlen in umgekehrter Reihenfolge:\n");
   for( i = 0; i < count; ++i)
     printf(" %7.2f", num[i]);
   putchar('\n');               // Zeilenvorschub
   return 0;
}

/* -----------------------------------------------------
 * reversed.c
 * Die Funktion reverse_d() invertiert die Reihenfolge
 * der Elemente in einem double-Vektor.
 * -----------------------------------------------------
 */
void reverse_d( double arr[], int len)
{
    register int i = 0, j = len-1;
    double temp;
    for( i=0, j=len-1; i < j; ++i, --j)
    {
        temp = arr[i]; arr[i] = arr[j]; arr[j] = temp;
    }
}
```

11.8

```
/* ---------------------------------------------------------
 * ex11_08.c
 * Die Funktionen für den gleitenden Durchschnitt testen.
 * ---------------------------------------------------------
 */
#include <stdio.h>
#include "mAverage.h"

#define MAXDATA 1000
double data[MAXDATA] =
{ 1, 2, 3, 3, 4, 5, 5, 4, 3, 3, 2, 1 };      // Testwerte.
int N = 12;                               // Gesamtzahl an Daten.

int main()
{
   int i,      // Index  .
       n;      // Anzahl für gleitenden Durchschnitt.

   printf("\n *** Gleitender Durchschnitt ***\n");
// Daten einlesen, z.B. aus einer Datei.
// Hier data mit den Initialisierungswerten verwenden:

   printf("\nEs wurden %d Werte eingelesen!\n", N);
   printf("Die Daten:\n");
   for( i = 0; i < N; ++i)
       printf(" %5.1f", data[i] );
   putchar('\n');

   printf("\nMit welcher Anzahl sollen die gleitenden "
           "Durchschnitte gebildet werden? ");
   if( scanf("%d", &n) < 1 || n <= 0 || n >= N)
   {   printf("Fehlerhafte Eingabe!\n");
       return 1;
   }

   if( (n = initMovingAverage(data,n)) == 0)
   {   printf("Fehlerhafte Initialisierung!\n");
       return 2;
   }

   printf("Die gleitenden Durchschnitte:\n");
   printf("% 5.1f", getMovingAverage());   // Der Erste.
```

```
   for( i = n; i < N; ++i)                     // Alle anderen.
      printf(" %5.1f", nextMovingAverage( data[i]) );
   putchar('\n');
   return 0;
}
```

Die Quelldateien `mAverage.h` und `mAverage.c`:

```
/* ----------------------------------------------------
 * mAverage.h
 * Deklarationen der Funktionen aus mAverage.c.
 * ----------------------------------------------------
 */
// Prototypen:
int initMovingAverage(double idata[], int num);
int getNumber(void);
double getMovingAverage(void);
double nextMovingAverage( double newValue)

/* ----------------------------------------------------
 * mAverage.c
 * Die Funktionen initMovingAverage(), getNumber(),
 * getMovingAverage() und nextMovingAverage().
 * ----------------------------------------------------
 */
#define MAXN 100        // Maximale Anzahl für
                        // gleitenden Durchschnitt.
static int n = 0;       // Gleitender Durchschnitt mit n Werte.
static double mdata[MAXN];   // Ringpuffer für die letzten n
                             // gemittelten Werte.
static double movingAverage = 0; // Gleitender Durchschnitt.

// Initialisierung mit den ersten n Daten
int initMovingAverage(double idata[], int num)
{
   int i = 0;
   if( num <= 0) return 0;          // Fehler!

   n = (num <= MAXN) ? num : MAXN;

   for( i = 0; i < n; ++i)
   {
      mdata[i] = idata[i]/n;
```

```
        movingAverage += mdata[i];
    }
    return n;
}

int getNumber() { return n; }

double getMovingAverage() { return movingAverage; }

// nextMovingAverage() berechnet den nächsten gleitenden
// Durchschnitt und gibt ihn zurück.
double nextMovingAverage( double newValue)
{
    static int iStart = 0;        // Startposition im Puffer.
    double x = mdata[iStart];     // Der erste Wert.

    if( n == 0) return 0.0;       // Keine Initialisierung

    mdata[iStart] = newValue/n;   // Der neue (letzte) Wert.
    movingAverage += (mdata[iStart]-x);

    ++iStart;                     // Neue Startposition.
    if( iStart >= n) iStart = 0;

    return movingAverage;
}
```

Kapitel 12

Bitoperatoren

Zur effektiven Speicherung von Informationen ist es notwendig, auch einzelne Bits oder Bit-Gruppen zu lesen und zu ändern. In diesem Kapitel üben Sie den Einsatz der Operatoren, die C für Bitmanipulation zur Verfügung stellt.

Die Bitoperatoren dürfen nur auf ganzzahlige Operanden angewendet werden. Die binären Bitoperatoren können in zusammengesetzten Zuweisungen benutzt werden.

- Die vier logischen Bitoperatoren & (UND), | (ODER), ^ (Exklusiv-ODER) und ~ (NICHT)

  Die ersten drei binären Operatoren verknüpfen jeweils die zwei Bits ihrer Operanden, die sich auf derselben Position befinden. Dabei wird ein gesetztes Bit, also 1, als »wahr« interpretiert, ein gelöschtes Bit, also 0, als »falsch«. Beispielsweise gilt für die 4 niedrigstwertigen Bits:

Ausdruck	Bitmuster
3	... 0011
6	... 0110
3&6	... 0010
3|6	... 0111
3^6	... 0101

  Der Exklusiv-ODER-Operator ^ liefert genau dann 1, wenn eines der Bits, aber nicht beide gesetzt sind. Der unäre Operator ~ invertiert alle Bits, liefert also das Einer-Kompliment.

  Die logischen Bitoperatoren & und | sind von den logischen Operatoren && und || zu unterscheiden. Letztere wirken nicht auf einzelne Bits, sondern benutzen den gesamten Wert ihrer Operanden.

- Die zwei Shift-Operatoren << (Links-Shift) und >> (Rechts-Shift)

  Diese binären Operatoren verschieben das Bitmuster ihres linken Operanden um so viele Positionen, wie der rechte Operand angibt. Beim Links-Shift werden stets 0-Bits nachgeschoben. So liefert der Ausdruck `3<<2` das Bitmuster `0...01100`, also den Wert 12.

  Auch beim Rechts-Shift werden 0-Bits nachgeschoben, wenn der linke Operand nicht negativ ist. Für negative Werte ist beim Rechts-Shift nicht festgelegt, ob 0-Bits (logischer Shift) oder 1-Bits (arithmetischer Shift) nachgeschoben werden.

  Auf beide Operanden wird die Ganzzahlerweiterung angewendet. Der rechte Operand muss immer ein Wert zwischen 0 und der Bitbreite des linken Operanden haben.

  Die Shifts haben auch eine arithmetische Bedeutung: Der Links-Shift (bzw. Rechts-Shift) um n Stellen entspricht einer Multiplikation (bzw. Division) mit 2^n.

Verständnisfragen

12.1 Die Bitoperatoren sind nur auf Operanden mit einem ganzzahligen Datentyp anwendbar.

☐ Richtig

☐ Falsch

12.2 Der Ausdruck `3|6` hat den dezimalen Wert

a) 6.

b) 7.

c) 9.

12.3 Der Wert des Ausdrucks 7&9 hat das Bitmuster ________________.

12.4 Das Code-Fragment

```
int a = 5, b = 6;
printf(" %d", a^b);
```

erzeugt die Ausgabe _______.

12.5 Gegeben seien zwei beliebige `short`-Variablen `a` und `b`. Dann ergibt der Ausdruck `(a^b)^a` den Wert

a) a.

b) b.

c) a^b.

12.6 Für zwei `int`-Variablen `x` und `y` liefert der Ausdruck `(x|y)&y` wieder den Wert von `x`.

☐ Richtig

☐ Falsch

12.7 Die Anweisung

```
printf("%d  %d\n", 1&2, 1&&2 );
```

erzeugt die Ausgabe

a) 0 0.

b) 0 1.

c) 1 0.

d) 1 1.

12.8 Um durch die Anweisung

```
x |= MASK;
```

in x das 0. und 2. Bit zu setzen, muss MASK den Wert _____ haben.

12.9 Die Operatoren ~ (bitweises NICHT) und ! (logisches NICHT) haben den selben Vorrang.

- ☐ Richtig
- ☐ Falsch

12.10 Für eine beliebige int-Variable x hat der Ausdruck x&~x den Wert ____.

12.11 Gegeben seien zwei int-Variablen a und b. Dann bewirkt die Anweisung

```
a &= ~b;
```

a) die Löschung der Bits in a, die in b gesetzt sind.

b) die Löschung der Bits in a, die in b gelöscht sind.

c) die Invertierung der Bits in b und anschließende Zuweisung an a.

12.12 Die Anweisung(en), um das 0. und 2. Bit einer int-Variable x zu löschen, lautet ____________________.

12.13 Die folgende Schleife

```
for( int n = 0; n <= 5; ++n) printf("  %d", 1<<n);
```

erzeugt die Ausgabe ______________________________.

12.14 Der Ausdruck 5<<3 hat den dezimalen Wert

a) 8.

b) 15.

c) 40.

12.15 Der Ausdruck 18>>2 ist gleichbedeutend mit 18/4. Sein Wert ist daher 4.

- ☐ Richtig
- ☐ Falsch

12.16 Gegeben sei eine short-Variable status und eine ganzzahlige Variable i mit einem Wert zwischen 0 und 15. Dann wird das i-te Bit von status durch die Anweisung

```
status ^= 1<<i;
```

a) gelöscht.

b) gesetzt.

c) invertiert.

d) nicht verändert.

12.17 Für eine ganzzahlige Variable m liefert der Ausdruck `(m>>5)&1` den Wert des ________________.

12.18 Der Ausdruck, der den Wert der Bitgruppe 3. bis 5. Bit der `short`-Variablen `access` liefert, lautet ________________.

12.19 Gegeben sei eine ganzzahlige Variable `n`. Dann liefert der Ausdruck `(n>>4)<<4` das gleiche Ergebnis wie `n&~0xF`.

☐ Richtig

☐ Falsch

12.20 Gegeben sei eine Variable `n` vom Typ `unsigned int`. Nach Ausführung der folgenden Schleife

```
unsigned int s = 0, k;
for( k = n; k != 0; k>>=1)  s += (k&1);
```

enthält die Variable `s`

a) die Anzahl der in `n` gesetzten Bits.

b) die Anzahl der in `n` gelöschten Bits.

c) die Anzahl der Schleifendurchläufe.

Aufgaben

12.1 Was gibt folgendes Programm auf dem Bildschirm aus?

```
#include <stdio.h>
void putbits( unsigned int n);   // Prototyp von putbits()

int main()
{
   printf("Der Wert oder das Bitmuster "
          "einiger Ausdruecke:\n");

   printf("\n 15|16 : %2d", 15|16);
   printf("\n 15^17 : %2d", 15^17);
```

```
    printf("\n 15&18 : %2d\n", 15&18);

    printf("\n 255^15       : ");   putbits(255^15);
    printf("\n 255^(15<<4) : ");   putbits(255^(15<<4));
    printf("\n (255>>4)<<8 : ");   putbits((255>>4)<<8);
    putchar('\n');
    return 0;
}

void putbits(unsigned int n)  // Bitmuster von n ausgeben
{                             // (nur die unteren 16 Bits)
    int i;
    for( i = 15; i >= 0 ; --i)
    {
      putchar( ((n>>i) & 1) + '0'); // i-tes Bit ausgeben
      if( i % 4 == 0  &&  i > 0)    // und nach vier Bits
         putchar(' ');              // ein Blank.
    }
}
```

12.2 Schreiben Sie eine C-Funktion `swapBytes()`, die in einem Rechner-Wort (16 Bit) das High- und Low-Byte tauscht. Die Funktion erhält als Argument einen Wert vom Typ `unsigned short` und liefert das Ergebnis als Return-Wert.

Testen Sie die Funktion mit einer geeignet initialisierten Variablen.

12.3 Bestimmen Sie die Fehler in den folgenden Ausdrücken. Dabei sind a und b Variablen vom Typ `int`.

a)

```
b = (a>>8) && 0xFF;  // Wert der Bits 8 bis 15.
```

b)

```
a&(1<<8*sizeof(a))  // Vorzeichen-Bit
```

c)

```
if( a<0 | b)        // Falls a kleiner 0 oder b ungleich 0.
```

d)

```
a &= 0xFFF8;         // Das 0., 1. und 2. Bit löschen.
```

12.4 Definieren Sie die Funktion `getBitfield()`, die den Wert einer Bitgruppe zurückgibt. Die Bitgruppe wird durch ein Startbit (0, 1, ...) und die Anzahl Bits festgelegt. Die Funktion erhält daher drei Argumente:

- Das erste Argument ist ein Wert vom Typ `unsigned long`, der die Bitgruppe enthält.
- Das zweite Argument legt das Startbit fest.
- Das dritte Argument ist die Länge der Bitgruppe in Anzahl Bits.

Der Return-Wert vom Typ `unsigned long` ist der Wert der Bitgruppe oder der High-Value, also `(unsigned long)-1L`, falls keine gültige Bitgruppe angegeben wurde.

Testen Sie die Funktion, indem Sie in `main()` eine Variable vom Typ `unsigned long` geeignet initialisieren und das Bitmuster anzeigen. Hier können Sie eine Variante (für 32 Bit) der Funktion `putbits()` aus der Aufgabe 12.1 aufrufen. Lesen Sie dann einige Bitfelder aus (z.B. das 0. Bit, Bits 3–5, Bits 8–23 und das höchstwertige Byte) und zeigen Sie diese hexadezimal an.

12.5 Definieren Sie zusätzlich zur Funktion `getBitfield()` (siehe Aufgabe 12.4) die Funktion `setBitfield()`, die den Wert einer Bitgruppe neu setzt. Die Schnittstelle der Funktion `setBitfield()` entspricht der von `getBitfield()` mit dem Unterschied, dass `setBitfield()` ein viertes Argument erhält, nämlich den neuen Wert für die Bitgruppe.

a) Stellen Sie die Definitionen der zwei Funktionen in eine eigene Quelldatei `bitfield.c` und die Prototypen zusammen mit der Beschreibung der Schnittstellen in die Header-Datei `bitfield.h`.

b) Zum Testen setzen Sie in `main()` mit `setBitfield()` einige Bitgruppen und zeigen das Bitmuster des Ergebnisses an. Lesen Sie eine neu gesetzte Bitgruppe mit `getBitfield()` wieder aus. Prüfen Sie auch den Return-Wert nach einem fehlerhaften Aufruf und geben Sie eine Fehlermeldung aus.

12.6 Bei der Anwendung der Bitoperatoren << (Links-Shift) und >> (Rechts-Shift) gehen die herausgeschobenen Bits verloren. Definieren Sie als Alternative zu diesen Operatoren die Funktion `rotateBits()`, die ebenfalls die Bits um eine Anzahl Bitpositionen shiftet, aber das Bitmuster als Ring ansieht. Herausgeschobene Bits gehen also nicht verloren, sondern werden auf der anderen Seite wieder eingefügt.

a) Die Funktion `rotateBits()` erhält zwei Argumente:

1. einen `int`-Wert, dessen Bitmuster verschoben werden soll.

2. einen zweiten `int`-Wert, der die Anzahl Bitpositionen angibt, um die verschoben werden soll. Wenn diese Zahl positiv ist, wird nach links »rotiert«, sonst nach rechts.

b) Der Return-Wert ist der `int`-Wert nach dem Bitshift.

Hinweis: Wenn `width` die Anzahl Bits eines `int`-Wertes ist und das zweite Argument `n` größer als `width` oder kleiner als `-width` ist, so liefert die Rotation mit `n = n%width` das gleiche Ergebnis.

c) Testen Sie die Funktion mit einem geeigneten `int`-Wert, dessen Bitmuster Sie mit der Funktion `putbits()` (siehe Aufgabe 12.4) zu Beginn und jeweils nach einer Links- und Rechts-Rotation anzeigen.

12.7 Der Inhalt zweier ganzzahliger Variablen kann mit dem Bitoperator ^ (Exklusiv ODER) getauscht werden (s. Hinweis). Dabei wird keine weitere Hilfsvariable benötigt. Diese Möglichkeit zum schnellen Tauschen soll in der Implementierung des Sortier-Algorithmus »Bubble Sort« eingesetzt werden. Dabei wird ein Vektor immer wieder durchlaufen und benachbarte Elemente vertauscht, die in der falschen Reihenfolge stehen, bis der Vektor sortiert ist.

a) Definieren Sie zunächst ein Makro `swap()` mit zwei Parametern für ganzzahlige Variablen, das den Inhalt der zwei Variablen tauscht. Das Makro `swap()` wird dann anschließend in der Definition der Funktion `bubbleSort()` aufgerufen.

b) Die Funktion `bubbleSort()` erhält als Argumente einen `int`-Vektor und seine Länge. Sie besitzt keinen Return-Wert. Das Makro und die Funktion stehen zusammen in einer eigenen Quelldatei.

c) Testen Sie die Funktion `bubbleSort()`, indem Sie den Inhalt eines Vektors mit Zufallszahlen vor und nach dem Sortieren anzeigen.

Hinweis: Seien `a` und `b` zwei ganzzahlige Variable gleichen Typs. Nach der Zuweisung von `a = a^b` erhält dann `b` durch `b = a^b` den ursprünglichen Wert von `a` und schließlich `a` durch `a = a^b` den ursprünglichen Wert von `b`.

12.8 Die Funktion `bitPattern()` aus Aufgabe 10.7 kopiert das Bitmuster eines `int`-Wertes in einen String. Die Implementierung soll nun wie folgt erweitert und geändert werden:

a) Das Bitmuster kann vom jedem Wert mit einem ganzzahligen Typ bestimmt werden (`char`, `short`, `int` , `long` und die zugehörigen `unsigned` Typen).

b) Die Ermittlung des Bitmusters erfolgt effizient mit Bitoperatoren.

Punkt a) bedeutet, dass `bitPattern()` als Makro definiert werden muss. Das Makro wird mit zwei Argumenten aufgerufen, nämlich mit einem ganzzahligen Wert und einem `char`-Vektor für das Bitmuster. Das Makro bestimmt lediglich die Größe des ersten Argumentes und ruft dann die folgende Funktion `bit_pattern()` auf.

Die Funktion `bit_pattern()` löst Punkt b). Sie erhält drei Argumente:

1. einen ganzzahligen Wert vom Typ `unsigned long`.
2. die Anzahl Bits, die vom ersten Argument bestimmt werden sollen.
3. einen `char`-Vektor für das Bitmuster.

Testen Sie das Makro `bitPattern()`, indem Sie das Programm aus Aufgabe 10.7 erweitern und das Bitmuster ganzzahliger Werte unterschiedlichen Typs anzeigen lassen.

12.9 Schreiben Sie ein Filterprogramm, das in einem Text jeden Kleinbuchstaben durch den entsprechenden Großbuchstaben ersetzt. Die Umwandlung wird durch eine Bitoperation vorgenommen. Dabei wird ausgenutzt, dass sich ein Kleinbuchstabe vom entsprechenden Großbuchstaben nur durch das 5. Bit unterscheidet, das beim Großbuchstaben gelöscht ist.

Hinweis: Ein Filterprogramm liest einen Datenstrom von der Standardeingabe und sendet die manipulierten Daten zur Standardausgabe. Standardein- und -ausgabe können umgelenkt werden (siehe Kapitel 7).

12.10 Ein Spielprogramm benötigt eine effektive Darstellung eines Spielbretts mit 8x8 = 64 Feldern. Die Felder haben die Nummern A1 ... H1, A2 ... H2, ..., A8 ... H8. Jedes Feld soll nur vier Zustände speichern können (z.B. leer, Spieler1, Spieler2, gesperrt). Dazu genügen 2 Bit pro Feld oder 16 Bit pro Zeile. Ein Vektor mit 8 Elementen vom Typ `unsigned short` bietet somit genügend Speicherplatz für alle Felder eines Spielbretts.

a) Für den Zugriff auf die Felder sollen die elementaren Funktionen `getField()` und `setField()` zur Verfügung gestellt werden, mit denen einzelne Felder gelesen und verändert werden können. Außerdem noch die Funktion `clearBoard()`, die alle Felder löscht. Stellen Sie die Prototypen dieser Funktionen in eine Header-Datei, z.B. `board.h`. Diese Datei soll zu Beginn auch folgende Typdefinition enthalten:

```
typedef unsigned short Board[8];      // 8 mal 16 Bit
```

Dadurch wird kein Vektor definiert, sondern der Typ `Board` als Synonym für »Vektor mit 8 Elementen vom Typ `unsigned short`«. Anschließend können Variablen vom Typ `Board` definiert werden, wie zum Beispiel:

```
Board myBoard;  // Vektor mit 8 unsigned short-Elementen.
```

Der Typname `Board` erhöht die Lesbarkeit und Änderungsfreundlichkeit des Programms.

b) Stellen Sie die Definition der Funktionen in die Quelldatei `board.c`. Die Funktion `getField()` erhält drei Argumente, nämlich ein Spielbrett vom Typ `Board`, die Spalte (`'A'`, ..., `'H'`) und die Zeile (1, ..., 8).

Die Funktion `setField()` erhält zusätzlich ein viertes Argument, nämlich den neuen Wert für das betreffende Feld. Der Return-Wert beider Funktionen ist der gelesene bzw. gesetzte Wert und im Fehlerfall `-1`.

Das Argument der Funktion `clearBoard()` ist das Spielfeld, dessen Felder gelöscht werden. Sie besitzt keinen Return-Wert.

c) Testen Sie die Funktion, indem Sie für beide Spieler »zufällig« einige Felder belegen und anschließend das Spielfeld anzeigen (beispielsweise mit `'x'` die Felder des 1. Spielers und mit `'o'` die Felder des 2. Spielers).

Lösungen zu den Verständnisfragen

12.1 Richtig

12.2 b)

12.3 `0 ... 0001`

12.4 3

12.5 b)

12.6 Falsch

12.7 b)

12.8 5

12.9 Richtig

12.10 0

12.11 a)

12.12 `a &= ~5;`

12.13 `1 2 4 8 16 32`

12.14 c)

12.15 Richtig

12.16 c)

12.17 5-ten Bits.

12.18 `(access>>3)&7`

12.19 Richtig

12.20 a)

Lösungen zu den Aufgaben

12.1 Die Ausgabe des Programms:

```
Der Wert oder das Bitmuster einiger Ausdruecke:

 15|16 : 31
 15^17 : 30
 15&18 :  2

 255^15       : 0000 0000 1111 0000
 255^(15<<4)  : 0000 0000 0000 1111
 (255>>4)<<8  : 0000 1111 0000 0000
```

12.2

```
/* -----------------------------------------------------
 * ex12_02.c
 * Die Funktion swapBytes() definieren und testen.
 * -----------------------------------------------------
 */
#include <stdio.h>
unsigned short swapBytes(unsigned short w);

int main()
{
   unsigned short w1 = 0xFF, w2;

   puts("  *** Low-Byte und High-Byte tauschen ***\n");
   w2 = swapBytes(w1);
   printf("Vor dem Tausch:      %04X\n"
          "Nach dem Tausch:     %04X\n", w1, w2);

   w2 = swapBytes(w2);
   printf("Noch mal getauscht: %04X\n", w2);
   return 0;
}

// In einem Rechnerwort Low-Byte und High-Byte tauschen:
unsigned short swapBytes(unsigned short w)
{
    unsigned short v = w<<8;   // Low-Byte -> High-Byte
    w >>= 8;                   // High-Byte -> Low-Byte
    return v | w;              // Ergebnis
}
```

12.3 Die Fehler und mögliche Korrekturen.

a) Statt dem logischen »UND« && muss das bitweise »UND« & verwendet werden, also

```
b = (a>>8) & 0xFF;          // Wert der Bits 8 bis 15.
```

b) Das höchstwertige Bit hat die Nummer `8*sizeof(a) -1`. Richtig ist also:

```
a&(1<<(8*sizeof(a)-1))     // Vorzeichen-Bit
```

c) Hier muss das logische »ODER« || verwendet werden, also

```
if( a<0 || b)     // Falls a kleiner 0 oder b ungleich 0.
```

d) Es werden auch höherwertige Bits gelöscht, da der Typ `int` auch größer als 16 Bit sein kann. Richtig ist also:

```
a &= ~7;          // Das 0., 1. und 2. Bit löschen.
```

12.4

```
/* ----------------------------------------------------
 * ex12_04.c
 * Die Funktion getBitfield() definieren und testen.
* ----------------------------------------------------
 */
#include <stdio.h>

void putbits( unsigned long n);              // Prototypen
unsigned long getBitfield(unsigned long var,
                          int first, int n);

int main()
{
   unsigned long var1, var2;

   puts("** Eine Gruppe von Bits lesen ***\n");

   var1 = 0x8F4F2F1FUL;                  // zum Testen.
   printf("Bitmuster der Variablen:  ");  putbits(var1);
   printf("\nDas ist hexadezimal:      %#lX\n\n", var1);

   var2 = getBitfield( var1, 0, 1);   // Bit 0
   printf("Wert des 0-ten Bits:     %#lX\n", var2);
```

```
   var2 = getBitfield( var1, 3, 3);    // Bit 3-5
   printf("Wert der Bits 3-5:        %#lX\n", var2);

   var2 = getBitfield( var1, 8, 16);   // Bits 8-23
   printf("Wert des 2. und 3. Byte:  %#lX\n", var2);

   var2 = getBitfield( var1, 24, 8);   // Bits 24-31
   printf("Wert des hoechsten Byte:  %#lX\n", var2);
   return 0;
}

// -----------------------------------------------------
// Wert einer Bitgruppe lesen.
// Argumente: Variable, Startbit, Anzahl Bits.
// Return-Wert: der Wert der Bitgruppe oder
//              High-Value von unsigned long, falls eine
//              ungültige Bitgruppe angegeben wurde.

unsigned long getBitfield(unsigned long var,
                          int first, int n)
{
   unsigned long mask = 0;
   int i;
   if( first < 0 || n < 1 ||
       first + n > 8*sizeof(unsigned long) )
       return (unsigned long)-1L;       // Keine Bitgruppe

   for( i = 0; i < n; ++i)    // Die unteren n Bits setzen
       mask |= (1<<i);
   return (var >> first)&mask;
}

void putbits(unsigned long n)   // Bitmuster von n ausgeben
{
    int i;
    for( i = 8*sizeof(n)-1; i >= 0 ; --i)
    {
      putchar( ((n>>i) & 1) + '0');    // i-tes Bit ausgeben
      if( i % 4 == 0  &&  i > 0)       // und nach vier Bits
         putchar(' ');                 // ein Blank.
    }
}
```

12.5
```
/* ----------------------------------------------------
 * ex12_05.c
 * Mit der Funktion setBitfield() einige Bitgruppen
 * setzen und mit getBitfield() wieder auslesen.
 * ----------------------------------------------------
 */
#include <stdio.h>
#include "bitfield.h"

void putbits( unsigned long n);  // Prototypen
                                 // Definition: Lösung 12.4
int main()
{
   unsigned long var1, var2;
   int i;
   puts("   *** Werte von Bitgruppen aendern ***\n");

   var1 = 0UL;                          // zum Testen.
   // In var1 die oberen Halbbytes setzen:
   for( i = 0; i < 4; ++i)
      var1 = setBitfield( var1, 4+8*i, 4, 0xF);
   if( var1 == (unsigned long)-1)
   {  // Dieser Zweig sollte nicht ausgeführt werden!
      puts("Fehler beim Aufruf von setBitfield() !\n");
      return 1;
   }
   printf("Bitmuster der Variablen:  ");  putbits(var1);
   printf("\nDas ist hexadezimal:      %#lX\n\n", var1);

   var2 = getBitfield( var1, 6, 3);   // Bits 6-8
   printf("Wert der Bits 6-8:        %lu\n", var2);

   // Bits 6-8 neu setzen. Wert 8 ist zu groß für 3 Bits!
   var2 = setBitfield( var1, 6, 3, 8);     // Fehler!
   if( var2 == (unsigned long)-1)
      // Dieser Zweig sollte ausgeführt werden!
      puts("\nFehler beim Aufruf von setBitfield() !\n");

   var1 = setBitfield( var1, 6, 3, 4);  // 4 -> Bits 6-8 OK!
   puts("4 wurde in die Bits 6-8 geschrieben.\n"
        "Und wieder auslesen:");
   var2 = getBitfield( var1, 6, 3);
```

```
    printf("Wert der Bits 6-8:  %lu\n", var2);

    var1 = setBitfield( var1, 24,8,0);  // Bits 24-31 löschen
    puts("\nDas hoechstwertige Byte wurde geloescht!");
    printf("Bitmuster der Variablen:  ");  putbits(var1);
    putchar('\n');
    return 0;
}

/* --------------------------------------------------
 * bitfield.h
 * Prototypen der Funktionen aus bitfield.h.
 * --------------------------------------------------
 */
// getBitfield(): Wert einer Bitgruppe lesen.
// Argumente:   Variable, Startbit, Anzahl Bits.
// Return-Wert: Der Wert der Bitgruppe oder
//              High-Value von unsigned long, falls eine
//              ungültige Bitgruppe angegeben wurde.
unsigned long getBitfield(unsigned long var,
                          int first, int n);

// setBitfield(): Den Wert einer Bitgruppe setzen.
// Argumente:   Variable, Startbit, Anzahl Bits,
//              neuer Wert der Bitgruppe.
// Return-Wert: Der neue Wert der Variablen var oder
//              High-Value von unsigned long, falls ein
//              Fehler auftritt.
unsigned long setBitfield(unsigned long var,
                     int first, int n, unsigned long val);

/* --------------------------------------------------
 * bitfield.c
 * Die Funktionen getBitfield() und setBitfield(),
 * die den Wert einer Bitgruppe lesen bzw. neu setzen.
* --------------------------------------------------
 */

// Funktion getBitfield() wie in der Lösung zu 12.4

unsigned long setBitfield(unsigned long var,
                     int first, int n, unsigned long val)
```

```
{
   unsigned long mask = 0;
   int i;
   if( first < 0 || n < 1 ||
       first + n > 8*sizeof(unsigned long) )
       return (unsigned long)-1L;      // Keine Bitgruppe

   for( i = 0; i < n; ++i)             // Die unteren n Bits
       mask |= (1<<i);                 // von mask setzen.
   if( (val & mask) != val)
       return (unsigned long)-1L;      // Wert zu groß.

   var &= ~(mask << first);            // Bitgruppe löschen.
   var |= (val << first);              // Und neu setzen.
   return var;
}
```

12.6

```
/* ----------------------------------------------------
 * ex12_06.c
 * Die Funktion rotateBits() definieren und testen.
 * ----------------------------------------------------
 */
#include <stdio.h>
// Prototypen:
int rotateBits(int val, int n);
void putbits(int a);     // Definition: vgl. Lösung 12.4

int main()
{
   int val1 = (int)0xF0F0F0F0, val2;

   puts("   *** Bits rotieren lassen ***\n");
   printf("\nBitmuster vor dem Rotieren:      ");
   putbits(val1);

   val2 = rotateBits( val1, 5);
   printf("\nUm 5 Positionen nach links:      ");
   putbits(val2);

   val2 = rotateBits( val2, -3);
   printf("\nUnd wieder 3 Positionen zurueck: ");
   putbits(val2);  putchar('\n');
```

```
   return 0;
}

// ---------------------------------------------------
// In einem int Bits nach links (n > 0) oder rechts (n < 0)
// shiften, wobei das Bitmuster als Ring angesehen wird.

int rotateBits(int a, int n)
{
   unsigned int b = (unsigned int)a,
                width = 8*sizeof(int);   // Anzahl Bits.

   n %= width;      // gleichwertiges n mit |n| < width.

    if( n == 0)                        // Nichts zu tun.
        return a;

   // Statt Rechts-Shift (n<0) äquivalenten Links-Shift
   // ausführen:
   if( n < 0)
       n = 8*sizeof(int) + n;    // z.B. -8 -> 32-8 = 24

    a <<= n;
    b >>= width - n;
    return a | (int)b;                 // Ergebnis.
}
```

12.7

```
/* ---------------------------------------------------
 * ex12_07.c
 * Die Funktion bubbleSort() mit Zufallszahlen testen.
 * ---------------------------------------------------
 */
#include <stdio.h>
#include "random.h"  // Makros InitRandom und Random(m,n)
void bubbleSort( int arr[], int len);     // Prototyp

#define LEN 10             // Länge des Zahlenvektors
int arr[LEN];              // Der Vektor.

int main()
{
   int i;                              // Index
```

```
    printf("\n\t*** Bubble-Sort-Algorithmus ***\n");
    InitRandom;
    // Zufallszahlen zwischen -1000 und 1000:
    for( i = 0; i < LEN; ++i)
        arr[i] = Random(-1000, 1000);

    printf("\nDie unsortierten Zahlen:\n");
    for( i = 0; i < LEN; ++i)
        printf("%8d", arr[i]);

    bubbleSort( arr, LEN);          // Sortieren

    printf("\nDie sortierten Zahlen:\n");
    for( i = 0; i < LEN; ++i)
        printf("%8d", arr[i]);
    putchar('\n');
    return 0;
}

/* ------------------------------------------------------
 * bubbleSort.c
 * Die Funktion bubbleSort() implementiert den
 * Sortier-Algorithmus "Bubble Sort" für Ganzzahlen.
 * Zum Tauschen wird der schnelle Bitoperator ^
 * eingesetzt, ohne Verwendung einer Hilfsvariablen.
 * ------------------------------------------------------
 */
// Makro zum Tauschen zweier Ganzzahlen:
#define swap(a,b) { (a) ^= (b); (b) ^= (a); (a) ^= (b);}

// Bubble Sort: In jedem Durchlauf benachbarte Elemente
// vertauschen, bis kein Tauschen mehr notwendig ist und
// der Vektor sortiert ist. Es wird aufsteigend sortiert.

void bubbleSort( int arr[], int len)
{
    int i, sortiert = 0;            // Index und Flag.

    // Sortieren:
    while( !sortiert)               // Solange der Vektor
    {                               // nicht sortiert ist.
      sortiert = 1;
```

```
     for( i = 1; i < len; ++i)
       if( arr[i-1] > arr[i])       // Vergleichen
       {
          sortiert = 0;
          swap( arr[i-1], arr[i]); // Tauschen.
       }
   }
}

/* ------------------------------------------------------
 * random.h
 * Die Makros InitRandom und Random(m,n).
 * ------------------------------------------------------
 */
#include <stdlib.h>         // Prototyp von srand(), rand()
#include <time.h>           // Prototyp von time()

// Initialisierung des Zufallsgenerators:
#define InitRandom  srand((unsigned int)time(NULL))

// Eine ganze Zufallszahl zwischen n und m:
#define Random(m,n) (rand()%((n)+1-(m)) + (m))
```

12.8

```
/* ------------------------------------------------------
 * ex12_08.c
 * Makro bitPattern() testen: Das Bitmuster ganzzahliger
 * Werte unterschiedlichen Typs anzeigen.
 * ------------------------------------------------------
 */
#include <stdio.h>
#include "bitPattern.h"

int main()
{
   long val = 0xF4F2F1F0;
   char bits[10*sizeof(long)];        // 32 Bit und 7 Blanks

   printf(" *** Das Bitmuster ganzer Zahlen. ***\n\n");
   printf("Das Bitmuster von val "
          "als char, short, int und long:\n");
   bitPattern( (char)val, bits);   puts( bits);   //  8 Bit
   bitPattern( (short)val, bits);  puts( bits);   // 16 Bit
```

```
   bitPattern( (int)val, bits);     puts( bits);
   bitPattern( val, bits);          puts( bits);   // 32 Bit

   printf("\nGeben Sie jeweils eine ganze Zahl ein.\n"
          "(Abbruch mit einem Buchstaben.)\n");
   while( scanf("%ld", &val) == 1)
   {
      bitPattern( val, bits);  puts( bits);
   }
   return 0;
}

/* ----------------------------------------------------
 * bitPattern.h
 * Makro bitPattern(), das für jeden ganzzahligen Typ
 * die Funktion bit_pattern() aus bitPattern.c aufruft.
 * ----------------------------------------------------
 */
// n Bits des Bitmusters von val nach pattern kopieren.
void bit_pattern( unsigned long val,
                  unsigned int n, char pattern[]);

// Das Makro bitPattern( val, pattern) ruft die Funktion
// bit_pattern() auf, um das Bitmuster von val in den
// String pattern zu kopieren.
// val kann einen beliebigen ganzzahligen Typ haben.
#define bitPattern( val, pattern) \
        bit_pattern( (unsigned long)val, \
                     8*sizeof(val), pattern);

/* -----------------------------------------------------
 * bitPattern.c
 * Die Funktionen bit_pattern() definieren.
 * Version mit Bitoperatoren.
 * -----------------------------------------------------
 */
// n Bits von val in den String pattern kopieren.
void bit_pattern( unsigned long val,
                  unsigned int n, char pattern[])
{
  int i,                             // Bit-Nr.
      j = 0;                         // Index.
```

```
    if( n > 8*sizeof(long))          // Anzahl Bits zu groß.
    { pattern[0] = '\0';    return;  }

    // Das höchstwertige Bit zuerst:
    for( i = n-1; i >= 0 ;    i)
    {
      pattern[j++] = ((val>>i) & 1) + '0'; // Das i-te Bit
                                           // als Zeichen.
      if( i % 4 == 0  &&  i > 0)        // und nach vier Bits
         pattern[j++] = ' ';            // ein Blank.
    }
    pattern[j] = '\0';                  // Stringende.
}
```

12.9

```
/* ----------------------------------------------------
 * toupper.c
 * Filter zur Umwandlung aller Kleinbuchstaben in
 * Großbuchstaben. (Eingabe von der Tastatur mit der
 * Tastenkombination Strg+Z beenden.)
 * Beispielaufruf mit Umlenkung:
 *       toupper < Orginal.txt  > Ergebnis.txt
 * ----------------------------------------------------
 */
#include <stdio.h>
#define MASK (~0x20)                  // oder:  ~(1<<5)

int main()
{
   int c;

   while( (c = getchar()) != EOF)
   {
      if( c >= 'a' && c <= 'z')     // Falls Kleinbuchstabe,
         c &= MASK;                 // -> Großbuchstabe.
      putchar(c);
   }
   return 0;
}
```

12.10
```
/* ---------------------------------------------------
 * ex12_10.c
 * Ein Spielfeld zufällig belegen und anzeigen.
 * ---------------------------------------------------
 */
#include <stdio.h>
#include "board.h"
#include "random.h"          // Siehe Lösung 12.7
void displayBoard( Board b);

int main()
{
   Board myBoard;
   int i = 0;

   puts("  *** Ein Spielbrett ***\n\n");

   clearBoard( myBoard);             // Alle Felder löschen.
   puts("Einige Steine zufaellig setzen und anzeigen:\n");
   InitRandom;
   // "Steine" setzen. Überschreibungen sind möglich:
   for( i = 0; i < 10; ++i)
   {  // 1. Spieler
      setField( myBoard, Random('A','H'), Random(1,8), 1);
      // 2. Spieler
      setField( myBoard, Random('A','H'), Random(1,8), 2);
   }
   displayBoard( myBoard);
   return 0;
}

void displayBoard( Board b)
{
    int z, i, val;
    char c;

    printf("     A B C D E F G H\n"
           "   -----------------\n");
    for( z = 1; z <= 8; ++z)          // Für jede Zeile
    {
       printf(" %d |", z);
       for( i = 0; i < 8; ++i)
       {
          val = getField( b, 'A'+i, z);
```

```
            if( val == 1)      c = 'x';
            else if( val == 2) c = 'o';
            else               c = ' ';
            printf(" %c", c);
        }
        putchar('\n');
    }
}

/* -----------------------------------------------------
 * board.h
 * Definition des Typs Board und die Prototypen der
 * Funktionen ais board.c
 * -----------------------------------------------------
 */
// Typ eines Spielbretts mit 8x8 Feldern A1, A2, ... H8:
typedef unsigned short Board[8];   // 8 Zeilen: 8 mal 16 Bit

// Das Feld (c,z) des Spielbretts b lesen bzw. neu setzen.
// ( 'A' <= c <= 'H' und 1 <= z <= 8 und 0 <= val <= 3 )
// Der Return-Wert der Funktionen ist der gelesene bzw.
// gesetzte Wert. Im Fehlerfall: -1.
int getField( Board b, char c, int z);
int setField( Board b, char c, int z, int val);

// Alle Felder löschen:
void clearBoard( Board b);

/* -------------------------------------------------------
 * board.c
 * Effektive Darstellung eines Spielbretts mit 8x8 Feldern.
 * Jedes Feld kann vier Zustände speichern (z.B. leer,
 * Spieler1, Spieler2, gesperrt).
 * -------------------------------------------------------
 */
#include "board.h"

// Das Feld (c,z) des Spielbretts b lesen.
// ('A' <= c <= 'H' und 1 <= z <= 8 )
// Return-Wert: Feldinhalt oder
//              -1 im Fehlerfall.
```

```
int getField( Board b, char c, int z)
{
   int s = c - 'A';
   --z;

   // Gültige Spalten- und Zeilennummern?
   if( s < 0 || s > 7 || z < 0 || z > 7 )
      return -1;                      // Unzulässige Nummern
   else
      return (b[z]>>2*s) & 3;
}

// Dem Feld (c,z) des Spielbretts b den Wert val zuweisen.
// ('A' <= c <= 'H' und 1 <= z <= 8 und 0 <= val <= 3 )
// Return-Wert: Der neue Feldinhalt val oder
//              -1 im Fehlerfall.
int setField( Board b, char c, int z, int val)
{
   int s = c - 'A';
   --z;

   // Gültiger Wert und gültige Spalten- und Zeilennummern?
   if( val > 3 || s < 0 || s > 7 || z < 0 || z > 7)
      return -1;                          // Fehler!
   else
   {
      b[z] &= ~(3<<2*s);          // Feld löschen.
      b[z] |= (val<<2*s);         // und neu setzen.
      return val;
   }
}

void clearBoard( Board b)      // Alle Felder löschen.
{
    int i = 0;
    while( i < 8)
        b[i++] = 0;
}
```

Kapitel 13

Zeiger

Ein effektiver Umgang mit Daten erfordert es oft, mit Verweisen auf die Daten zu arbeiten. Beispielsweise ist es bei größeren Datenmengen sinnvoll, an eine Funktion nicht eine Kopie der Datei zu übergeben, sondern lediglich ihre Adresse. So hat die Funktion auch die Möglichkeit, die Daten zu verändern.

- Zeiger definieren

  Ein Zeiger (engl. *Pointer*) repräsentiert die Adresse und den Typ eines Objekts oder einer Funktion. Hat ein Objekt den Typ T, so hat ein Zeiger auf das Objekt den abgeleiteten Typ *Zeiger auf T*, oder kurz T-Zeiger. Beispielsweise ist der Name eines Vektors ein Zeiger auf das erste Vektorelement, also ein Zeiger auf `int`, wenn die Elemente den Typ `int` haben. Ebenso ist für eine `int`-Variable `var` der Ausdruck `&var` ein Zeiger auf `int`. Vektornamen und Ausdrücke wie `&var` sind konstante Zeiger. In C können aber auch *Zeigervariablen* definiert werden, d.h. Variablen, die die Adresse eines anderen Objekts speichern können. Ein Beispiel:

  ```
  float *fPtr;        // Variablen vom Typ Zeiger auf float.
  ```

  Die Variable `fPtr` hat den Typ `float *`, wobei der Stern in einem Typ für »Zeiger auf« steht. Ein Zeiger auf `float` kann die Adresse einer `float`-Variablen speichern. Ist `x` eine `float`-Variable, so zeigt `fPtr` nach folgender Zuweisung auf `x`:

  ```
  fPtr = &x;          // Den Zeiger fptr auf x zeigen lassen.
  ```

  Ein Zeiger, der auf ein Objekt zeigt, ist immer verschieden von `NULL`. Diese Konstante ist in `stdio.h` (und anderen) als Zeiger mit dem Wert `0` definiert.

- Zeiger verwenden

  Der Zugriff auf das referenzierte Objekt erfolgt mit dem Verweisoperator `*`. Ist `ptr` ein Zeiger, so ist `*ptr` das Objekt, auf das `ptr` zeigt. Im obigen Beispiel zeigt `fPtr` auf die Variable `x`, so dass mit `*fPtr = 7;` der Variablen `x` der Wert 7 zugewiesen wird. Es ist auch möglich, mit Zeigern Speicherbereiche zu durchlaufen und Zeiger zu vergleichen. Bei der Addition (oder Subtraktion) einer ganzen Zahl zu einem Zeiger wird automatisch die Objektgröße berücksichtigt! Ist beispielsweise `arr` ein Vektor mit 10 Elementen vom Typ `float`, so sind `arr`, `arr+1`, ..., `arr+9` Zeiger auf die einzelnen Elemente `arr[0]`, `arr[1]`, ..., `arr[9]`. Und nach folgenden Anweisungen

  ```
  fPtr = arr;         // äquivalent mit fPtr = &arr[0].
  ++fPtr;
  ```

  zeigt `fPtr` auf `arr[1]`. In einer Schleife kann `fPtr` so den gesamten Vektor durchlaufen, solange die Bedingung `fPtr < arr+10` erfüllt ist.

Verständnisfragen

13.1 Ein Zeiger repräsentiert die Adresse und den ___________ eines Objekts.

13.2 Für eine Variable `var` ist der Ausdruck `&var` ein Zeiger auf `var`.

☐ Richtig

☐ Falsch

13.3 Die Zeiger `p1` und `p2` haben denselben Typ. Die Zuweisung, um `p2` auf dasselbe Objekt zeigen zu lassen, auf das `p1` zeigt, lautet

a) `p2 = p1;`.

b) `p2 = &p1;`.

c) `p2 = *p1;`.

13.4 Wenn a eine `int`-Variable ist, hat der Ausdruck &a den Typ ___________.

13.5 Gegeben sei eine `double`-Variable `x`. Die Definition eines Zeigers `ptr`, der so initialisiert wird, dass er auf `x` zeigt, lautet ___________________.

13.6 Die Adresse einer Zeigervariablen `ptr` liefert der Ausdruck

a) `ptr`.

b) `*ptr`.

c) `&ptr`.

13.7 Für einen `char`-Zeiger `cPtr` und einen `float`-Zeiger `fPtr` ist `sizeof(cPtr)` kleiner als `sizeof(fPtr)`.

☐ Richtig

☐ Falsch

13.8 C garantiert, das jede gültige Adresse von __________ verschieden ist.

13.9 Gegeben sei der Zeiger `p`, der auf eine `int`-Variable `i` zeigt. Dann bewirkt der Ausdruck `2.5**p`

a) eine Fehlermeldung des Compilers.

b) die Multiplikation der `int`-Variablen `i` mit `2.5`.

c) die Potenzierung von `2.5` mit dem Wert von `p`.

13.10 Der `float`-Zeiger `ptr` enthalte die Adresse 10000. Nach der Zuweisung

```
ptr = ptr + 1;
```

enthält `ptr` die Adresse ____________.

13.11 Seien `arr` ein Vektor und `i` ein Index. Dann liefern die beiden Ausdrücke `arr+i` und `&arr[i]` den gleichen Zeiger.

☐ Richtig

☐ Falsch

13.12 Da der Vektorname `arr` ein Zeiger auf das Element `arr[0]` ist, zeigt `arr` nach der Anweisung `++arr;` auf `arr[1]`.

☐ Richtig

☐ Falsch

13.13 Gegeben seien folgende Definitionen:

```
int a[] = { 10, 20, 30, 40, 50}, sum = 0, *p;
```

Dann durchläuft der Zeiger `p` in der folgenden Schleife den Vektor `a`, um die Summe der Vektorelemente zu bilden:

____

13.14 Die `int`-Zeiger `p1` und `p2` zeigen auf die `int`-Variablen `a1` und `a2`. Dann wird durch folgende Anweisung

```
printf("%d\n", *(p1+p2) );
```

a) der Compiler eine Fehlermeldung ausgeben.

b) zur Laufzeit ein undefinierter Wert angezeigt.

c) der Wert der Summe `*p1+*p2`, also `a1+a2`, angezeigt.

13.15 Nach den Definitionen

```
short a[5], *p = &a[2];
```

hat der Ausdruck `p - a` den Wert ______.

13.16 Die Funktion `calc()` erhält als Argumente einen `int`-Wert und zwei `double`-Zeiger. Sie gibt keinen Wert zurück. Dann lautet der Prototyp der Funktion: ________________________________.

13.17 Sei `var` eine beliebige Variable. Dann liefert der Ausdruck

```
*(unsigned char *)&var
```

das niederwertigste Byte (Low Byte) von `var`.

☐ Richtig

☐ Falsch

13.18 Nach den Definitionen

```
void mul(int *ptr, int i) { *ptr *= i; }
int a = 10, b = 20, *p = &a;
```

können Sie die Funktion `mul()` wie folgt aufrufen:

a) `mul(&a, 2);`

b) `mul(&b, *p);`

c) `mul(p, *p+5);`

13.19 Die Funktionsdefinition

```
int *min(int a, int b) { return a <= b ? &a : &b; }
```

ist korrekt und liefert einen Zeiger auf das kleinere Argument.

☐ Richtig

☐ Falsch

13.20 Die Funktion `func()` besitzt folgenden Prototyp:

```
char *func(void);
```

Dann bewirkt die Anweisung

```
*func() = 'X';
```

a) eine Fehlermeldung des Compilers.

b) die Zuweisung eines neuen Return-Wertes an die Funktion.

c) die Zuweisung eines Wertes an das Objekt, auf das der Return-Wert zeigt.

Aufgaben

13.1 Was gibt folgendes Programm auf dem Bildschirm aus?

```
#include <stdio.h>
void inc( int *p) {  ++*p; }

int main()
{
   int a[] = { 10, 20 }, i = 0;

   printf("  *** Demo mit Zeigern als Parameter ***\n");
```

```
    inc(a);
    inc(&i);
    inc(&a[i]);
    inc(a+i);

    printf("\nErgebnis: i      = %2d\n"
           "          a[0] = %2d\n"
           "          a[1] = %2d\n", i, a[0], a[1]);
    return 0;
}
```

13.2 Die Variablen x und p seien wie folgt definiert:

```
double x = 2.5, *p = &x;
```

Angenommen, x hat die Adresse 0x12FF40 und p hat die Adresse 0x12FF48. Tragen Sie die Werte der Variablen x, p, *p und &p in die Grafik ein:

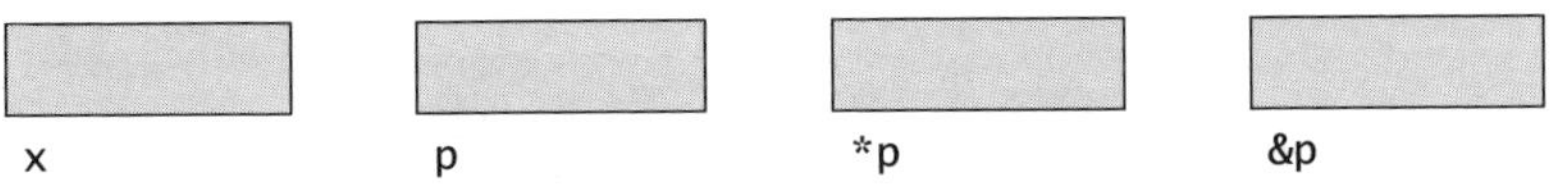

13.3 Bestimmen und korrigieren Sie die Fehler in den folgenden Anweisungen.

a)

```
int *iPtr;
*iPtr = 10;
```

b)

```
double x = 1.5,
        void func( int, double *);    // Prototyp.
func( 2, x);                          // Aufruf.
```

c)

```
int n = -1, *p1 = &n;
float *p2;
p2 = p1;            // p2 auch auf n zeigen lassen.
```

d)

```
int arr[10], *p = arr;
*(p+10) = 0;                 // 0 -> letztes Element.
```

e)

```
char *password()
{ char pw[] = "YZARC";  return pw; }
```

13.4 Die Funktion `bubbleSort()` der Aufgabe 12.7 soll weiter optimiert werden. Implementieren Sie die Funktion als Zeigerversion, das heißt, verwenden Sie Zeiger statt Indizes, um den Vektor zu durchlaufen. Der Prototyp der Funktion und das Makro `swap` zum Tauschen bleiben unverändert.

13.5 Schreiben Sie eine Funktion `cone()`, die das Volumen, die Mantelfläche und die gesamte Oberfläche (also inkl. der Grundfläche) eines senkrechten Kegels berechnet.

Die Funktion erhält fünf Argumente: den Radius des Grundkreises, die Höhe des Kegels und drei `double`-Zeiger auf Variablen, in die die Funktion die Ergebnisse zurückschreibt. Die Funktion gibt `0` zurück, falls der Radius oder die Höhe negativ ist, andernfalls `1`.

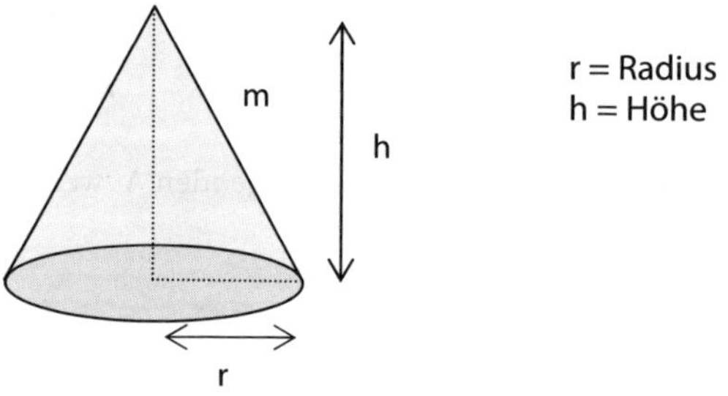

Hinweis: Verwenden Sie folgende Formeln:

```
Volumen      = (π*r²*h)/3
Mantelfläche = π*m*h
Oberfläche   = π*r*(r+m)
```

Dabei ist `m` die Mantellinie, also `m² = r² + h²`,
und π die Kreiskonstante, also `π = 3,141593`.

Testen Sie die Funktion, indem Sie in einer Schleife vom Anwender jeweils einen Radius und eine Höhe einlesen und die Werte des entsprechenden Kegels anzeigen. Das Programm soll durch eine ungültige Eingabe, z.B. einen Buchstaben, beendet werden.

Zur Kontrolle: Mit Radius 1 und Höhe 2 hat der Kegel
das Volumen 2,09, die Mantelfläche 7,02 und die Gesamtfläche 10,17.

13.6 Was gibt folgendes Programm auf dem Bildschirm aus?

```
#include <stdio.h>
int arr[] = { -20, -10, 0, 10, 20 };

int main()
{
   int *p, i;

   puts("  *** Demo mit Zeigern und Vektoren ***\n");

   p = arr;
   while( p < arr+5)
      printf("%6d", *p++);
   putchar('\n');

   while( p-- > arr)
      printf("%6d", *p);
   putchar('\n');

   for( p=arr+2, i=0; i < 3; ++i)
      printf("%6d%6d\n", p[-i], p[i]);
   putchar('\n');
   return 0;
}
```

13.7 Schreiben Sie eine Funktion `strIcmp()`, die zwei Strings lexikografisch vergleicht, wobei ein Kleinbuchstabe vom entsprechenden Großbuchstaben nicht unterschieden wird. Dafür steht im Funktionsnamen das I (= ignore).

Die Funktion besitzt zwei Parameter vom Typ `const char *`. Diese »Zeiger auf `const char`« können nur lesen, so dass als Argumente auch konstante Strings übergeben werden dürfen. Wie bei der Standardfunktion `strcmp()` ist der Return-Wert

  0, wenn beide Strings gleich sind.
> 0, wenn der erste String größer als der zweite String ist.
< 0, wenn der erste String kleiner als der zweite String ist.

Implementieren Sie die Funktion als Zeigerversion, das heißt, verwenden Sie Zeiger, um die `char`-Vektoren zu durchlaufen. Verwenden Sie auch eines der Standardmakros `tolower()` oder `toupper()`, die in `ctype.h` definiert sind.

Rufen Sie die Funktion mit zwei Strings auf, die der Anwender eingibt, und zeigen Sie das Ergebnis am Bildschirm an.

13.8 Definieren Sie die Funktion `find_int()`, die in einem beliebigen Vektor mit `int`-Elementen einen bestimmten Wert sucht. Sie liefert einen Zeiger auf das erste gefundene Element oder den Null-Zeiger, falls der Wert nicht vorhanden ist. Als Argumente erhält die Funktion den gesuchten Wert, den Vektor und seine Länge.

Testen Sie die Funktion, indem Sie zunächst die Elemente eines `int`-Vektors anzeigen, in dem Werte auch mehrfach vorkommen. Anschließend wird in einer Schleife vom Anwender jeweils eine ganze Zahl eingelesen und durch wiederholten Aufruf von `find_int()` alle Positionen der Zahl im Vektor angezeigt. Das Programm soll durch eine ungültige Eingabe, z.B. einen Buchstaben, beendet werden.

13.9 Erstellen Sie eine Funktion `lotto()` ohne Parameter, die mit jedem Aufruf 6 zufällige Lottozahlen (»6 aus 49«) und eine Zusatzzahl liefert (vgl. auch Aufgabe 9.7). Zur Erzeugung der Zufallszahlen können Sie die Makros `InitRandom` und `Random` aus der Lösung zu Aufgabe 7.3 verwenden. Die Funktion `lotto()` soll folgende Anforderungen erfüllen:

- Nur beim ersten Aufruf wird zu Beginn der Zufallsgenerator initialisiert.
- Die Funktion gibt einen Zeiger auf einen statischen Vektor mit 7 `int`-Elementen zurück, der die 6 Lottozahlen und eine Zusatzzahl enthält.
- Die ersten 6 Lottozahlen sind aufsteigend sortiert. Eine neue Zufallszahl, die nicht schon im Vektor vorhanden ist, soll direkt an der richtigen Stelle im Vektor eingefügt werden.

Testen Sie die Funktion, indem Sie die Funktion dreimal aufrufen und jeweils das Ergebnis der Lottoziehung anzeigen.

13.10 Die Funktion `statistik()` soll die folgenden vier Größen einer Datenreihe berechnen: Das Minimum, das Maximum, den Mittelwert und die Standardabweichung. Für den Mittelwert *m* und die Standardabweichung gelten die Formeln:

$$m = \frac{1}{n}\sum_{i=1}^{n} x_i$$

$$\sigma = \sqrt{\sigma^2} \text{ und } \sigma^2 = \frac{1}{n-1}\sum_{i=1}^{n}(x_i - m)^2$$

Dabei ist *n* die Anzahl der Werte x_i.

Die ersten zwei Argumente der Funktion sind ein `double`-Vektor mit den Werten und ihre Anzahl. Außerdem erhält die Funktion als Argumente drei `double`-Zeiger auf Variablen, in die die Funktion das Minimum, das Maximum und den Mittelwert zurückschreibt. Jeder Zeiger darf auch der Null-

Zeiger sein, wenn der Aufrufer den entsprechenden Wert nicht benötigt. Der Return-Wert der Funktion ist die Standardabweichung.

Testen Sie die Funktion mit einem geeignet initialisierten Vektor. Beispielsweise ist für die Reihe 1, 0, -2, -1, 2 die Standardabweichung 1,58.

Lösungen zu den Verständnisfragen

13.1 Typ

13.2 Richtig

13.3 a)

13.4 `int *`

13.5 `double *ptr = &x;`

13.6 c)

13.7 Falsch

13.8 `0` (oder `NULL`)

13.9 b)

13.10 `10004      // 10000 + sizeof(float)`

13.11 Richtig

13.12 Falsch (`arr` ist ein konstanter Zeiger.)

13.13 `for( p=a; p < a+5; ++p) sum += *p;`

13.14 a) (Zeiger können nicht addiert werden.)

13.15 `2`

13.16 `void calc( int, double*, double*);`

13.17 Richtig

13.18 a), b) und c)

13.19 Falsch (`a` und `b` sind temporäre, lokale Variablen.)

13.20 c)

Lösungen zu den Aufgaben

13.1 Die Ausgabe des Programms:

```
*** Demo mit Zeigern als Parameter ***
```

```
Ergebnis: i    =  1
          a[0] = 11
          a[1] = 22
```

13.2 Die gesuchten Werte:

x	p	*p	&p
2.5	0x12FF40	2.5	0x12FF48

13.3 Die Fehler und mögliche Korrekturen.

a) Der Zeiger `iPtr` zeigt auf kein Objekt! Richtig ist beispielsweise:

```
int n, *iPtr = &n;
*iPtr = 10;            // n = 10;
```

b) Beim Aufruf muss ein Zeiger auf `x` übergeben werden. Richtig ist also:

```
func( 2, &x);           // Aufruf.
```

c) Bei der Zuweisung von Zeigern müssen diese den gleichen Typ haben oder es muss gecastet werden.

```
int n = -1, *p1 = &n;    float *p2;
p2 = (float *)p1;    // p2 auch auf n zeigen lassen.
```

Vorsicht! Beim Lesen mit `p2` wird das Bitmuster von `n` als `float` interpretiert.

d) Das letzte Element des Vektors `arr` hat den Index 9. Richtig ist also:

```
*(p+9) = 0;                  // 0 -> letzte Element.
```

e) Der `char`-Vektor `pw` wird beim Verlassen der Funktion zerstört. Damit er bestehen bleibt und ein Zeiger darauf zurückgegeben werden kann, muss er als `static` deklariert werden.

```
char *password()
{ static char pw[] = "YZARC";  return pw; }
```

13.4

```
/* ------------------------------------------------------
 * bubbleSort.c  (Zeigerversion)
 * Die Funktion bubbleSort() implementiert den
 * Sortier-Algorithmus "Bubble Sort" für Ganzzahlen.
* ------------------------------------------------------
*/
```

```
// Makro zum Tauschen zweier Ganzzahlen:
#define swap(a,b) { (a) ^= (b); (b) ^= (a); (a) ^= (b);}

// Bubble Sort: In jedem Durchlauf benachbarte Elemente
// vertauschen, bis kein Tauschen mehr notwendig ist und
// der Vektor sortiert ist. Es wird aufsteigend sortiert.

void bubbleSort( int arr[], int len)
{
   int *p1, *p2, sortiert = 0;      // Zeiger und Flag.

   // Sortieren:
   while( !sortiert)                // Solange der Vektor
   {                                // nicht sortiert ist.
      sortiert = 1;
      p1 = arr;                     // p1 + 1 == p2
      p2 = arr+1;
      for(  ; p2 < arr+len; ++p1, ++p2)
        if( *p1 > *p2)              // Vergleichen
        {
           sortiert = 0;
           swap( *p1, *p2);         // Tauschen.
        }
   }
}
```

13.5

```
/* --------------------------------------------------
 * ex13_05.c
 * Funktion cone() liefert Volumen und Flächen eines Kegels.
 * --------------------------------------------------
 */
#include <stdio.h>

int cone( double r, double h,
          double *pv, double *pm, double *po);

int main()
{
   double radius = 0, height = 0;
   double volume = 0, surface = 0, area = 0;

   puts("*** Volumen und Oberflaeche eines Kegels. ***\n");
```

```
   puts("Geben Sie jeweils Radius und Hoehe ein.\n"
        "(Abbruch mit einem Buchstaben.)\n");

   while(1)
   {
      printf("Radius des Grundkreises: ");
      if( scanf("%lf", &radius) < 1)
         break;
      printf("Hoehe des Kegels:        ");
      if( scanf("%lf", &height) < 1)
         break;

      if( !cone( radius, height, &volume, &surface, &area))
         break;            // Schleife + Programm beenden.

      printf("Volumen:       %8.2f\n"
             "Mantelflaeche: %8.2f\n"
             "Gesamtflaeche: %8.2f\n",
                             volume, surface, area);
   }
   return 0;
}

/* ------------------------------------------------------
 * cone.c
 * Die Funktion cone() berechnet das Volumen, die
 * Mantelfläche und die gesamte Oberfläche eines Kegels.
 * ------------------------------------------------------
 */
#include <math.h>                // für sqrt()
#define PI  3.141593             // Kreiskonstante.

int cone( double r, double h,
          double *pv, double *ps, double *pa)
{
   double m = sqrt(r*r + h*h);   // Mantellinie
   if( r <= 0 || h <= 0)
      return 0;

   *pv = PI*r*r*h/3;          // Volumen
   *ps = PI*r*m;              // Mantelfläche
   *pa = PI*r*(r+m);          // Gesamtfläche
```

```
   return 1;
}
```

13.6 Die Ausgabe des Programms:

```
  *** Demo mit Zeigern und Vektoren ***

   -20   -10     0    10    20
    20    10     0   -10   -20
     0     0
   -10    10
   -20    20
```

13.7

```
/* ----------------------------------------------------
 * ex13_07.c
 * Die Funktion strIcmp() testen.
 * ----------------------------------------------------
 */
#include <stdio.h>
// Prototyp:
int strIcmp( const char *s1, const char *s);

int main()
{
   char str1[256], str2[256], *cmp;
   int result;

   puts(" *** Vergleich zweier Strings. ***\n"
   "ohne Unterscheidung von Klein- und Grossbuchstaben\n");

   puts("Geben Sie zwei Zeilen Text ein:");
   gets(str1);
   gets(str2);

   result = strIcmp( str1, str2);
   if( result < 0)          cmp = "kleiner als";
   else if( result == 0)    cmp = "gleich mit";
   else                     cmp = "groesser als";

   printf("\n\"%s\"\nist %s\n\"%s\"\n", str1, cmp, str2);
```

```
   return 0;
}

/* ------------------------------------------------------
 * strIcmp.c
 * Die Funktion strIcmp() vergleicht zwei Strings
 * lexikografisch ohne Unterscheidung von Klein- und
 * Großbuchstaben. Return-Wert:
 * 0, falls s1 gleich s2 ist, und
 * kleiner (größer) 0, falls s1 kleiner (größer) s2 ist.
 * ------------------------------------------------------
 */
#include <ctype.h>              // für toupper()
int strIcmp( const char *s1, const char *s2)
{
   int c1, c2;
   do
   {  c1 = toupper(*s1);  ++s1;
      c2 = toupper(*s2);  ++s2;
   } while( c1 == c2 && c1 != '\0');

   return c1 - c2;
}
```

13.8

```
/* ------------------------------------------------------
 * ex13_08.c
 * Die Funktion find_int() testen
 * ------------------------------------------------------
 */
#include <stdio.h>

int *find_int( int val, int *arr, int len);  // Prototyp
// Ein Vektor zum Testen:
int arr[] = { 7, 0, 11, 7, 3, 0, 9, 7, 15, 6};
// Und seine Länge:
int len = sizeof(arr)/sizeof(int);

int main()
{
   int val = 0, *ptr = 0;
```

```
   puts(" *** Wert in einem Vektor suchen. ***\n"
        "\nDer Vektor:");
   for( ptr = arr; ptr < arr+len; ++ptr)
      printf("%4d", *ptr);

   puts("\nGeben Sie jeweils eine ganze Zahl ein.\n"
        "(Abbruch mit einem Buchstaben.)");

   while( scanf("%d", &val) == 1)
   {
      if( (ptr = find_int( val, arr, len)) == NULL)
         printf("%d nicht gefunden!\n", val);
      else
      {
         printf("%d gefunden! Position(en): %d ",
                                          val, ptr+1-arr);
         // Im Vektor ab ptr+1 weitersuchen:
         while((ptr = find_int(val, ptr+1, len-(ptr+1-arr)))
                                                != NULL )
            printf("%d ", ptr+1-arr);
         putchar('\n');
      }
   }
   return 0;
}

/* ----------------------------------------------------------
 * find_int.c
 * Die Funktion find_int() sucht in einem int-Vektor
 * einen bestimmten Wert. Return-Wert:
 * Zeiger auf den ersten gefundenen Wert oder NULL, falls
 * der Wert nicht vorhanden ist.
 * ----------------------------------------------------------
 */
int *find_int( int val, int *arr, int len)
// oder falls keine Änderungen mittels des zurückgegebenen
// Zeigers erlaubt werden sollen:
// const int *find_int( int i, const int *arr, int len)
{
   int *p = arr, *last = arr+len-1;

   while( p <= last && val != *p)
      ++p;
```

```
    if( p <= last)  return p;
    else            return 0;
}
```

13.9

```
/* --------------------------------------------------------
 * ex13_09.c
 * Funktion lotto() aus lotto.c testen.
 * --------------------------------------------------------
 */
#include <stdio.h>

int *lotto(void);                  // Prototyp

int main()
{
    int i, j, *lz = 0;             // Indizes, Zeiger.

    puts("\n*** Lottozahlen mit Zusatzzahl ***\n");
    puts("Hier sind drei Lottotipps:\n");

    for( i = 0; i < 3; ++i)
    {
        lz = lotto();
        printf("Tipp 6 aus 49: ");      // Lottozahlen
        for( j = 0; j < 6; ++j)         // anzeigen.
          printf("%4d", lz[j]);

        printf("\nZusatzzahl:    %4d\n\n", lz[6]);
    }
    return 0;
}

/* --------------------------------------------------------
 * lotto.c
 * Die Funktion lotto(), die 6 Lottozahlen ("6 aus 49")
 * und eine Zusatzzahl "zufällig" auswählt und zurückgibt.
 * --------------------------------------------------------
 */
// Die Makros InitRandom und Random:
#include "random.h"          // Siehe Lösung 12.7
```

```
int *lotto()
{
   static int lotto[7];      // 6 Lottozahlen mit Zusatzzahl.
   int i, j, k, z;           // Indizes, Zufallszahl.

   if( lotto[0] == 0)        // Noch keine Lottozahlen
      InitRandom;            // => erster Aufruf.

   for( i = 0; i < 7; )
   {
       z = Random(1,49);             // Eine Zufallszahl
                                     // zwischen 1 und 49.
       // Einfügeposition suchen:
       for( j = 0; j < i && z > lotto[j]; ++j)
           ;
       if( j < i && z == lotto[j]) // Zahl schon vorhanden?
           continue;                 // ja!

       if( i == 6)                   // Zusatzzahl?
           lotto[i] = z;             // ja.
       else                          // z an der Stelle j
       {                             // einfügen.
         for( k = i; k > j; --k)
            lotto[k] = lotto[k-1];
         lotto[k] = z;
       }
       ++i;
   }
   return lotto;             // Zeiger auf die Lottozahlen.
}
```

13.10

```
/* ----------------------------------------------------
 * statistics.c
 * Die Funktion statistics() berechnet das Minimum,
 * das Maximum, den Mittelwert und die Standardabweichung
 * einer Datenreihe.
 * ----------------------------------------------------
 */
#include <math.h>      // Prototyp sqrt()

// Argumente: Ein double-Vektor, seine Länge und drei
// double-Zeiger, um Minimum, Maximum und Mittelwert
```

```
// zurückzuschreiben. Die Zeiger dürfen Null-Zeiger sein.
// Return-Wert: Die Standardabweichung.

double statistics( double *x, int n,
                   double *pmin, double *pmax, double *pavr)
{
   double *p, m = 0.0,          // Zeiger, Mittelwert,
          s = 0.0;              // Standardabweichung.

   if( n <= 0)
       return -1.0;

   if( pmin != 0)
   {                                // Minimum finden.
      *pmin = x[0];
      for( p = x+1; p < x+n; ++p)
         if( *p < *pmin)
            *pmin = *p;
   }
   if( pmax != 0)
   {                                // Maximum finden.
      *pmax = x[0];
      for( p = x+1; p < x+n; ++p)
         if( *p > *pmax)
            *pmax = *p;
   }
   // Mittelwert:
   for( p = x; p < x+n; ++p)
       m += *p;
   m = m/n;
   if( pavr != 0)
      *pavr = m;

   // Standardabweichung:
   if( n > 1)
   {
      for( p = x; p < x+n; ++p)
         s += (*p - m)*(*p - m);
      s = sqrt( s/(n-1));
   }
   return s;
}
```

Kapitel 14

Dynamische Speicherplatzverwaltung

Bei der Entwicklung eines Programms ist oft nicht bekannt, wie viele Daten zu verarbeiten sind. Daher ist es notwendig, Speicher dynamisch, d.h. zur Laufzeit des Programms, zu reservieren und wieder freizugeben. Der Speicher kann so flexibel dem aktuellen Bedarf angepasst werden, z.B. zur Darstellung dynamischer Datenstrukturen wie »verkettete Listen«. Die Standardbibliothek stellt dafür vier Funktionen bereit, die in der Header-Datei `stdlib.h` deklariert sind.

- Speicher dynamisch reservieren

  Die zentrale Funktion `malloc()`, »memory allocation«, reserviert dynamisch einen Speicherblock und besitzt folgenden Prototyp:

  ```
  void *malloc( size_t size);
  ```

  Das Argument legt die Größe des angeforderten Speicherblocks in Anzahl Bytes fest. Der Typ `size_t` ist in `stdlib.h` gewöhnlich als `unsigned int` definiert. Als Return-Wert liefert die Funktion die Anfangsadresse des Speicherblocks als `void`-Zeiger. Dieser muss je nach Verwendung des Speicherblocks in einen anderen Typ konvertiert werden. Falls nicht genügend Speicher verfügbar ist, gibt `malloc()` den Null-Zeiger zurück. Ein Beispiel:

  ```
  int *ptr;
  if( (ptr = (int *)malloc(10*sizeof(int)) != NULL)
  { /*  Speicher verwenden. */  }
  ```

  Hier wird Speicher für einen Vektor mit 10 `int`-Elementen reserviert. Der Cast `(int*)` ist nicht notwendig, da der Compiler einen `void`-Zeiger auch implizit in einen anderen Zeigertyp konvertiert. Der reservierte Speicher ist nicht initialisiert. Eine Alternative zu `malloc()` ist daher die Funktion `calloc()`, die jedes Byte des reservierten Blocks mit 0 initialisiert. Außerdem werden der Funktion die Anzahl und die Größe eines einzelnen Elements getrennt übergeben. Das vorstehende Beispiel mit `calloc()` lautet daher:

  ```
  if( (ptr = (int *)calloc(10, sizeof(int)) != NULL) { ... }
  ```

- Dynamisch reservierten Speicher freigeben oder seine Größe ändern.

  Die Funktion `realloc()` mit dem Prototyp

  ```
  void *realloc( void *ptr, size_t size);
  ```

  ersetzt den dynamisch reservierten Speicherblock, auf den das erste Argument zeigt, durch einen neuen Block der Größe `size` und kopiert, soweit möglich, den Inhalt des alten Blocks in den neuen. Die Startadresse des neuen Blocks, die die Funktion zurückgibt, kann mit der Adresse des alten Blocks übereinstimmen. Nicht mehr benötigter dynamischer Speicher wird mit der Funktion `free()` freigegeben. Das Argument ist ein Zeiger, der zuvor von `malloc()`, `calloc()` oder `realloc()` zurückgegeben wurde, zum Beispiel `free(ptr);`.

Verständnisfragen

14.1 Zur dynamischen Reservierung eines neuen Speicherblocks stehen in C die Funktionen ______________ und ______________ zur Verfügung.

14.2 Ein dynamisch reservierter Speicherblock stellt stets einen lückenlosen, zusammenhängenden Speicherbereich dar.

☐ Richtig

☐ Falsch

14.3 Wenn `iPtr` ein `int`-Zeiger ist, enthält `iPtr` nach der Anweisung

```
iPtr = (int *)malloc(5);
```

den Wert `0` oder die Adresse eines Speicherblocks für 5 `int`-Werte.

☐ Richtig

☐ Falsch

14.4 Gegeben seien ein `float`-Zeiger `fPtr` und eine `int`-Variable `n`. Dann reserviert folgende Anweisung Speicherplatz für einen Vektor mit `n` `float`-Elementen (ohne Prüfung des Return-Wertes):

a) `fPtr = (float *)malloc(n*sizeof(float));`

b) `fPtr = malloc(n*sizeof(float));`

c) `fPtr = calloc(n, sizeof(float));`

14.5 Sei `lPtr` ein `long`-Zeiger. Dann reserviert die folgende Anweisung Speicher für einen Vektor mit 100 `long`-Elementen und initialisiert alle Elemente mit 0, sofern genügend Speicher zur Verfügung steht:

____

14.6 Der Zeiger `dPtr` zeige auf das erste Element eines dynamisch erzeugten Vektors mit 100 `double`-Elementen. Dann wird mit

```
dPtr[1] = 2.2;
```

dem zweiten Element der Wert `2.2` zugewiesen.

☐ Richtig

☐ Falsch

14.7 Wenn der Zeiger `ptr` auf den Anfang eines dynamisch reservierten Speicherblocks zeigt, liefert der Ausdruck `sizeof(*ptr)` die Größe des Speicherblocks in Anzahl Bytes.

☐ Richtig

☐ Falsch

14.8 Gegeben sei folgender dynamisch erzeugter `int`-Vektor:

```
int *p = malloc( 10*sizeof(int));
```

Dann ist das erste Element des Vektors

a) `p`.

b) `*p`.

c) `p[0]`.

14.9 Die Anweisung, um den dynamisch reservierten Speicherblock freizugeben, auf den der Zeiger `p` zeigt, lautet ________________.

14.10 Im Anschluss an die Definitionen

```
int arr[10], *iPtr = arr;
```

bewirkt die Anweisung `free(iPtr);`

a) die Freigabe des durch den Vektor `arr` belegten Speichers.

b) eine Fehlermeldung des Compilers.

c) eine Fehlermeldung zur Laufzeit des Programms.

14.11 Gegeben sei ein `int`-Zeiger `iPtr`, der auf das erste Element eines dynamisch erzeugten Vektors mit 10 `int`-Elementen zeigt. Dann wird mit

```
free(iPtr+5);
```

der Speicher des Vektors ab dem Element mit dem Index 5 freigegeben.

☐ Richtig

☐ Falsch

14.12 Wenn für einen dynamisch reservierten Speicherblock nicht die Funktion `free()` aufgerufen wird, so wird der Speicherblock

a) freigegeben, wenn das Programm beendet wird.

b) automatisch freigegeben, wenn kein Zeiger mehr auf ihn verweist.

c) nie freigegeben.

14.13 Nach dem Aufruf der Funktion `free()` kann nicht überprüft werden, ob der dynamisch reservierte Speicher erfolgreich freigegeben wurde.

☐ Richtig

☐ Falsch

14.14 Die folgende Zeile definiert einen Zeiger `mp` auf einen Vektor mit 10 Elementen vom Typ `int`:

```
int (*mp)[10];
```

Dann reserviert die folgende Anweisung dynamisch Speicher für eine 5x10-Matrix (= zweidimensionaler Vektor mit 5 Zeilen und 10 Spalten) mit `int`-Elementen und `mp` zeigt auf die erste Zeile der Matrix:

____

14.15 Sei `mp` ein Zeiger, der auf die erste Zeile einer dynamisch reservierten 5x10-Matrix mit `int`-Elementen zeigt. Dann wird durch

```
mp[4][0] = 100;
```

dem ersten Element in der letzten Zeile der Wert 100 zugewiesen.

☐ Richtig

☐ Falsch

14.16 Mit der Funktion _______________ kann die Größe eines dynamisch reservierten Speicherblocks verkleinert oder vergrößert werden.

14.17 Gegeben seien zwei `float`-Zeiger `fp1` und `fp2`, wobei `fp1` auf einen dynamischen Speicherblock für 1000 `float`-Werte zeigt. Die Anweisung, um den Speicherblock zu verdoppeln, so dass `fp2` auf den neuen Block zeigt, lautet (ohne Prüfung des Return-Wertes):

____

14.18 Bei der Vergrößerung eines dynamisch reservierten Speicherblocks mit `realloc()` kann es notwendig werden, den Speicherblock zu verschieben. In einem solchen Fall werden die Daten des alten Blocks automatisch in den neuen Block kopiert.

☐ Richtig

☐ Falsch

14.19 Beim Aufruf von `realloc()` kann es vorkommen, dass der angeforderte Speicherplatz nicht zur Verfügung steht. Daher muss der Programmierer vor dem Aufruf die Daten des alten Blocks sichern.

☐ Richtig

☐ Falsch

14.20 Die Funktion `func()` gibt einen Zeiger auf einen dynamisch reservierten Speicherblock zurück. Für die Freigabe des Speichers gilt dann:

a) Nur die Funktion selbst kann den Speicher wieder freigeben.

b) Der Aufrufer der Funktion sollte den Speicher freigeben, wenn er ihn nicht mehr benötigt.

c) Der Speicher bleibt zwangsläufig bis zur Beendigung des Programms reserviert.

Aufgaben

14.1 Schreiben Sie die erforderlichen Anweisungen, um

a) Speicher für einen Vektor mit 100 `double`-Elementen dynamisch zu reservieren. Wenn die Reservierung erfolgreich war, sollen den Elementen die Werte `0.0`, `0.1`, `0.2`, `...`, `9.8`, `9.9` zugewiesen werden.

b) den Speicher für den Vektor aus a) zu verdoppeln. Wenn diese Aktion erfolgreich war, soll die erste Hälfte des Vektors in die zweite Hälfte kopiert werden.

c) den Speicher für den gesamten Vektor freizugeben.

14.2 Bestimmen und korrigieren Sie die Fehler in den folgenden Anweisungen.

a)

```
int p = malloc(sizeof(int));
```

b)

```
double *p = malloc( sizeof(float));
*p = 7.5;
```

c)

```
long *p1 = calloc( 10, sizeof(long)),
     *p2 = calloc( 10, sizeof(long));
p1 = p2;            // p2 an p1 zuweisen.
```

d)

```
char *s = calloc( 100, sizeof(char));
 . . .
free(*s);
```

e)

```
float *p1, *p2 = malloc( 10*sizeof(float));
p1 = p2;
free(p1);
free(p2);
```

14.3 Schreiben Sie die Funktion `strReverse()`, die einen String invertiert, das heißt, einen String in umgekehrter Reihenfolge in einen neuen String kopiert und diesen zurückgibt. Die Funktion erhält als Argument den zu invertierenden String und gibt einen Zeiger auf den neuen String zurück. Der Return-Wert ist der Null-Zeiger, falls nicht genügend Speicher für den neuen String zur Verfügung steht.

Verwenden Sie die Funktion `strReverse()` für ein Programm, das in einer Schleife jeweils ein Wort von der Tastatur einliest und überprüft, ob das Wort ein Palindrom ist. Ein Palindrom ergibt von vorn und von hinten gelesen dasselbe Wort. Palindrome sind beispielsweise »otto« und »LAGERREGAL«.

Hinweis: Vergessen Sie nicht, in jedem Schleifendurchlauf den von `strReverse()` reservierten Speicher wieder freizugeben.

14.4 Schreiben Sie eine Funktion `substring()`, die aus einem String einen Teilstring in einen neuen String kopiert und diesen zurückgibt. Der Teilstring ist durch die Startposition (= Index des ersten Zeichens) und die Anzahl der Zeichen (= Länge des Teilstrings) festgelegt.

Als Argumente erhält die Funktion einen String, die Startposition und die Länge des Teilstrings. Der Return-Wert ist ein Zeiger auf den neuen Teilstring oder der Null-Zeiger, wenn nicht genügend Speicher vorhanden ist oder die Startposition nicht vor dem Stringende liegt. Es soll höchstens bis zum Stringende kopiert werden.

Testen Sie die Funktion mit einem String, der vom Anwender eingegeben wird. Auch die Startposition und die Länge des Teilstrings bestimmt der Anwender.

14.5 Schreiben Sie eine Funktion `addArr()`, die elementweise die Summe zweier gleich langer Vektoren bildet und das Ergebnis in einem dynamisch erzeugten Vektor speichert. Die Vektorelemente haben den Typ `double`.

Die Funktion erhält drei Argumente: die beiden Vektoren, die unverändert bleiben, und ihre gemeinsame Länge. Der Return-Wert ist ein Zeiger auf den neuen Vektor oder NULL, falls nicht genügend Speicher vorhanden ist.

Testen Sie die Funktion, indem Sie zwei Vektoren mit Werten Ihrer Wahl initialisieren und die Vektoren mit ihrer Summe anzeigen. Geben Sie danach den Speicherplatz des neuen Vektors explizit frei.

14.6 Korrigieren Sie die Fehler im folgenden Programm und testen Sie Ihre Version. Die Fehler betreffen das Reservieren und Freigeben von Speicher.

```
#include <stdio.h>
#include <stdlib.h>      // Für malloc(), calloc(), ...
#include <string.h>      // Für memcpy().

// getData(): Messwerte einlesen.
// Parameter plen: Für die Rückgabe der Länge.
// Return-Wert: Zeiger auf die Daten.
double *getData(int *plen)
{
   double *pData, *p1, *p2;
   int maxlen = 10;

   p1 = pData = malloc( maxlen);   // Platz für 10 Zahlen.
   while( scanf("%lf", p1) == 1)   // Daten einlesen.
   {
      if( ++p1 == pData + maxlen)
      {                            // Mehr Platz reservieren.
         p2 = malloc(maxlen+10);
         memcpy( p2, pData, maxlen);  // Daten kopieren.
         pData = p2;                  // Neuer Block.
         p1 = pData + maxlen;         // Nächster freier Platz.
         maxlen += 10;                // Neue Länge.
      }
   }
   *plen = p1 - pData;                // Anzahl Elemente;
   return pData;
}

int main()
{
   double *pData, *ptr;        // Zeiger auf die Daten.
   int len;                    // Anzahl Werte.

   puts("Messwerte eingeben:\n"
       "(Ende mit Buchstaben.)\n");
   pData = getData(&len);

   // Daten anzeigen;
   ptr = pData + len;          // Ende der Daten
```

```
    while( pData < ptr)
        printf("%8.2f", *pData++);
    putchar('\n');

    free(pData);                  // Speicher freigeben.
    return 0;
}
```

14.7 Schreiben Sie eine Funktion `merge()`, die den »Merge-Algorithmus« implementiert, d.h. zwei aufsteigend sortierte Vektoren in einen dritten Vektor zusammenführt, so dass das Ergebnis wieder aufsteigend sortiert ist. Die Vektorelemente haben den Typ `int` und der Platz für den dritten Vektor soll dynamisch reserviert werden.

Die Funktion erhält als Argumente die zwei Vektoren und ihre Längen. Der Return-Wert ist ein Zeiger auf den neuen Vektor, der das Ergebnis enthält. Falls einer der Vektoren nicht aufsteigend sortiert ist oder nicht genug Speicher verfügbar ist, gibt die Funktion einen Null-Zeiger zurück.

Hinweis: Beim Mischen der Vektoren werden jeweils die ersten Elemente der zwei Vektoren verglichen, die noch nicht kopiert wurden, und das kleinere in den neuen Vektor kopiert. Dieser Vorgang wird so lange wiederholt, bis das Ende eines Vektors erreicht ist. Schließlich werden noch die verbleibenden Elemente des anderen Vektors kopiert.

Ein kleines Beispiel für den Mischvorgang:

	Erster Vektor	Zweiter Vektor	Ergebnisvektor
1.	**20** 30	**10** 40 50	10
2.	**20** 30	10 **40** 50	10 20
3.	20 **30**	10 **40** 50	10 20 30
etc.	(Ende erreicht)	10 **40** **50**	10 20 30 40 50

Testen Sie die Funktion `merge()`, indem Sie zwei Vektoren mit Werten Ihrer Wahl initialisieren und sowohl die Vektoren als auch das Ergebnis des Mischens am Bildschirm anzeigen.

14.8 Definieren und testen Sie die Funktion `strReplace()`, die in einem String das erste Vorkommen eines Teilstrings durch einen anderen String ersetzt. Diese drei Strings werden der Funktion als Argumente übergeben. Als Return-Wert liefert die Funktion einen Zeiger auf einen dynamisch erzeugten String, der das Ergebnis enthält. Die Argumente bleiben unverändert. Falls der Teilstring nicht gefunden wird oder nicht genügend Speicher vorhanden ist, liefert die Funktion den Null-Zeiger. Ein Beispielaufruf:

```
str2 = strReplace( str1, "Eva", "Eva-Maria");
```

ersetzt das erste Vorkommen von »Eva« durch »Eva-Maria«.

Hinweis: Verwenden Sie die Standardfunktionen `strlen()`, `strncpy()`, und `strstr()`. Die Funktion

```
char *strncpy(char *s1, const char s2, unsigned n);
```

kopiert `n` Zeichen von `s2` nach `s1`. Und die Funktion

```
char *strstr( const char *s1, const char s2);
```

liefert einen Zeiger auf das erste Auftreten von `s2` in `s1` oder den Null-Zeiger, falls `s2` nicht in `s1` vorkommt.

14.9 Erstellen Sie nun eine Funktion `strReplaceAll()`, die in einem String jedes Vorkommen eines Teilstrings durch einen anderen String ersetzt. Wie bei der Funktion `strReplace()` aus der vorhergehenden Aufgabe werden diese drei Strings als Argumente übergeben. Zusätzlich erhält die Funktion einen Zeiger auf einen Zähler, in den sie die Anzahl gefundener und ersetzter Teilstrings zurückschreibt.

Als Return-Wert liefert die Funktion einen Zeiger auf einen dynamisch erzeugten String, der das Ergebnis enthält. Dies ist eine Kopie des ersten Arguments, wenn der Teilstring nicht gefunden wurde. Nur falls nicht genügend Speicher vorhanden ist, liefert die Funktion den Null-Zeiger.

Hinweise:

1. Um unnötiges Kopieren zu vermeiden, soll der ursprüngliche String immer nur so weit in den Ergebnisstring kopiert werden, wie das Ergebnis schon feststeht. Zum Beispiel wird beim Auftreten des ersten Teilstrings der ursprüngliche String nur bis zu diesem Teilstring kopiert und der Ersatzstring angehängt.
2. Versuchen Sie, zu häufige Aufrufe zur Speicherreservierung zu vermeiden. Sie können zum Beispiel zu Beginn einen Speicherblock reservieren, der wenigstens den ursprünglichen String speichern kann. Am Ende der Funktion wird der Speicher auf die exakt notwendige Größe gebracht.

14.10 Eine zentrale Rolle in der Mathematik haben die Polynome. Ein Polynom vom Grad `n` hat die Form:

$$y = a_0 * a_1*x^1 + \ldots + a_n*x^n \quad \text{mit } a_n \neq 0$$

Ein Polynom wird also durch einen Vektor mit n+1 `double`-Elementen repräsentiert, der die Koeffizienten a_0, a_1, ..., a_n enthält.

Die Multiplikation zweier Polynome vom Grad `n` und `m` ergibt ein Polynom vom Grad `n+m`. Schreiben Sie eine Funktion `mulPolynomial()`, die zwei Polynome multipliziert und einen Zeiger auf den Koeffizientenvektor des Ergebnispolynoms zurückgibt. Testen Sie die Funktion mit zwei Polynomen Ihrer Wahl und geben Sie die Polynome und ihr Produkt am Bildschirm aus.

Hinweis: Der Koeffizient c_k $(0 \le k \le n+m)$ des Ergebnisses ist die Summe aller Kombinationen a_i*b_j mit $i+j = k$, wobei a_i Koeffizienten des ersten Polynoms und b_j Koeffizienten des zweiten Polynoms sind. Zu beachten ist, dass im Fall `k` > `m` der Index `i` >= `k-m` sein muss, damit `j` = `k-i` <= `m` ist.

Lösungen zu den Verständnisfragen

14.1 `malloc()` und `calloc()`

14.2 Richtig

14.3 Falsch. Richtig ist: `malloc( 5*sizeof(int))`

14.4 a), b) und c)

14.5 `lPtr = calloc( 100, sizeof(long));`

14.6 Richtig

14.7 Falsch

14.8 b) und c)

14.9 `free(p);`

14.10 c)

14.11 Falsch

14.12 a)

14.13 Richtig

14.14 `mp = malloc(5*10*sizeof(int));`

14.15 Richtig

14.16 `realloc()`

14.17 `fp2 = realloc( fp1, 2*1000);`

14.18 Richtig

14.19 Falsch

14.20 b)

Lösungen zu den Aufgaben

14.1 a)

```
double *dp1, *dp2, *dp3;      // double-Zeiger
int len = 100, i;

dp1 = malloc(len*sizeof(double));
if( dp1 == NULL)              // Speicher vorhanden?
   return 1;
for( i = 0; i < len; ++i)     // Mit Index durchlaufen.
   dp1[i] = i/10.0;
```

b)

```
dp2 = realloc( dp1, 2*len);   // Speicher verdoppeln.
if( dp2 == NULL)              // Speicher vorhanden?
   return 2;
dp1 = dp2;           // Alter Speicher wurde freigegeben.
len += len;                   // Neue Länge.

// 1. Hälfte in die 2. Hälfte kopieren (Zeigerversion):
for( dp3 = dp1+len/2; dp2 < dp1+len/2; ++dp2, ++dp3)
   *dp3 = *dp2;
```

c)

```
free( dp1);                   // Speicher freigeben.
```

14.2 Die Fehler und mögliche Korrekturen.

a) `p` muss ein `int`-Zeiger sein, keine `int`-Variable. Richtig ist:

```
int *p = malloc(sizeof(int));
```

b) `sizeof(float)` ist zu klein für eine `double`-Variable, Richtig ist:

```
double *p = malloc( sizeof(double));
```

c) Mit der Zuweisung `p1 = p2;` geht der Zugriff auf den ersten Speicherblock verloren. Insbesondere kann der Speicherblock nicht mehr freigegeben werden. Also, falls nötig, einen weiteren Zeiger verwenden:

```
long *p3 = p2;      // p3 mit p2 initialisieren.
```

d) Es muss heißen:

```
free(s);
```

e) Nach der Zuweisung `p1 = p2;` zeigen beide Zeiger auf denselben Speicherblock. Dieser darf aber nur einmal freigegeben werden! Der zweite Aufruf `free(p2);` muss also entfallen.

14.3

```
/* ----------------------------------------------------
 * ex14_03.c
 * Ruft die Funktion strReverse() auf und prüft, ob
 * ein Wort ein Palindrom ist.
 * ----------------------------------------------------
 */
#include <stdio.h>
#include <stdlib.h>         // für free()
#include <string.h>         // für strcmp()

char *strReverse( const char *s);     // Prototyp

int main()
{
   char wort1[128], *wort2;
   int taste = 'j';

   puts("\n\t * * * Palindrom-Test * * * ");
   while( taste == 'j' || taste == 'J')
   {
      printf("\n-----------------------------------\n"
             "Geben Sie ein Wort ein: ");
      scanf("%s", wort1);
      if( (wort2 = strReverse(wort1)) == NULL)
          break;

      if( strcmp( wort1, wort2) == 0)       // gleich ?
         printf("Das Wort \"%s\" ist "
                "ein P A L I N D R O M !\n", wort1);
      else
         printf("Das Wort \"%s\" ist verschieden "
                "von \"%s\"\n", wort1, wort2);

      free( wort2);      // Speicher für wort2 freigeben.
      printf("\nWiederholen? (j/n) ");
```

```
      do
        taste = getchar() | 0x20;        // Groß -> Klein
      while( taste != 'j' && taste != 'n');
      fflush(stdin);                  // Eingabepuffer löschen.
   }
   return 0;
}

/* ---------------------------------------------------
 * strReverse.c
 * Die Funktion strReverse() kopiert eine Zeichenfolge
 * in umgekehrter Reihenfolge in einen neuen String.
* ---------------------------------------------------
 */
#include <stdlib.h>       // Für malloc()
#include <string.h>       // Für strlen()

char *strReverse( const char *str1)
{
   char *str2;
   int i, len = (int)strlen(str1);

   str2 = malloc( len+1);    // Ein Byte für '\0'
   if( str2 != NULL)
   {
      for( i = 0; i < len; ++i)    // len-1 = Index des
         str2[i] = str1[len-1-i];  // letzten Zeichens.
      str2[i] = '\0';
   }
   return str2;
}
```

14.4

```
/* ---------------------------------------------------
 * ex14_04.c
 * Die Funktion substring() testen.
 * ---------------------------------------------------
 */
#include <stdio.h>
#include <string.h>        // für strlen()
// Prototyp:
char *substring( const char *str, int start, int n);
```

```
int main()
{
   char str[] =
        "If anything can go wrong, it will.", // Murphy's law
         *substr;
   int start, n;

   puts("  *** Funktion substring() testen ***\n");
   puts("Ein String und seine Laenge:");
   puts(str);
   printf("Laenge: %d\n\n", strlen(str));

   puts("Geben Sie eine Startposition und eine Laenge ein:\n"
        "(Ende mit einem Buchstaben.)");
   while( scanf("%d %d", &start, &n) == 2)
   {
      if( (substr = substring( str, start, n)) != NULL)
         printf("Der Teilstring: \"%s\"\n", substr);
      else
         puts("Kein Teilstring!");
   }
   return 0;
}

/* -----------------------------------------------------
 * substring.c
 * Die Funktion substring() definieren.
 * -----------------------------------------------------
 */
#include <stdlib.h>        // Für malloc()
#include <string.h>        // Für strlen()

char *substring( const char *str, int start, int n)
{
   char *substr;
   int i = 0, len = (int)strlen(str);

   if( start < 0 || start >= len)
       return NULL;

   if( start + n > len)
       n = len - start;
```

```
   substr = malloc( n+1);      // Ein Byte für '\0'
   if( substr != NULL)
   {
      for( i=0; i<n; ++i)
         substr[i] = str[start+i];
      substr[i] = '\0';
   }
   return substr;
}
```

14.5

```
/* ----------------------------------------------------
 * ex14_05.c
 * Die Funktion addArr() testen.
 * ----------------------------------------------------
 */
#include <stdio.h>
#include <stdlib.h>             // Für free()

// Prototypen:
float *addArr( const float *a1, const float *a2, int len);
void displayArr( const float *a, int len);

float arr1[] = { 10.1F, -7.2F, 0.3F, -11.4F, 8.5F },
      arr2[] = { -5.5F, 12.4F, 8.3F, -2.2F, -7.1F };
int n = sizeof(arr1)/sizeof(float);

int main()
{
   float *pSum;           // Zeiger auf den Summenvektor.

   puts("  *** Summe zweier Vektoren bilden ***\n");

   pSum = addArr( arr1, arr2, n); // Vektoren summieren.
   if( pSum != NULL)
   {  // Daten anzeigen:
     puts("Die beiden Vektoren und ihre Summe:");
     displayArr( arr1, n);
     displayArr( arr2, n);
     displayArr( pSum, n);
     free(pSum);                // Speicher freigeben.
   }
   else
```

```
      puts("Nicht genuegend Speicher");  // Sollte nicht
                                         // vorkommen.
   return 0;
}

void displayArr( const float *a, int len)
{
   const float *p = a;
   while( p < a+len)
       printf("%8.2f", *p++);
   putchar('\n');
}

/* -----------------------------------------------------
 * addArr.c
 * Die Funktion addArr() bildet elementweise die Summe
 * zweier gleich langer Vektoren.
 * Der Return-Wert ist ein Zeiger auf einen dynamisch
 * erzeugten Vektor für das Ergebnis.
 * -----------------------------------------------------
 */
#include <stdlib.h>          // Für malloc()

float *addArr( const float *a1, const float *a2, int len)
{
   int i;                                     // Index
   float *sum = malloc( len*sizeof(float)); // Für die Summe.
   if( sum != NULL)
   {
      for( i = 0; i < len; ++i)     // Elementweise summieren.
         sum[i] = a1[i] + a2[i];
   }
   return sum;
}
```

14.6 In der Funktion `getData()` entstehen Speicherlecks (engl. memory leaks), da der alte Speicherblock nicht freigegeben wird, wenn ein größerer Block reserviert wird. Hier sollte die Funktion `realloc()` verwendet werden, die den alten Speicherblock freigibt und außerdem die alten Daten kopiert. In jedem Fall muss beim Aufruf die Anzahl Objekte mit der Größe eines Objekts multipliziert werden (hier `sizeof(double)`) und der Return-Wert ist immer darauf zu überprüfen, ob die Speicherreservierung erfolgreich war.

```
// Eine korrekte Version der Funktion:
double *getData(int *plen)
{
   double *pData, *p1, *p2;
   int maxlen = 10;

   p1 = pData = malloc( maxlen*sizeof(double));
   if( pData == NULL)
      return NULL;

   while( scanf("%lf", p1) == 1)
   {                    // Neue Zahl gelesen und gespeichert.
     if( ++p1 == pData + maxlen) // Falls kein Platz mehr.
     {                           // Mehr Platz reservieren.
        p2 = realloc( pData, (maxlen+10)*sizeof(double));
        if( p2 != NULL)
        {
           pData = p2;           // Neuer Block.
           p1 = pData + maxlen;  // Nächster freier Platz.
           maxlen += 10;         // Neue Länge.
        }
        else break;
     }
   }
   *plen = p1 - pData;           // Anzahl Elemente;
   return pData;
}
```

In `main()` darf der Zeiger auf den Anfang der Daten nicht versetzt werden, da sonst der anschließende Aufruf von `free()` falsch ist. Richtig ist:

```
int main()
{
   double *pData, *ptr;       // Zeiger auf die Daten.
   int len;                   // Anzahl Werte.

   puts("Messwerte eingeben:\n"
       "(Ende mit Buchstaben.)\n");
   pData = getData(&len);

   printf("Anzahl: %d\n", len);
   // Daten anzeigen:
```

```
   ptr = pData;                    // Mit ptr Daten durchlaufen.
   while( ptr < pData+len)         // pData unverändert!
      printf("%8.2f", *ptr++);
   putchar('\n');

   free(pData);                    // Speicher freigeben.
   return 0;
}
```

14.7

```
/* --------------------------------------------------------
 * ex14_07.c
 * Die Funktion merge() testen.
 * --------------------------------------------------------
 */
#include <stdio.h>
// Prototyp:
int *merge( const int *a1, int len1,
            const int *a2, int len2);

// Vektoren zum Testen:
int arr1[] = { -15, -1, 0, 5, 10, 20 },
    arr2[] = { -10, -1, 3, 5, 8, 11, 20, 25, 30 };
int len1 = sizeof(arr1) / sizeof(int),
    len2 = sizeof(arr2) / sizeof(int);

// Hilfsfunktion: Einen Vektor anzeigen.
void displayArr( const int *a, int len)
{
   const int *p = a;
   while( p < a+len)
       printf("%5d", *p++);
   putchar('\n');
}

int main()
{
   int *arr3;
   puts("\n\t*** Vektoren mischen ***\n");

   puts("Die zwei Vektoren:");
   displayArr( arr1, len1);
   displayArr( arr2, len2);
```

```
   arr3 = merge( arr1, len1, arr2, len2);  // Mischen
   if( arr3 != NULL)
   {
      puts("\nDas Ergebnis:");
      displayArr( arr3, len1+len2);
   }
   else
      puts("Fehler beim Mischen:\n"
           "Nicht genug Speicher oder "
           "ein Vektor ist unsortiert!");
   return 0;
}

/* ------------------------------------------------------
 * merge.c
 * Die Funktion merge() führt zwei sortierte int-Vektoren
 * in einen neuen sortierten Vektor zusammen.
 * ------------------------------------------------------
 */
#include <stdlib.h>              // Für malloc()

// isSorted() prüft, ob ein int-Vektor sortiert ist.
// Return-Wert: 1, falls aufsteigend sortiert, sonst 0.
int isSorted( const int *a, int len)
{
   for( ; --len > 0;  ++a)
      if( *a > *(a+1) )
          return 0;
   return 1;
}
// ---------------------------------------------------
// merge() mischt zwei aufsteigend sortierte Vektoren.
// Return-Wert: Zeiger auf den neuen Vektor oder
//              NULL, falls ein Vektor nicht sortiert ist
//                    oder es zu wenig Speicher gibt.

int *merge( const int *a1, int len1, const int *a2, int len2)
{
   const int *p1 = a1, *p2 = a2;
   int *p3, *dest;
```

```
   if( !isSorted( a1, len1) || !isSorted(a2, len2))
       return 0;

   p3 = dest = malloc((len1+len2)*sizeof(int));
   if( dest != 0)
   {  // Mischen.
     for(  ; p1 < a1+len1  &&  p2 < a2+len2; ++p3 )
     {
        if( *p1 <= *p2)
          *p3 = *p1++;
        else
          *p3 = *p2++;
     }
     // Restliche Elemente aus a1 bzw. a2 kopieren:
     while( p1 < a1+len1)
        *p3++ = *p1++;

     while( p2 < a2+len2)
        *p3++ = *p2++;
   }
   return dest;
}
```

14.8

```
/* ----------------------------------------------------
 * ex14_08.c
 * Die Funktion strReplace() aufrufen.
 * ----------------------------------------------------
 */
#include <stdio.h>
#include <stdlib.h>         // für free()

// Prototyp
char *strReplace( const char *s1, const char *s2,
                  const char *s3);

int main()
{
   char text[128], str1[128], str2[128];
   char *newStr;

   puts("\t* In einem String einen Teilstring ersetzen *");
```

```
    puts("Geben Sie eine Zeile Text ein: ");
    gets(text);
    puts("und der zu ersetzende Teilstring: ");
    gets(str1);
    puts("soll ersetzt werden durch: ");
    gets(str2);

    newStr = strReplace( text, str1, str2);

    if( newStr != NULL)
    {
       puts("Das Ergebnis:");
       puts(newStr);
    }
    else
       puts("String nicht gefunden oder zu wenig Speicher.");

    free( newStr);          // Speicher explizit freigeben.
    return 0;
}

/* ----------------------------------------------------
 * strReplace.c
 * Die Funktion strReplace() ersetzt in einem String das
 * erste Vorkommen eines Teilstrings durch einen anderen
 * String.
 * Der Return-Wert: Zeiger auf den dynamisch reservierten
 * String mit dem Ergebnis.
 * ----------------------------------------------------
 */
#include <stdlib.h>    // Für malloc()
#include <string.h>    // Für strlen(), strncpy(), strstr()

char *strReplace( const char *s1, const char *s2,
                  const char *s3)
{
    int len1 = strlen(s1),
        len2 = strlen(s2),
        len3 = strlen(s3);

    char *retStr = NULL,
         *pos = strstr( s1, s2);  // String s2 in s1 suchen.
```

```
   if( pos != NULL)
   {
      retStr = malloc( len1-len2+len3+1);   // +1 für '\0'
      if( retStr != NULL)
      {
          char *dest = retStr;
          strncpy( dest, s1, pos-s1);  // Anfang des Strings.
          dest += pos-s1;
          strcpy( dest, s3);           // neuer Teilstring.
          dest += len3;
          strcpy( dest, pos+len2);     // Rest des Strings.
      }
   }
   return retStr;
}
```

14.9

```
/* ----------------------------------------------------
 * strReplaceAll.c
 * Die Funktion strReplaceAll() ersetzt in einem String
 * jedes Vorkommen eines Teilstrings durch einen
 * anderen String.
 * Argumente: Drei Strings und ein Zeiger auf einen Zähler.
 * Return-Wert: Zeiger auf den dynamisch reservierten
 *              String mit dem Ergebnis.
 * ----------------------------------------------------
 */
#include <stdlib.h>      // Für realloc(), free()
#include <string.h>      // Für strlen(), strncpy(), strstr()

char *strReplaceAll( const char *s1, const char *s2,
                     const char *s3, int *pcount)
{
   int len1 = strlen(s1),
       len2 = strlen(s2),
       len3 = strlen(s3),
       retLen = 0, retLen0;  // Aktuelle Länge des neuen
                             // Strings.
       nBytes = len1+1;      // Anzahl reservierter Bytes.

   const char *start, *pos;           // Positionen in s1,
   char  *retStr = malloc( nBytes),   // und im neuen String.
         *dest = retStr;
```

```
    *pcount = 0;                               // Zähler.
    if( retStr == NULL)                        // Zu wenig Speicher!
       return NULL;
    // Solange String s2 in s1 vorkommt:
    for( start = s1; (pos = strstr(start, s2)) != NULL;
                                         start = pos+len2)
    {
       ++*pcount;                              // s2 gefunden.
       retLen0 = retLen;                       // alte Länge.
       retLen += (pos-start)+len3;             // Aktuelle Länge.
       if( retLen+1 > nBytes)
       {                                     // Speicher vergrößern.
          dest = realloc( retStr, retLen+1); // incl. '\0'
          if( dest == NULL)                  // Zu wenig Speicher!
             break;
          retStr = dest;
       }
       dest = retStr + retLen0;              // Erste neue Position.
       strncpy( dest, start, pos-start);  // Teil von s1
       dest += pos-start;                    // und s3 anfügen.
       strcpy( dest, s3);
    }
    // Rest ab start kopieren ( s1+len1-start Zeichen):
    retLen0 = retLen;                        // alte Länge.
    retLen += s1+len1-start;                 // Aktuelle Länge.
    if( dest == NULL
        || (dest = realloc( retStr, retLen+1)) == NULL)
    {                                        // Zu wenig Speicher!
        free(retStr);  *pcount = 0;
        return NULL;
    }
    retStr = dest;
    dest = retStr + retLen0;                 // Erste neue Position.
    strcpy( dest, start);                    // Reststring anfügen.
    return retStr;
}
```

14.10

```
/* ----------------------------------------------------
 * mulPolynom.c
 * Die Funktion mulPolynomial() multipliziert zwei Polynome.
 * Return-Wert: Zeiger auf einen dynamisch erzeugten
 *              Vektor mit den Koeffizienten des Produkts.
 * ----------------------------------------------------
 */
#include <stdlib.h>                     // Für malloc()

double *mulPolynomial( const double *p, int n,
                       const double *q, int m)
{
   int i, k;                            // Indizes.

   double *product = malloc( (n+m+1)*sizeof(double));
   if( product != NULL)
   {
      for( k = 0; k <= n+m; ++k)   // Alle Koeffizienten = 0.
         product[k] = 0.0;

      for( k = 0; k <= n+m; ++k)   // p und q multiplizieren.
      {
         i = (k <= m) ? 0 : (k-m);       // => j = k-i <= m
         for(  ; i <= k && i <= n ; ++i)
           product[k] += p[i]*q[k-i];
      }
   }
   return product;
}

// ----------------------------------------------------
// Ein Polynom vom Grad n anzeigen.
#include <stdio.h>
void displayPolynomial( const double *p, int n)
{
   int i;
   printf("y = %.2f", p[0]);
   for( i = 1; i <= n; ++i)
      printf(" + %.2f*x^%d", p[i], i);
   putchar('\n');
}
```

Kapitel 15

Strukturierte Datentypen

Objekte haben gewöhnlich mehrere Eigenschaften, die zu einem *Datensatz* (engl. *record*) zusammengefasst werden, z.B. die Daten eines Mitarbeiters. Der Aufbau eines Datensatzes wird in C durch die Definition einer *Struktur* festgelegt.

- Strukturtypen

  Eine Struktur ist ein selbst definierter Typ, der den Aufbau eines Datensatzes festlegt. Die Definition beginnt mit dem Schlüsselwort `struct` und enthält eine Liste der Elemente (= Datenfelder) in geschweiften Klammern: Ein Beispiel:

  ```
  struct Time { unsigned short hour, min, sec; };
  ```

  Hier wird der Strukturtyp `struct Time` definiert und `hour`, `min` und `sec` sind die Namen der Elemente. Strukturelemente dürfen einen beliebigen Typ haben, auch einen anderen Strukturtyp.

- Strukturvariablen und `typedef`

  Nach der Definition einer Struktur können Variablen dieses Typs definiert werden. Die Initialisierung erfolgt durch eine Liste mit Anfangswerten:

  ```
  struct Time start = { 9, 30 }, end;
  ```

  Damit sind `start` und `end` Strukturvariablen vom Typ `struct Time`, wobei die Elemente `std` und `min` von `start` die Anfangswerte 9 und 30 haben. Da die Liste für das Element `sec` keinen Wert enthält, bekommt `sec` den Wert 0.

  Mit `typedef` können Sie Synonyme für Strukturtypen definieren, die nur aus einem Wort bestehen. Zum Beispiel ist `Time_t` ein Synonym für `struct Time`:

  ```
  typedef Time_t struct Time;          // Typ Time_t
  ```

- Zugriff auf Elemente

  Der Punkt-Operator liefert ein Element einer Strukturvariablen. Zum Beispiel ist `start.sec` das Element `sec` der Variablen `start`. Oft ist auch ein Zeiger auf eine Strukturvariable gegeben. Dann ermöglicht der Pfeil-Operator den direkten Zugriff auf ein Element der Struktur, auf die der Zeiger verweist:

  ```
  Time_t *tPtr = &end;      // tPtr auf end zeigen lassen.
  tPtr->std = 12;           // Element std von *tPtr, also von end.
  ```

- Unions und Bitfelder

  Eine Union wird wie eine Struktur definiert, aber mit dem Schlüsselwort `union`. Alle Elemente einer Union besitzen dieselbe Anfangsadresse, so dass derselbe Speicher verschiedenartig benutzt werden kann.

  Die Elemente einer Struktur oder Union dürfen auch Bitfelder sein, d.h. ganzzahlige Variablen, die aus einer Anzahl Bits bestehen. Ein Beispiel:

  ```
  unsigned status : 4;       // Ein Bitfeld der Breite 4
  ```

Verständnisfragen

15.1 Der Aufbau eines Datensatzes mit den Namen und Typen der Datenfelder wird in C durch die Definition einer ______________ festgelegt.

15.2 Eine mögliche Definition für einen Datensatz, der nur den Namen und Preis eines Artikels enthält, lautet:

____

15.3 Die Elemente verschiedener Strukturen dürfen den gleichen Namen haben.

☐ Richtig

☐ Falsch

15.4 Durch die Definition eines Strukturtyps `struct Time` mit den Elementen `hour`, `min` und `sec` wird im Programm folgende Anzahl Byte belegt:

a) `0`

b) `sizeof(struct Time)`

c) `sizeof(hour) + sizeof(min) + sizeof(sec)`

15.5 Ein Strukturtyp wird in verschiedenen Quelldateien benötigt. In diesem Fall sollten Sie die Struktur in einer __________________ definieren.

15.6 Wenn `struct Time` ein Strukturtyp ist, der ein Element `hour` enthält, ist `Time.hour` das Element `hour`.

☐ Richtig

☐ Falsch

15.7 Speicher von der Größe der Struktur wird reserviert, wenn

a) der Strukturtyp definiert wird.

b) die Header-Datei mit der Strukturdefinition inkludiert wird.

c) eine Variable vom Typ der Struktur angelegt wird.

15.8 Gegeben sei folgende Definition:

```
struct Cylinder { double radius, height; };
```

Ein Objekt `can1` vom Typ dieser Struktur kann wie folgt definiert und mit `0,5` und `10` initialisiert werden: ______________________________

15.9 Eine Strukturvariable kann an eine andere, nicht konstante Strukturvariable gleichen Typs zugewiesen werden.

- [ ] Richtig
- [ ] Falsch

15.10 Der Speicher für einer Strukturvariable wird stets so belegt, dass zwischen den Elementen keine Lücken entstehen.

- [ ] Richtig
- [ ] Falsch

15.11 Bei der Zuweisung von Strukturvariablen gleichen Typs

a) erzeugt der Compiler eine Fehlermeldung.

b) wird der Speicherbereich der Quellvariablen Byte für Byte in den Speicherbereich der Zielvariablen kopiert.

c) wird jedes Element der Quellvariablen in das entsprechende Element der Zielvariablen kopiert.

15.12 Der linke Operand des Punkt-Operators muss ______________________ sein.

15.13 Der Strikturtyp `Cylinder_t` sei wie folgt definiert:

```
typedef Cylinder_t struct Cylinder;
```

Die Definition einer Variablen vom Typ `Cylinder_t` und eines Zeigers darauf lautet ______________________________.

15.14 Der Zeiger `pTm` zeige auf ein Objekt vom Typ `struct Time`. Dann repräsentiert der folgende Ausdruck das Element `sec` des Objekts:

a) `(*pTm).sec`

b) `pTm->sec`

c) `pTm.sec`.

15.15 Gegeben seien die Definitionen

```
struct X { int count; /* Weitere Elemente. */ };
int incX( struct X *px) { return ++px->count; }
```

Dann inkrementiert die Funktion `incX()` den Zeiger `px` und liefert den Wert `count` der nachfolgenden Struktur.

- [ ] Richtig
- [ ] Falsch

15.16 Gegeben sei ein Zeiger `px` auf `struct X`. Die Anweisung, um dynamisch ein Objekt vom Typ `struct X` zu erzeugen und `px` darauf zeigen zu lassen, lautet:

____

15.17 Die Größe eines Objekts vom Typ einer Union ist gleich

a) der Größe des ersten Elements.

b) der Summe der Größen aller Elemente.

c) der Größe des größten Elements.

15.18 Die Definition einer Union `Word` mit einem Element vom Typ `short` und einem Element, das ein `char`-Vektor mit zwei Elementen ist, lautet:

____

15.19 Gegeben sei folgende Definition:

```
union LongFloat{ long n;  float x; } var;
var.x = 1;
```

Dann hat auch `var.n` den Wert 1.

☐ Richtig

☐ Falsch

15.20 Mehrere Bitfelder, die in ein Rechnerwort der Größe `sizeof(int)` passen, werden so ausgerichtet, dass ein nachfolgendes Bitfeld lückenlos an das vorhergehende Bitfeld anschließt.

☐ Richtig

☐ Falsch

Aufgaben

15.1 Was gibt folgendes Programm auf dem Bildschirm aus?

```
#include "Liste.h"      // Definitionen der Strukturtypen.
int main()
{
   struct Element elA = { "Winter, Adam", { 7,17,1988} },
                  elE = { "Sommer, Eva",  { 9,19,1990} },
                  *first = &elA, *pEl;
   first->next = &elE;
```

```
    for( pEl = first; pEl != NULL; pEl = pEl->next)
        putData( pEl);

    first->next->next = first;
    first = first->next;
    putData( first);
    putData( first->next);
    return 0;
}

// -----------------------------------------------------------
// Liste.h
#include <stdio.h>
struct Date { short month, day, year; };

struct Person { char name[128];    // Nachname, Vorname(n)
                struct Date birthday; };

struct Element { struct Person person;
                 struct Element *next; };

inline void putData( struct Element *pe)
{
    struct Person *pp = &pe->person;
    printf("%-32s %02d.%02d.%d\n",
            pp->name, pp->birthday.day,
            pp->birthday.month, pp->birthday.year);
}
```

15.2 Erstellen Sie ein Programm, das das aktuelle Datum wie im folgenden Beispiel ausgibt:

```
Heute ist Samstag, der 19. März 2011.
Das ist der 78. Tag des Jahres.
```

Hinweise: Verwenden Sie die in `time.h` deklarierten Funktionen

```
time_t time(time_t *ptrSec);
struct tm *localtime(const time_t *ptrSec);
```

Die Funktion `time()` liefert die aktuelle Zeit in Form von Anzahl Sekunden seit einem bestimmten Zeitpunkt (gewöhnlich seit dem 1.1.1970, 0:00 Uhr) und schreibt diese in die durch `ptrSec` adressierte Variable. Dieser Wert kann der Funktion `localtime()` übergeben werden, die die Anzahl der Sekunden in die lokale Zeit in den Strukturtyp `tm` umwandelt und einen Zeiger auf diese Struktur zurückliefert.

Der Typ `time_t` (gewöhnlich ein Synonym für `long`) und die Struktur `tm` sind ebenfalls in `time.h` definiert. `tm` hat folgenden Aufbau:

```
struct tm
{
  int tm_sec;        // 0 - 59
  int tm_min;        // 0 - 59
  int tm_hour;       // 0 - 23
  int tm_mday;       // Tag im Monat: 1 - 31
  int tm_mon;        // Monat: 0 - 11 (Januar == 0)
  int tm_year;       // Jahre seit 1900 (Jahr - 1900)
  int tm_wday;       // Wochentag: 0 - 6 (Sonntag == 0)
  int tm_yday;       // Tag im Jahr: 0 - 365
  int tm_isdst;      // Flag für Sommerzeit
};
```

15.3 Bestimmen und korrigieren Sie die Fehler in den folgenden Definitionen.

a)

```
struct Date
{
   short month, day, year;
   int print(void);
}
```

b)

```
struct Item
{
   float x = 0;
   long  cap = 50000L;
   Item *next;
};
```

c)

```
struct Fields
{
   unsigned a : 8;
```

```
   float    x : 8
   long     n : 24;
};
```

d)

```
struct Member
{
   char name[64];
   char *info;
   struct Member base;
};
```

15.4 Jeder Punkt P im dreidimensionalen Raum ist eindeutig durch seine kartesischen Koordinaten (x, y, z) bestimmt, wobei x, y und z reelle Zahlen sind. Ein Punkt P repräsentiert auch den Vektor vom Ursprung (0,0,0) zum Punkt P.

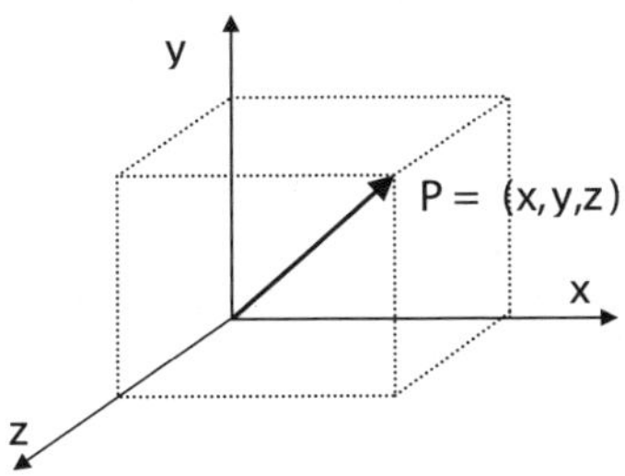

Definieren Sie eine geeignete Struktur `Point3D` zur Darstellung eines Punktes im dreidimensionalen Raum. Erstellen Sie dann für Objekte dieses Typs folgende Funktionen:

- Die Funktion `sumP3D()` addiert zwei Punkte und liefert die Summe als Return-Wert. Die Summe `P1+P2` zweier Punkte `P1=(x1,y1,z1)` und `P2=(x2,y2,z2)` ist definiert als `(x1+x2, y1+y2, z1+z2)`.
- Die Funktion `sProductP3D()` bildet das Produkt einer reellen Zahl (auch Skalar genannt) mit einem Punkt und liefert das Ergebnis als Return-Wert. Das Produkt `a*P` einer Zahl a und eines Punktes `P=(x,y,z)` ist definiert als `(a*x, a*y, a*z)`.
- Die Funktion `iProductP3D()` bildet das innere Produkt zweier Punkte und liefert das Ergebnis als Return-Wert. Das innere Produkt `P1*P2` zweier Punkte `P1=(x1,y1,z1)` und `P2=(x2,y2,z2)` ist definiert als die Zahl `x1*x2 + y1*y2 + z1*z2`.

- Die Funktion `toStringP3D()` gibt einen Zeiger auf einen statischen String zurück, der die Koordinaten eines Punktes in der Form `(x,y,z)` enthält. Bei einem erneuten Aufruf wird der String des vorhergehenden Aufrufs überschrieben!

Hinweis: Verwenden Sie die Funktion `sprintf()`, um Daten formatiert in einen String zu schreiben. Das erste Argument ist der Zielstring. Die weiteren Argumente entsprechen denen von `printf()`.

Stellen Sie die Strukturdefinition und die Funktionen als `inline`-Funktionen in eine Header-Datei. Entscheiden Sie, ob als Argumente die Punkte selbst oder Zeiger auf die Punkte übergeben werden. In jedem Fall sollten die Schnittstellen der Funktionen einheitlich sein.

Testen Sie die Funktionen in einem Anwenderprogramm, das auch die Länge eines 3D-Vektors ausgibt. Die Länge eines Vektors ist die Wurzel aus dem inneren Produkt mit sich selbst.

15.5 Ein Spielprogramm benötigt eine Tabelle mit den Namen und Punkteständen der Spieler. Definieren Sie zunächst einen Strukturtyp `Gambler`, der den Namen und die Punkte eines Spielers speichern kann, und legen Sie dann einen Vektor für maximal 10 Spieler an.

Das Programm liest bis zu 10 Spielernamen und ihre Punkte ein, wobei jeder Spieler so in den Vektor eingefügt wird, dass der Vektor stets gemäß den Punkten absteigend sortiert ist. Anschließend werden die Spieler mit ihren Punkten tabellarisch angezeigt. (Der Einfachheit halber soll ein Spielername nur aus einem Wort bestehen.)

15.6 Definieren Sie zum Rechnen mit Brüchen eine Struktur, die zwei Elemente für Zähler und Nenner vom Typ `long` enthält. Stellen Sie dann für Brüche folgende Operationen zur Verfügung:

- Die Funktionen `addB()`, `subB()`, `mulB()` und `divB()` für die vier Grundrechenoperationen:

Addition: $$\frac{a}{b} + \frac{c}{d} = \frac{a \cdot d + b \cdot c}{b \cdot d}$$

Subtraktion: $$\frac{a}{b} - \frac{c}{d} = \frac{a \cdot d - b \cdot c}{b \cdot d}$$

Multiplikation: $$\frac{a}{b} \cdot \frac{c}{d} = \frac{a \cdot c}{b \cdot d}$$

Division: $$\frac{a}{b} : \frac{c}{d} = \frac{a \cdot d}{b \cdot c}$$

Die Funktionen erhalten als Argumente zwei Brüche und liefern das gekürzte Ergebnis als Return-Wert.

- Eine Funktion `kuerzenB()`, die den übergebenen Bruch kürzt, d.h. Zähler und Nenner durch den größten gemeinsamen Teiler dividiert. Verwenden Sie die folgende Funktion, die den größten gemeinsamen Teiler (ggT) zweier ganzer Zahlen liefert.

```
// ggT gemäß einem Algorithmus von Euklid.
long ggt( long a, long b)
{
   long tmp;
   if( a < 0) a = -a;
   if( b < 0) b = -b;
   if( a == 0 || b == 0) return 1;

   while( b != 0)
   {
     tmp = a % b;  a = b;   b = tmp;
   }
   return a;  // a jetzt der größte gemeinsame Teiler.
}
```

  Ändern Sie auch die Vorzeichen von Zähler und Nenner so, dass der Nenner positiv ist. Beispielsweise ergibt das Kürzen von `-2/-6` den Bruch `1/3` und das Kürzen von `2/-6` den Bruch `-1/3`.

- Eine Funktion `printB()`, die den übergebenen Bruch auf die Standardausgabe ausgibt.
- Eine Funktion `bruchTodouble()`, die zum übergebenen Bruch den entsprechenden `double`-Wert zurückgibt.

Schreiben Sie zum Testen eine Funktion `main()`, die in einer separaten Quelldatei steht und alle definierten Operationen ausführt. Dabei sollen sowohl die Operanden als auch die Ergebnisse angezeigt werden. Lesen Sie vom Anwender auch einen Bruch ein und geben Sie diesen gekürzt wieder aus. Geben Sie seinen Wert auch als Gleitpunktzahl aus.

15.7 Erstellen Sie ein Programm, das zu erledigende Aufgaben in *Warteschlangen* (engl. *Queue*) mit Prioritäten verwalten kann. In eine solche Warteschlange werden Elemente gemäß ihrer Priorität eingefügt und Elemente an der Spitze der Schlange entnommen. Die Warteschlange soll als einfach verkettete Liste implementiert werden. Definieren Sie dazu folgende Strukturen und Funktionen.

- Eine Struktur `Job` mit einem ganzzahligen Element für die Priorität und einem String für die Beschreibung der Aufgabe.
- Eine Struktur `QueueEl` für die Elemente der Warteschlange. Jedes Element enthält ein `Job`-Objekt und einen Zeiger auf den Nachfolger. Dieser Zeiger ist der Null-Zeiger, wenn es das letzte Element in der Schlange ist.
- Eine Struktur `JobQueue` zur Darstellung einer Warteschlange. Die drei Elemente dieser Struktur sind ein Zähler für die Anzahl der Elemente sowie je ein Zeiger auf das erste und das letzte Element der Warteschlange.
- Eine Funktion

  ```
  int pushJQ ( JobQueue_t *pJQ, const Job_t* pJob);
  ```

  die dynamisch ein neues Element mit der angegebenen Aufgabe erzeugt und in die angegebene Queue einfügt. Der Return-Wert ist 0, falls ein neues Element nicht erzeugt werden konnte, andernfalls 1.
- Eine Funktion

  ```
  Job_t popJQ( JobQueue_t *pJQ);
  ```

  die das erste Element, d.h. das Element mit der höchsten Priorität, aus der angegebenen Queue löscht, den entsprechenden Speicher freigibt und eine Kopie der Aufgabe zurückgibt. Die zurückgegebene Aufgabe ist leer mit der Priorität `0`, falls die Queue leer ist.
- Eine Funktion

  ```
  void printJQ(JobQueue_t *pJQ);
  ```

  die alle Aufgaben in der angegebenen Queue anzeigt.

Definieren Sie mit `typedef` Abkürzungen für die Strukturtypen. Stellen Sie die Strukturdefinitionen und die Prototypen der Funktionen in die Header-Datei `jobQueue.h`. Die Funktionen sollen in der separaten Quelldatei `jobQueue.c` definiert werden.

Testen Sie die Warteschlange in einem Anwenderprogramm, das zwei Warteschlangen vom Typ `JobQueue` anlegt, Aufgaben mit unterschiedlichen Prioritäten einfügt und die Warteschlangen anzeigt. »Erledigen« Sie mindestens eine Aufgabe und übertragen Sie die nächste Aufgabe einer Warteschlange in die andere.

15.8 Programmieren Sie das Spiel »Türme von Hanoi« : Gegeben sind `n` verschieden große Scheiben, die mit abnehmender Größe auf einen Stab gesteckt sind und so einen Turm bilden. Das Ziel des Spiels ist es, die Scheiben auf einen anderen Stab zu verlagern, wobei niemals eine größere Scheibe auf eine kleinere Scheibe zu liegen kommt. Jede Scheibe wird einzeln transferiert und es darf ein dritter Stab verwendet werden, um Scheiben zwischenzuspeichern.

Die Grafik zeigt die Ausgangssituation des Spiels mit vier Scheiben.

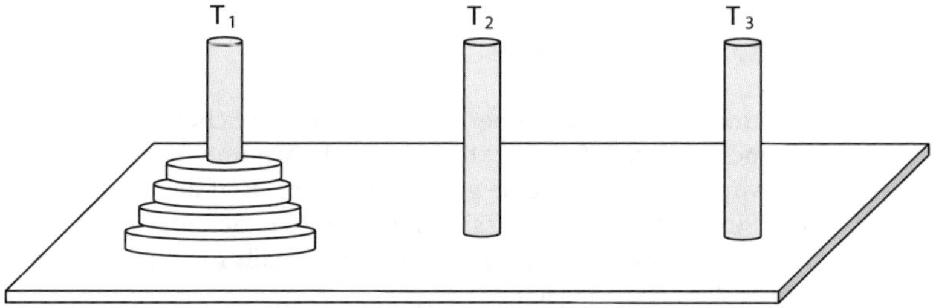

Alle Definitionen zur Implementierung des Spiels sollen in der Quelldatei `towersOfHanoi.c` zusammengefasst werden. Die `n` Scheiben werden nach aufsteigender Größe durchnummeriert, wobei `1` die kleinste Scheibe repräsentiert und `n` die größte Scheibe.

Definieren Sie zunächst eine Struktur `Tower`, die den Zustand eines Turmes darstellt. Diese Struktur besitzt zwei Elemente: einen Vektor, der die Scheiben des Turms speichert, und eine Variable für die Anzahl der Scheiben. Das erste Vektorelement enthält die Nummer der untersten Scheibe, das zweite Vektorelement die Nummer der darüberliegenden Scheibe usw. Eine nicht belegte Position im Turm hat den Wert 0. Mit der Anzahl der Vektorelemente (z.B. 16) legen Sie fest, mit wie vielen Scheiben maximal gespielt werden kann.

Definieren Sie dann einen Vektor, der aus drei Türmen besteht. Dieser Vektor repräsentiert den Status des gesamten Spiels. Speichern Sie außerdem noch die Gesamtzahl der Scheiben. Auf die Daten sollen nur die folgenden Funktionen Zugriff haben, die sich in derselben Datei befinden:

- Die Funktion `initTOH()` erhält als Argument die Gesamtzahl der Scheiben und initialisiert die Daten. Anschließend befindet sich das Spiel in der Ausgangssituation. Die Funktion besitzt keinen Return-Wert.
- Die Funktion `printTOH()` zeigt den aktuellen Spielstand wie im folgenden Beispiel an. Beachten Sie, dass die Ausgabe zeilenweise erfolgen muss. Die Ausgabe beginnt also bei den Spitzen der Türme.

Beispielausgabe (Ausgangssituation des Spiels mit vier Scheiben):

```
          1          |          |
          2          |          |
          3          |          |
          4          |          |
---------------------------------------
         (1)        (2)        (3)
```

- Die Funktion `moveTOH()` verlagert die oberste Scheibe von einem Turm auf einen anderen. Die Funktion erhält als Argumente den Index des Turmes, von dem eine Scheibe genommen wird, und den Index des Zielturmes. Sind die Indizes zulässig und kann eine Scheibe verlagert werden, gibt die Funktion `1` (»wahr«) zurück. Andernfalls geschieht nichts und der Return-Wert ist `0` (»falsch«).
- Die Funktion `isFinishedTOH()` gibt `1` (»wahr«) zurück, falls das Spiel beendet ist, andernfalls `0` (»falsch«). Das Spiel ist beendet, wenn ein Turm, der beim Start leer war, alle Scheiben enthält.

Stellen Sie die Prototypen der Funktionen in die Header-Datei `towersOfHanoi.h`.

Schreiben Sie ein Anwendungsprogramm, das sich in einer eigenen Quelldatei befindet und dem Benutzer die Möglichkeit gibt, das Spiel auszuführen. Zu Beginn gibt der Benutzer die Anzahl der Scheiben ein, mit denen er spielen will. Bei jedem Spielzug wird der Benutzer aufgefordert, die Nummern der Türme anzugeben, um eine Scheibe von einem Turm auf den anderen Turm zu verlagern. Nach jedem Spielzug zeigt das Programm den aktuellen Spielstatus an.

15.9 Erweitern Sie das Programm »Türme von Hanoi« (Aufgabe 15.8) so, dass sich der Anwender auch eine Lösung anzeigen lassen kann. Bei der Lösung handelt es sich um ein Standardbeispiel für die Rekursion.

Um beispielsweise `n` Scheiben vom Turm T_1 nach T_2 zu übertragen, werden

1. `n-1` Scheiben von T_1 auf T_3 übertragen,
2. die größte Scheibe von T_1 auf T_2 abgelegt,
3. die `n-1` Scheiben von T_3 auf T_2 übertragen.

Vervollständigen Sie die Quelldatei `towersOfHanoi.c` um folgende zwei Funktionen:

- Die rekursive Funktion `moveTower()` verlagert die obersten Scheiben eines Turmes auf einen anderen. Als Argumente erhält die Funktion die Anzahl der Scheiben und die Indizes des Quell- und des Zielturmes.

  Sofern die Anzahl der Scheiben größer als 0 ist, bestimmt die Funktion den Index des dritten Turmes, der zum Zwischenspeichern verwendet wird, und ruft sich wie oben beschrieben selbst auf. Nach dem Verlagern der größten Scheibe wird der aktuelle Spielstatus angezeigt und auf die Betätigung der Return-Taste gewartet.

Die Funktion `moveTower()` ist eine »private« Hilfsfunktion und soll nicht von einer Funktion außerhalb der Quelldatei `towersOfHanoi.c` aufgerufen werden können.

- Die Funktion `autoPlayTOH()` führt das Spiel automatisch aus. Dazu ruft sie die Funktion `moveTower()` mit der Gesamtzahl der Scheiben auf. Die Funktion erhält kein Argument und besitzt keinen Return-Wert.

Erweitern Sie Ihr Anwendungsprogramm so, dass es folgendes Menü anzeigt und die entsprechenden Aktionen ausführt.

```
          ****   Tuerme von Hanoi   ****

            P = Play: Spiel starten
            A = Auto Play: Loesung anzeigen
            Q = Quit: Spiel beenden
Ihre Wahl:
```

15.10 Die Speicherbelegung einer `float`-Variablen soll analysiert werden. Die Darstellung einer Gleitpunktzahl `x` beruht immer auf einer Zerlegung in ein Vorzeichen `v`, eine Mantisse `m` und einen Exponenten `exp` zur Basis 2:

$$x = v * m * 2^{exp}$$

Im gängigen IEEE-Format hat die Mantisse einen Wert, der größer oder gleich 1 und kleiner 2 ist. Nur für x = 0 hat die Mantisse den Wert 0. Die 32 Bit einer `float`-Variablen sind gewöhnlich wie folgt aufgeteilt.

	v	Exponent	Mantisse
Bitposition	31	30 … 23	22 … 0

Definieren Sie eine Struktur mit drei Bitfeldern für die Mantisse, den Exponenten und das Vorzeichen. Dies ist möglich, wenn der Typ `int` mindestens die Größe von `float` hat. Wenn dies nicht gegeben ist, soll sich das Programm mit einer entsprechenden Meldung beenden.

Die Anzahl Bits für die Mantisse kann der Header-Datei `float.h` entnommen werden. Dafür ist dort die Konstante `FLT_MANT_DIG` definiert. Das erste Bit der Mantisse ist stets 1 und wird daher nicht gespeichert. Die Breite des Bitfeldes ist also nur `FLT_MANT_DIG-1`. Das Vorzeichen belegt immer ein Bit. Die restlichen Bits werden für den Exponenten verwendet. Zur besseren Übersicht ist es sinnvoll, für die Breiten der Bitfelder symbolische Konstanten zu definieren.

Definieren Sie dann eine Union mit drei Elementen: ein `float`-Element, ein `unsigned`-Element und ein Struktur-Element mit den Bitfeldern. Dies erlaubt beispielsweise den direkten Zugriff auf den Exponenten und die Mantisse. Eine Beispielausgabe des Programms:

```
*** Speicherbelegung einer float-Variablen ***

Anzahl Bits fuer die Mantisse:  23
Anzahl Bits fuer den Exponenten: 8

Geben Sie eine Gleitpunktzahl ein: 5.2
Bitmuster der Zahl: 0100 0000 1010 0110 0110 0110 0110 0110
Vorzeichen: +
Exponent:   2
Mantisse:   1.300000

Naechste Gleitpunktzahl (Abbruch mit q):
```

Hinweise:

1. Das Bitmuster einer ganzen Zahl können Sie mit der Funktion `putbis()` ausgeben (vgl. Lösung zu Aufgabe 12.4).
2. Der Exponent `exp` wird mit einer Verschiebung (*Bias*) von 127 gespeichert, nämlich als nicht negative Zahl `exp+127`.
3. Der Wert im Bitfeld der Mantisse repräsentiert die Nachkommastellen. Der entsprechende Wert ergibt daher durch Division mit 2^M `= (1<<M)`, wenn M die Breite des Bitfeldes ist.

Lösungen zu den Verständnisfragen

15.1 Struktur

15.2 `struct Artikel { char namen[64]; double preis; };`

15.3 Richtig

15.4 a)

15.5 Header-Datei

15.6 Falsch

15.7 c)

15.8 `struct Cylinder can1 = { 0.5, 10.0 };`

15.9 Richtig

15.10 Falsch

15.11 b)

15.12 eine Strukturvariable (ein Objekt vom Typ einer Struktur)

15.13 `Cylinder_t can1, *canPtr = &can1;`

15.14 a) und b)

15.15 Falsch

15.16 `px = malloc( sizeof(struct X));`

15.17 c)

15.18 `union Word { short w; char b[2]; };`

15.19 Falsch

15.20 Richtig

Lösungen zu den Aufgaben

15.1 Die Ausgabe des Programms:

```
Winter, Adam                17.07.1988
Sommer, Eva                 19.09.1990
Sommer, Eva                 19.09.1990
Winter, Adam                17.07.1988
```

15.2

```
/* ---------------------------------------------------
 * ex15_02.c
 * Struktur tm aus time.h verwenden.
 * ---------------------------------------------------
 */
#include <stdio.h>
#include <time.h>

char *month[12] = { "Januar", "Februar", "Maerz", "April",
                    "Mai", "Juni", "Juli", "August",
          "September", "Oktober", "November", "Dezember" };

char *wday[7] = { "Sonntag", "Montag", "Dienstag",
         "Mittwoch", "Donnerstag", "Freitag", "Samstag" };
```

```
int main()
{
   time_t sec;
   struct tm *tmPtr;

   time(&sec);
   tmPtr = localtime(&sec);

   printf("Heute ist %s, der %d. %s %d.\n",
          wday[tmPtr->tm_wday], tmPtr->tm_mday,
          month[tmPtr->tm_mon], 1900+tmPtr->tm_year);

   printf("Das ist der %d. Tag des Jahres.\n",
                                 tmPtr->tm_yday + 1);
   return 0;
}
```

15.3 Die Fehler und mögliche Korrekturen.

a) In C kann eine Struktur keine Funktion als Element besitzen. Eine solche Funktion muss separat deklariert werden und erhält als Argument eine Strukturvariable oder einen Zeiger darauf übergeben. Außerdem fehlt das abschließende Semikolon:

```
struct Date
{
   short month, day, year;
};
int printDate(const struct Date *pDate);  // Prototyp
```

b) In der Definition eines Strukturtyps können keine Elemente initialisiert werden. Es wird ja noch kein Objekt erzeugt. Außerdem fehlt in der Deklaration des Zeigers `next` das Schlüsselwort `struct`:

```
struct Item
{
   float x;
   long  cap;
   struct Item *next;
};
```

c) Der Typ `float` ist für ein Bitfeld nicht zulässig. Um portabel zu bleiben, sollten nur Typen kleiner oder gleich `unsigned int` verwendet werden. Die Breite 24 ist zu groß, wenn das Element `n` lückenlos an das Element `x` anschließen soll.

```
struct Fields
{
   unsigned a : 8;
   short    x : 8
   int      n : 16;
};
```

d) Eine Struktur kann sich selbst nicht als Element enthalten, wohl aber einen Zeiger auf sich.

```
struct Member
{
   char name[64];
   char *info;
   struct Member *basePtr;
};
```

15.4

```
/* ------------------------------------------------------
 * ex15_04.c
 * Die Funktionen für 3D-Punkte testen.
 * ------------------------------------------------------
 */
#include <stdio.h>
#include <string.h>            // fuer strcpy()
#include <math.h>              // fuer sqrt()
#include "point3D.h"           // Strukturtyp und Prototypen.

int main()
{
   struct Point3D p1 = { -1, 0, 1},
                  p2 = { -0.5 , 2.7, -1.2 }, p3;
   char p1Str[32], p2Str[32];

   printf("\n\t *** Operationen fuer 3D-Punkte ***\n\n");

   strcpy( p1Str, toStringP3D(&p1));
   strcpy( p2Str, toStringP3D(&p2));
   printf("1. Punkt:   %s\n"
          "2. Punkt:   %s\n", p1Str, p2Str);

   p3 = sumP3D( &p1, &p2);
   printf("Ihre Summe: %s\n", toStringP3D(&p3) );
```

```
   p3 = sProductP3D( 2.0, &p3);
   printf("Verdoppelt: %s\n", toStringP3D(&p3) );

   printf("\nDas innere Produkt von %s und %s ist: %.2f\n",
            p1Str, p2Str, iProductP3D( &p1, &p2) );

   printf("\nUnd der Absolutbetrag "
          "(= Laenge des Vektors) von %s ist: %.2f\n",
           p2Str, sqrt(iProductP3D(&p2, &p2)) );
   return 0;
}

/* ---------------------------------------------------------
 * point3D.h
 * Die Struktur Point3D und Operationen dafür.
 * ---------------------------------------------------------
 */
#ifndef POINT3D_H
#define POINT3D_H
#include <stdio.h>

typedef
struct Point3D { double x, y, z; } Point3D_t;

// Summe:
inline Point3D_t sumP3D( const Point3D_t *p1,
                         const Point3D_t *p2)
{
   Point3D_t sum = { p1->x + p2->x,
                     p1->y + p2->y, p1->z + p2->z };
   return sum;
}

// Skalarprodukt:
inline Point3D_t sProductP3D( double a, const Point3D_t *p)
{
   Point3D_t sProd = { a*p->x, a*p->y, a*p->z };
   return sProd;
}
```

```
// Inneres Produkt:
inline double iProductP3D( const Point3D_t *p1,
                           const Point3D_t *p2)
{
   return  p1->x * p2->x + p1->y * p2->y + p1->z * p2->z;
}

// Als String in der Form (x,y,z)
// Bei einem erneuten Aufruf geht der alte String verloren.
inline char *toStringP3D( const Point3D_t *p)
{
   static char str[64];
   sprintf( str,"(%.2f,%.2f,%.2f)", p->x, p->y, p->z);
   return str;
}

#endif  // POINT3D_H
```

15.5

```
/* ----------------------------------------------------
 * ex15_05.c
 * Eine Tabelle für Spieler und ihre Punktestände.
 * ----------------------------------------------------
 */
#include <stdio.h>
typedef
struct Gambler { char name[32]; int score; } Gambler_t;

#define MAX 10
Gambler_t GamblerTab[MAX];    // Platz für 10 Spieler.

void putGambler( Gambler_t *gPtr)
{  printf("%-32s %d\n", gPtr->name, gPtr->score); }

int main()
{
   Gambler_t g;                 // Für die Eingabe.
   int count = 0, i, j;         // Indizes.

   puts("\t *** Eine Spielertabelle ***\n");
   puts("Geben Sie jeweils einen Spielernamen "
        "und seine Punkte ein.\n"
        "(Ende mit Strg+Z)");
```

```
   for( i = 0; i < MAX; ++i)
   {
      printf("Kurzname: ");
      if( scanf("%31s", g.name) < 1)
         break;
      printf("Punkte:   ");
      if( scanf("%d", &g.score) < 1)
         break;
      // Einsortieren:
      for( j = i-1;
           j >= 0 && g.score > GamblerTab[j].score; --j)
         GamblerTab[j+1] = GamblerTab[j];
      GamblerTab[j+1] = g;
   }
   count = i;
   puts("\nDie Rangliste der Spieler:\n"
        "------------------------------------");
   for( i = 0; i < count; ++i)          // Tabelle anzeigen.
     putGambler(GamblerTab+i);

   return 0;
}
```

15.6

```
/* ------------------------------------------------------
 * ex15_06.c
 * Operationen mit Brüchen testen.
 * ------------------------------------------------------
 */
#include <stdio.h>
#include "bruch.h"              // Typ Bruch_t und Prototypen.

int main()
{
   Bruch_t a={3,2}, b={-4,3};

   puts("\nMit Bruechen rechnen!");

   printf("\n a = "); printB(a);
   printf("\n b = "); printB(b);

   printf("\n a + b = ");  printB( addB(a,b));
   printf("\n a - b = ");  printB( subB(a,b));
   printf("\n a * b = ");  printB( mulB(a,b));
   printf("\n a / b = ");  printB( divB(a,b));
```

```
    puts("\n\nDie Brueche als double-Werte:");
    // Bruch_t -> double
    printf(" a = %f\n", bruchTodouble(a));
    printf(" b = %f\n", bruchTodouble(b));

    puts("\nBitte einen Bruch eingeben:");
    printf("  Zaehler:       ");  scanf("%ld", &a.zaehler);
    printf("  Nenner != 0:  ");  scanf("%ld", &a.nenner);
    if( a.nenner == 0)
    {
       fprintf(stderr, "\nFehler: Division durch null!\n");
       return 1;
    }
    printf("\nIhre Eingabe:    "); printB(a);
    a = kuerzenB(a);
    printf("\nGekuerzt:        "); printB(a);
    printf("\nAls double-Wert: %f\n", bruchTodouble(a));
    return 0;
}

/* -----------------------------------------------------
 * Bruch.h
 * Die Struktur Bruch und Operationen dafür.
 * -----------------------------------------------------
 */
#ifndef BRUCH_H
#define BRUCH_H

// --- Definition des Strukturtyps Bruch_t ---
typedef struct Bruch
{ long zaehler, nenner;  } Bruch_t;

// --- Operatione für Brüche: ---
Bruch_t addB( Bruch_t b1, Bruch_t b2);
Bruch_t subB( Bruch_t b1, Bruch_t b2);
Bruch_t mulB( Bruch_t b1, Bruch_t b2);
Bruch_t divB( Bruch_t b1, Bruch_t b2);

Bruch_t kuerzenB( Bruch_t b);
void printB( Bruch_t b);
double bruchTodouble( Bruch_t b);

#endif   // BRUCH_H
```

```
/* --------------------------------------------------
 * bruch.c
 * Implementierung der Funktionen für Struktur Bruch.
 * --------------------------------------------------
 */
#include <stdio.h>
#include <stdlib.h>
#include "bruch.h"

// Operationen mit Brüchen:
// ------------------------------------------------------
// Arithmetische Operationen:
Bruch_t addB( Bruch_t b1, Bruch_t b2)      // Addition
{
   Bruch_t b = { b1.zaehler * b2.nenner
                 + b2.zaehler * b1.nenner,
                 b1.nenner * b2.nenner };
   return kuerzenB(b);
}

Bruch_t subB( Bruch_t b1, Bruch_t b2)      // Subtraktion
{
    b2.zaehler = -b2.zaehler;              // -b2 addieren.
    return addB(b1,b2);
}

Bruch_t mulB( Bruch_t b1, Bruch_t b2)      // Multiplikation
{
   Bruch_t b = { b1.zaehler * b2.zaehler,
                 b1.nenner * b2.nenner };
   return kuerzenB(b);
}

Bruch_t divB( Bruch_t b1, Bruch_t b2)      // Division
{
   if( b2.zaehler == 0)
   {
      fprintf(stderr,"\nFehler: Division durch null!");
      exit(1);
   }
   else
   {
```

```
      Bruch_t b = { b1.zaehler * b2.nenner,
                    b1.nenner * b2.zaehler };
      return kuerzenB(b);
   }
}

void printB( Bruch_t b)
{   printf("%ld/%ld", b.zaehler, b.nenner); }

double bruchTodouble( Bruch_t b)
{  return (double)(b.zaehler) / b.nenner;  }

// -------------------------------------------------------
// Einen Bruch kürzen, das heißt, Zähler und Nenner durch
// den größten gemeinsamen Teiler (ggT) dividieren.

long ggt( long a, long b);

Bruch_t kuerzenB( Bruch_t b)
{
    if( b.zaehler == 0)
       b.nenner = 1;
    else
    {
       long t = ggt( b.zaehler, b.nenner);
       b.zaehler /= t;
       b.nenner  /= t;
    }
    if( b.nenner < 0)
    { b.zaehler = -b.zaehler; b.nenner = -b.nenner; }

    return b;
}
// -------------------------------------------------------
// Größter gemeinsamer Teiler (ggT) zweier ganzer Zahlen.
// Berechnung mit einem Algorithmus von Euklid.

long ggt( long a, long b)
{
   // ... wie in der Aufgabenstellung.
}
```

15.7

```
/* ----------------------------------------------------
 * ex15_07.c
 * Eine Warteschlange für Jobs verwenden.
 * ----------------------------------------------------
 */
#include <stdio.h>
#include "JobQueue.h"      // Strukturtypen und Prototypen.

int main()
{
   JobQueue_t myJobs = {0}, yourJobs = {0};

   Job_t job1 = { 5, "Urlaub planen." },
         job2 = { 2, "Rasen maehen." },
         job3 = { 7, "Konzertkarten reservieren." },
         job4 = { 6, "Mails beantworten."};

   // Jobs in Warteschlange einfuegen;
   pushJQ( &myJobs, &job1);
   pushJQ( &myJobs, &job2);
   pushJQ( &myJobs, &job3);

   puts("\n\t ***** 1. Aufgabenliste  *****\n");
   printJQ(&myJobs);           // Alle Aufgaben anzeigen.

   pushJQ( &yourJobs, &job4);
   puts("\n\t ***** 2. Aufgabenliste  *****\n");
   printJQ(&yourJobs);         // Alle Aufgaben anzeigen.

   // Das erste Element von myJobs entnehmen und anzeigen:
   job1 = popJQ( &myJobs);
   printf("\nDer Auftrag \"%s\" ist erledigt!\n",
                                        job1.description);

   // Die nächste Aufgabe an yourJobs übertragen:
   job1 = popJQ( &myJobs);
   printf("\nDen Auftrag \"%s\" delegieren.\n",
                                        job1.description);
   pushJQ( &yourJobs, &job1);

   printf("\nIn der ersten Liste gibt es noch %d "
          "Aufgaben.\n", myJobs.count);
   printf("\nUnd das sind die %d Aufgaben der zweiten "
```

```
        "Liste:\n", yourJobs.count);
   printJQ(&yourJobs);        // Alle Aufgaben anzeigen.
   return 0;
}

/* -------------------------------------------------------
 * jobQueue.h
 * Definition der Strukturen Job und JobQueue
 * und die Deklarationen der zugehörigen Operationen.
 * -------------------------------------------------------
 */
#ifndef JOBQUEUE_H
#define JOBQUEUE_H
// --------------------------------------------------------
// Definition des Strukturtyps Job_t
typedef struct Job
{ int prio; char description[256]; }  Job_t;

// --------------------------------------------------------
// Definition des Strukturtyps JobQueue_t

// Typ der Queue-Elemente:
typedef struct QueueEl
{ Job_t job;  struct QueueEl *next;}  QueueEl_t;

typedef struct
{  int count;   struct QueueEl *first, *last;}  JobQueue_t;

// --------------------------------------------------------
// Operationen für JobQueue:
int   pushJQ( JobQueue_t *pJQ, const Job_t* pJob);
Job_t popJQ( JobQueue_t *pJQ);
void printJQ(JobQueue_t *pJQ);

#endif   // JOBQUEUE_H

/* -------------------------------------------------------
 * jobQueue.c
 * Implementierung der Funktionen für JobQueue.
 * -------------------------------------------------------
 */
#include <stdio.h>
#include <stdlib.h>
```

```
#include "jobqueue.h"

// -------------------------------------------------------
// Ein neues Element einfügen:
int pushJQ( JobQueue_t *pJQ, const Job_t* pJob)
{
   QueueEl_t *pNewEl = calloc( 1, sizeof( QueueEl_t));
   if( pNewEl == NULL)
      return 0;

   pNewEl->job = *pJob;
   if( ++pJQ->count == 1)                      // Erstes Element?
      pJQ->first = pJQ->last = pNewEl;        // Ja
   else                                        // Nein
   {  // Einfügeposition suchen:
      QueueEl_t *pPrevEl = NULL, *pEl = pJQ->first;
      for( ; pPrevEl != pJQ->last  &&
             pEl->job.prio >= pNewEl->job.prio;
                                  pEl = pEl->next)
         pPrevEl = pEl;                     // Vorgänger merken.

      if( pPrevEl == NULL)
      {                                // Als 1. Element einfügen.
         pNewEl->next = pJQ->first;
         pJQ->first = pNewEl;
      }
      else
      {                                // Nach Vorgänger einfügen.
         pNewEl->next = pPrevEl->next;
         pPrevEl->next = pNewEl;
         if( pPrevEl == pJQ->last)
             pJQ->last = pNewEl;
      }
   }
   return 1;
}

// -------------------------------------------------------
// Das erste Element entnehmen und zurückgeben:
Job_t  popJQ( JobQueue_t *pJQ)
{
    Job_t job = {0};
    if( pJQ->count >0)            // Falls Liste nicht leer.
```

```
    {
      QueueEl_t *p1 = pJQ->first; // Zeiger auf 1. Element.
      job = p1->job;
      if( --pJQ->count == 0)
        pJQ->first = pJQ->last = NULL;
      else
        pJQ->first = pJQ->first->next;
      free(p1);
    }
    return job;
}

// ----------------------------------------------------------
// Die Elemente der Queue ausgeben:
void printJQ(JobQueue_t *pJQ)
{
   if( pJQ->first == NULL)
     puts("Die Aufgabenliste ist leer!");
   else
   {
     QueueEl_t *pEl = pJQ->first;
     puts("Prioritaet  Beschreibung");
     for( ; pEl != NULL; pEl = pEl->next)
       printf("%8d    %s\n",
               pEl->job.prio, pEl->job.description);
   }
}
```

15.8

```
/* ----------------------------------------------------------
 * ex15_08.c
 * Führt das Spiel "Towers of Hanoi" aus.
 * ----------------------------------------------------------
 */
#include <stdio.h>
#include "towersOfHanoi.h"

int main()
{
   int nDisks = 0;                   // Anzahl Scheiben.
   int from = 0, to = 0;             // Nummern der Türme.

   puts("\n\n\t  ****   Tuerme von Hanoi   ****\n");
   printf("Geben Sie die Anzahl der Scheiben ein: ");
```

```
    if( scanf("%d", &nDisks) < 1)
        return 1;                   // Ungültige Eingabe.

    initTOH( nDisks);
    printTOH();

    puts("\nSpielabbruch mit einem Buchstaben.");
    while( ! isFinishedTOH())
    {
      printf("\nScheibe uebertragen!  Vom Turm: ");
      fflush(stdin);
      if( scanf("%d", &from) < 1) break;
      printf("                        Zum Turm: ");
      if( scanf("%d", &to) < 1)  break;

      if( !moveTOH( from-1, to-1))      // Indizes: 0, 1, 2
        puts("Aktion unzulaessig!");
      else
        printTOH();
    }
    puts("Das Spiel ist aus!");
    if( isFinishedTOH())
         puts("Sie haben gewonnen!\n");
    return 0;
}

/* ------------------------------------------------------
 * towersOfHanoi.h
 * Prototypen der Funktionen aus towersOfHanoi.c
 * ------------------------------------------------------
 */

void initTOH( int n);
int  isFinishedTOH(void);
int  moveTOH( int from, int to);
void printTOH(void);

/* ------------------------------------------------------
 * towersOfHanoi.c
 * Implementierung des Spiels "Towers of Hanoi".
 * ------------------------------------------------------
 */
#include <stdio.h>
```

```
#define MAX_DISKS  16

struct Tower
{
   short pos[MAX_DISKS];          // Ein Turm.
   int nDisks;                    // Akuelle Anzahl Scheiben.
};
// Statische Daten:
static struct Tower tower[3];    // Drei Türme
static short  nTotal;            // Gesamtzahl Scheiben

void initTOH( int n)             // Initialisierung
{
   int i;
   if( n > MAX_DISKS)  n = MAX_DISKS;
   nTotal = n;

   tower[0].nDisks = n;          // tower[0] mit n Scheiben.
   tower[1].nDisks = 0;          // tower[1] und
   tower[2].nDisks = 0;          // tower[2] mit 0 Scheiben.

   for( i = 0; i < n; ++i)       // n : die groesste Scheibe,
       tower[0].pos[i] = n-i;    // 1 : die kleinste Scheibe.
}

int isFinishedTOH(void)
{
   return  tower[1].nDisks == nTotal
        || tower[2].nDisks == nTotal;
}

int moveTOH( int from, int to)
{
   if( from == to || from < 0 || from > 2
                  || to < 0   || to > 2)
      return 0;                  // Falscher Index.

   if( tower[from].nDisks == 0)
     return 0;             // Keine Scheibe auf tower[from]
   else
   {
     int iFrom = tower[from].nDisks - 1, // Indizes der
         iTo = tower[to].nDisks - 1;     // letzten Scheiben
```

```
    if( iTo >= 0  &&
        tower[from].pos[iFrom] > tower[to].pos[iTo])
      return 0;    // Keine grosse Scheibe auf eine kleine.

    tower[to].pos[iTo+1] = tower[from].pos[iFrom];
    --tower[from].nDisks;
    ++tower[to].nDisks;
    return 1;
  }
}

void printTOH()
{
    int i, j;
    putchar('\n');                           // Neue Zeile.
    for( i = nTotal-1; i >= 0;  --i)         // Die Spitzen der
    {                                        // Türme zuerst.
      for( j = 0; j < 3; ++j)
        if( i < tower[j].nDisks)             // Position i belegt?
          printf("%10d", tower[j].pos[i]);
        else
          printf("%10c", '|');
      putchar('\n');                         // Neue Zeile.
    }
    puts("--------------------------------------\n"
         "         (1)        (2)        (3)\n");
}
```

15.9

```
/* ----------------------------------------------------
 * ex15_09.c
 * Führt das Spiel "Towers of Hanoi" aus.
 * Mit der Möglichkeit, sich die Lösung anzeigen zu lassen.
 * ----------------------------------------------------
 */
#include <stdio.h>
#include <ctype.h>
#include "towersOfHanoi.h"

int menu(void);

int main()
{
```

```
int choice;
while( (choice = menu()) != 'Q' )   // Auswahlmenü
{
  int nDisks = 0;                // Anzahl Scheiben.
  printf("\nGeben Sie die Anzahl der Scheiben ein: ");
  if( scanf("%d", &nDisks) < 1)
      break;
  initTOH( nDisks);
  printTOH();

  switch( choice)
  {
    case 'P':              // "Play": Der Benutzer spielt.
    {
      int from = 0, to = 0;
      puts("\nSpielabbruch mit einem Buchstaben.");
      while( ! isFinishedTOH())
      {
         printf("\nScheibe uebertragen!  Vom Turm: ");
         fflush(stdin);
         if( scanf("%d", &from) < 1) break;
         printf("                          Zum Turm: ");
         if( scanf("%d", &to) < 1)  break;

         if( !moveTOH( from-1, to-1))  // Indizes: 0, 1, 2
           puts("Aktion unzulaessig!");
         else
           printTOH();
      }
      fflush(stdin);

      puts("Das Spiel ist aus!");
      if( isFinishedTOH())
         puts("Sie haben gewonnen!\n");
    }
    break;

    case 'A':       // "Auto Play": Eine Loesung anzeigen.
      autoPlayTOH();
      puts("Das Spiel ist aus!");
      if( !isFinishedTOH())
        puts("Fehler!\n");
      break;
```

```
      }
   }
   return 0;
}

int menu()
[
   int choice = 0;

   puts("\n\n\t\t  ****   Tuerme von Hanoi   ****\n");
   puts("\t   P = Play: Spiel starten\n"
        "\t   A = Auto Play: Loesung anzeigen\n"
        "\t   Q = Quit: Spiel beenden\n");
   printf("Ihre Wahl: ");

   while( choice != 'P' && choice != 'A' && choice != 'Q')
   {
      if( scanf("%c", &choice) < 1) choice = 'Q';
      choice = toupper(choice);
   }
   return choice;
}

/* ----------------------------------------------------------
 * towersOfHanoi.h
 * Prototypen der Funktionen aus towersOfHanoi.c
 * ----------------------------------------------------------
 */
void initTOH( int n);
int  isFinishedTOH(void);
int  moveTOH( int from, int to);
void printTOH(void);
void autoPlayTOH(void);

/* ----------------------------------------------------------
 * towersOfHanoi.c
 * Implementierung des Spiels "Towers of Hanoi".
 * ----------------------------------------------------------
 */
//
//  ... wie gehabt und zusätzlich folgende Funktionen:
//
```

```
static void moveTower( int nDisks, int from, int to)
{
   if( nDisks > 0)
   {
      int i3 = 0;          // Den dritten Index bestimmen.
      while( i3 == from || i3 == to)
         ++i3;
      moveTower( nDisks-1, from, i3);
      moveTOH( from, to);   // Groesste Scheibe verschieben
      printTOH();           // und Spielstand anzeigen.
      fflush(stdin);
      printf("Weiter mit Return ... "); getchar();
      moveTower( nDisks-1, i3, to);
   }
}

void autoPlayTOH()
{  moveTower( tower[0].nDisks, 0, 2); }
```

15.10

```
/* -------------------------------------------------------
 * ex15_10.c
 * Speicherbelegung einer float-Variablen.
 * Verwendet eine Union und Bitfelder.
 * -------------------------------------------------------
 */
#include <stdio.h>
#include <float.h>

void putbits( unsigned int n);     // Prototypen

#define M (FLT_MANT_DIG-1)       // Anzahl Bits für Mantisse
#define E (8*sizeof(float)-M-1)  // und Exponent.

struct bits { unsigned man : M;    // Bits der Mantisse
              unsigned exp : E;    // Bits des Exponenten
              unsigned sgn : 1;
            };
union FloatLong { float x;
                  unsigned n;
                  struct bits b;   // die Bitfelder.
                } xnb;
```

```
int main()
{
   puts("** Vorzeichen, Exponent und Mantisse einer "
        "float-Variablen ***\n");
   printf("Anzahl Bits fuer die Mantisse:  %d\n"
          "Anzahl Bits fuer den Exponenten: %d\n", M, E);

   if( sizeof(float) > sizeof(int) )
   {                              // Zu groß für Bitfelder.
      puts("Typ float groesser als Typ int!");
      return 1;
   }
   printf("\nGeben Sie eine Gleitpunktzahl ein: ");
   while( scanf("%f", &xnb.x) == 1)
   {
      printf("Bitmuster der Zahl: ");  putbits(xnb.n);

      printf("\nVorzeichen: %c\n", xnb.b.sgn ? '-' : '+' );
      printf(  "Exponent:   %d\n", xnb.b.exp - 127);
      printf(  "Mantisse:   %f\n",
                            1 + (double)xnb.b.man / (1<<M) );

      printf("\nNaechste Gleitpunktzahl (Abbruch mit q): ");
   }
   return 0;
}

void putbits(unsigned int n)    // Bitmuster von n ausgeben
{
    int i;
    for( i = 8*sizeof(n)-1; i >= 0 ; --i)
    {
      putchar( ((n>>i) & 1) + '0');    // i-tes Bit ausgeben

      if( i % 4 == 0  &&  i > 0)       // und nach vier Bits
         putchar(' ');                 // ein Blank.
    }
}
```

Kapitel 16

High-Level-Dateizugriff

C stellt für den standardisierten Zugriff auf Dateien zahlreiche Funktionen zur Verfügung. Sie sind unabhängig von systemspezifischen Details und ermöglichen so das Schreiben portabler Programme.

- Dateien und Streams

  Eine Datei besteht aus einer Folge von Bytes mit den Positionen 0, 1, 2 usw. Die aktuelle Position ist die Position, die als Nächstes gelesen oder geschrieben wird. Geräte wie Tastaturen oder Drucker werden wie gewöhnliche Dateien behandelt. Beim Öffnen wird die Datei mit einem neuen Stream verbunden, der für die Übertragung der Daten zuständig ist. Dabei wird eine Struktur vom Typ FILE initialisiert, die alle Informationen zur Kontrolle des Streams enthält, beispielsweise einen Zeiger auf den verwendeten Puffer und die aktuelle Position. Beim Start eines Programms sind bereits die drei Standard-Streams `stdin`, `stdout` und `stderr` vorhanden.

- Dateien öffnen und schließen

  Die Funktion `fopen()` öffnet eine Datei zum Lesen oder zum Schreiben oder einer Kombination davon: Das erste Argument ist der Dateiname, der auch eine Pfadangabe enthalten kann. Das zweite Argument legt den Zugriffsmodus fest. Dieser String beginnt mit `r` für »read« (Lesen) oder mit `w` für »write« (Schreiben) oder mit `a` für »append« (Anhängen). Diesem ersten Zeichen (`r`, `w`, oder `a`) kann das Zeichen `+` oder `b` oder auch beide folgen. Das Zeichen `+` bedeutet, dass Lesen und Schreiben möglich sind. Mit dem Zeichen `b` wird die Datei im Binärmodus geöffnet, andernfalls im Textmodus.

  Der Return-Wert von `fopen()` ist ein Zeiger auf den neuen, mit der Datei verbundenen Stream oder der Null-Zeiger, falls die Datei nicht geöffnet werden konnte. Dieser »FILE-Pointer« ist bei allen nachfolgenden Operationen anzugeben, z.B. auch beim Schließen der Datei mit `fclose()`.

- Operationen mit geöffneten Dateien

  Für das Lesen und Schreiben stellt die Standardbibliothek Funktionen bereit, die Daten zeichenweise (`putc()`, `getc()`), stringweise (`fputs()`, `fgets()`), blockweise (`fwrite()`, `fread()`) oder formatiert (`fprintf()`, `fscanf()`) zu übertragen. Die aktuelle Position in der Datei wird dabei automatisch erhöht. Fehler oder das Erreichen des Dateiendes werden generell durch den Return-Wert angezeigt. Die entsprechenden Flags können auch mit `feof()` und `ferror()` abgefragt werden. Der wahlfreie Dateizugriff erfolgt mit den Funktionen `ftell()` und `fseek()` (oder mit `fgetpos()` und `fsetpos()`), die die aktuelle Position liefern bzw. neu setzen. Die Funktion `rewind()` setzt die aktuelle Position wieder auf den Anfang der Datei und löscht ein evtl. gesetztes EOF- oder Fehler-Flag.

Verständnisfragen

16.1 Die Standardfunktionen für die Byte-orientierte Ein-/Ausgabe sind in der Header-Datei ________________ deklariert.

16.2 Jede geöffnete Datei ist mit einem ____________ verbunden, der für die Datenübertragung zuständig ist.

16.3 Eine Datei ist aus der Sicht eines C-Programms eine Folge von

a) Bytes.

b) Zeilen.

c) Datensätzen.

16.4 Die Funktion `fopen()` liefert als Return-Wert immer den Null-Zeiger, wenn die zu öffnende Datei nicht existiert.

☐ Richtig

☐ Falsch

16.5 Mit dem Zugriffsmodus `"wb"` wird eine Datei zum ________________ ________________________ geöffnet.

16.6 Beim Öffnen einer bestehenden Datei bleibt der Inhalt der Datei stets erhalten.

☐ Richtig

☐ Falsch

16.7 Der Zugriffsmodus, um eine Datei zum Lesen und Schreiben zu öffnen (engl. *open for update*), lautet ___________.

16.8 Eine Textdatei, die im Modus `"r+"` geöffnet wird,

a) wird neu erzeugt, falls sie noch nicht vorhanden ist.

b) wird auf die Länge `0` gekürzt, falls sie vorhanden ist.

c) muss bereits vorhanden sein.

16.9 Sei `fp` ein Zeiger vom Typ `FILE*`. Dann lautet die Anweisung, um die Textdatei `"Memo.txt"` zum Lesen und zum Schreiben ab Dateiende zu öffnen und `fp` auf den neuen Stream zeigen zu lassen:

____

16.10 Ein regulär ablaufendes Programm schließt am Ende alle geöffneten Dateien.

☐ Richtig

☐ Falsch

16.11 Die folgende Anweisung bewirkt, dass nach dem Schreiben in eine mit dem FILE-Pointer `fp` verbundene Datei die Daten vom Ausgabepuffer in die Datei übertragen werden.

____

16.12 Wenn beim Öffnen einer bestehenden Datei kein Pfad angegeben ist, muss sich die Datei im folgenden Verzeichnis befinden:

a) im Homeverzeichnis des Anwenders.

b) im aktuellen Verzeichnis.

c) im Verzeichnis, in dem sich das ausgeführte Programm befindet.

16.13 Gegeben sei folgendes Code-Fragment:

```
FILE * fp;
char zeile[100];
if( (fp = fopen("sprueche.txt", "r")) == NULL)
   exit(1);
```

Wenn die Datei erfolgreich geöffnet wurde, kann die erste Zeile der Datei wie folgt in den Vektor `zeile` eingelesen werden:

______________________________________.

16.14 Wenn eine Datei zum Lesen und Schreiben geöffnet wurde, kann beliebig zwischen Lesen und Schreiben gewechselt werden.

☐ Richtig

☐ Falsch

16.15 Die Datei `personen` wurde mit dem FILE-Pointer `fp` zum Schreiben am Dateiende im Binärmodus geöffnet. Sie enthält Datensätze vom Typ `struct Person`. Die Anweisung, um einen weiteren Datensatz, der sich in der Variablen `aPerson` befindet, an die Datei anzuhängen, lautet:

____

16.16 Für die Dateiverarbeitung im Binärmodus gilt:

a) Textdateien dürfen nicht im Binärmodus geöffnet werden.

b) Beim Lesen und Schreiben im Binärmodus werden andere Steuerzeichen interpretiert als im Textmodus.

c) Im Binärmodus werden alle Bytes unverändert übertragen.

16.17 Die Möglichkeiten zur Formatierung von Daten, die Sie mit `printf()` nutzen können, stehen mit `fprintf()` auch für die Ausgabe in eine Datei zur Verfügung.

- [ ] Richtig
- [ ] Falsch

16.18 Eine Datei, die mit dem `FILE`-Pointer `fp` geöffnet wurde, enthalte Datensätze vom Typ `struct Record`. Nach dem Lesen des ersten Datensatzes liefert dann der Funktionsaufruf `ftell(fp)` den Wert:

____

16.19 Die Anweisung, um die aktuelle Position in einer mit dem `FILE`-Pointer `fp` verbundenen Datei auf das Dateiende zu setzen, lautet:

a) `fseek( fp, 0L, SEEK_END);`

b) `fseek( fp, EOF, 0);`

c) `fsetpos( fp, EOF);`

16.20 Auf Systemen, die zwischen Binärmodus und Textmodus unterscheiden, sollten die Funktionen `fread()` und `fwrite()` zum Lesen und Schreien von Datensätzen nur auf Dateien angewendet werden, die im Binärmodus geöffnet wurden.

- [ ] Richtig
- [ ] Falsch

Aufgaben

16.1 Schreiben Sie eine Funktion `isReadable()`, die prüft, ob eine Datei zum Lesen geöffnet werden kann. Falls dies der Fall ist, wird die Datei wieder geschlossen und `1` für »wahr« zurückgegeben. Andernfalls ist der Return-Wert `0`. Als Argument erhält die Funktion den Namen der Datei, der eine Pfadangabe enthalten kann.

Testen Sie die Funktion, indem Sie die Funktion mit Dateinamen aufrufen, die der Anwender eingibt.

16.2 Was stimmt hier nicht?

a) Die Datei `Demo.txt` enthält einige Zeilen Text.

```
char zeile[100] = "";
FILE *fp = fopen("Demo.txt", w+);
if( fp != NULL)
   fgets( zeile, sizeof(zeile), fp);    // 1. Zeile.
```

b) Die Datei Records.dat enthält mindestens einen Datensatz.

```
struct Record { /* ... */ } rec;
FILE *fp = fopen("Records.dat", "a+");
if( fp != NULL)
{  rewind( fp);
   fread( &rec, sizeof(rec), 1, fp);  // 1. Datensatz.
   // !. Datensatz aktualisieren ...
   // und dann zurückschreiben:
   rewind( fp);
   fwrite( &rec, sizeof(rec), 1, fp);
   fclose("Records.dat");
}
```

c) Die Datei Records.dat enthält einen Datensatz.

```
struct Record { /* ... */ } rec;
FILE *fp = fopen("Records.dat", "r+b");
if( fp != NULL)
{  // 1. Datensatz lesen:
   fread( &rec, sizeof(rec), 1, fp);
   // und als 2. Datensatz zurückschreiben:
   fwrite( &rec, sizeof(rec), 1, fp);
   fclose(fp);
}
```

d) Messwerte in eine Datei schreiben und später einzeln lesen.

```
#define NUM 1000
float data[NUM];      // Vektor mit Messwerten
FILE *fp;
if( (fp = fopen("Data.dat", "wb")) != NULL)
{  fwrite( data, sizeof(float), NUM, fp);
   fclose(fp);
}
if( (fp = fopen("Data.dat", "rb")) != NULL)
{  int i = 0; float x;
   while( i++ < NUM  &&  fscanf( fp,"%f", &x) == 1)
   { /* Wert in x verarbeiten. */ }
   fclose(fp);
}
```

16.3 Schreiben Sie eine Funktion displayFile(), die eine Textdatei mit Hilfe von fgets() und fputs() Zeile für Zeile liest und am Bildschirm anzeigt.

Als Argument erhält die Funktion den Namen der Datei, der eine Pfadangabe enthalten kann.

Als Return-Wert liefert die Funktion den Wert `1`, falls die Datei nicht geöffnet werden kann, und den Wert `2`, falls beim Lesen ein Fehler auftritt. Andernfalls ist der Return-Wert `0`. Bei Beendigung der Funktion ist die Datei wieder geschlossen.

Testen Sie die Funktion mit einer Datei, deren Name der Anwender eingibt. Falls ein Fehler auftritt, schickt das Programm eine entsprechende Meldung zur Standardfehlerausgabe.

16.4 Schreiben Sie ein C-Programm, das Notizen zusammen mit einem Zeitstempel in eine Datei `memo.txt` speichert.

- Das Programm zeigt zunächst den aktuellen Inhalt der Datei `memo.txt` an und schließt die Datei wieder. Wenn die Datei noch nicht existiert, wird sie automatisch mit dem nächsten Schritt erstellt.
- Das Programm öffnet dann die Datei `memo.txt` zum Schreiben ab Dateiende und fordert den Anwender zur Eingabe von Notizen auf. Diese werden mit einem führenden Zeitstempel in die Datei geschrieben, bis der Anwender die Eingabe mit einem Punkt am Anfang einer Zeile beendet. Wenn der Anwender keine neue Notiz eingibt, d.h. die Eingabe sofort mit einem Punkt beendet, soll auch kein Zeitstempel in die Datei geschrieben werden.

Falls ein Fehler beim Dateizugriff auftritt, wird eine entsprechende Fehlermeldung zusammen mit dem Dateinamen ausgegeben.

Hinweis: Die Funktion `time()` liefert die aktuelle Zeit als ganze Zahl und die Funktion `ctime()` konvertiert die Zahl in einen String. Die Funktionen sind in der Header-Datei `time.h` deklariert.

16.5 In der Lösung zur Aufgabe 15.7 wurde eine Warteschlange `JobQueue` mit Prioritäten für zu erledigende Aufgaben entwickelt. Jedes Element enthält die Priorität und Beschreibung der Aufgabe. Ergänzen Sie die Header-Datei `jobQueue.h` und die Quelldatei `jobQueue.c` durch zwei weitere Funktionen, die den Inhalt einer Warteschlange in eine Textdatei schreiben bzw. wieder einlesen.

- Die Funktion

```
int writeJQ( JobQueue_t *pJQ, const char* filename);
```

öffnet die angegebene Datei zum Schreiben. Jedes Element der Queue wird so gespeichert, dass es in einer neuen Zeile beginnt, wobei die Priorität und die Beschreibung der Aufgabe durch ein Blank getrennt sind. Da die Beschreibung jedes Zeichen, auch ein Newline-Zeichen, enthalten kann, soll ein Eintrag mit dem Null-Zeichen \0 enden.

Der Return-Wert ist die Anzahl geschriebener Elemente. Wenn alles gutgeht, stimmt der Return-Wert also mit der Anzahl Elemente in der Warteschlange überein. Falls die Datei nicht geöffnet werden kann, gibt die Funktion den Wert -1 zurück.

- Die Funktion

```
int readJQ( JobQueue_t *pJQ, const char* filename);
```

öffnet die angegebene Datei zum Lesen. Wenn eine Aufgabe, also Priorität und Beschreibung, erfolgreich gelesen wurde, kann sie mit `pushJQ()` in die angegebene Queue eingefügt werden.

Der Return-Wert ist die Anzahl gelesener Elemente. Falls die Datei nicht geöffnet werden kann, ist der Return-Wert -1. Kann die Datei nicht vollständig gelesen werden, ist der Return-Wert -2.

Hinweise: Schreiben und lesen Sie mit den Funktionen `fprintf()` und `fscanf()`. Um mit `fscanf()` eine Zeichenfolge bis zum Null-Zeichen zu lesen, können Sie das Formatelement `%[^\0]` verwenden. Das Null-Zeichen selbst muss dann noch mit `%*c` oder der Funktion `fgetc()` entfernt werden. Umgekehrt kann das Null-Zeichen mit `fprintf()` und `%c` oder mit `fputc()` in die Datei geschrieben werden.

Testen Sie die neuen Funktionen, indem Sie das vorhandene Testprogramm zur Lösung 15.7 wie folgt ergänzen: Speichern Sie am Ende die zwei vorhandenen Warteschlangen jeweils in einer Datei mit der Endung `txt`. Lesen Sie dann beide Dateien in eine neue gemeinsame Warteschlange ein und zeigen Sie das Ergebnis mit `printJQ()` an. Öffnen Sie zur Kontrolle die erzeugten Textdateien auch mit einem Editor.

16.6 Jede Datei eines Programms zur Verwaltung von Kunden enthält eine Identifikationsnummer (kurz ID), die in den ersten vier Bytes binär gespeichert ist.

Schreiben Sie die Funktionen `readFileID()` und `writeFileID()`, um die ID einer Datei zu lesen bzw. neu zu setzen. Die Funktionen erhalten zwei Argumente: Das erste ist jeweils der Dateiname. Das zweite Argument von `readFileID()` ist ein Zeiger auf eine Variable vom Typ `long`. In diese Variable wird die gelesene ID zurückgeschrieben. Das zweite Argument von `writeFileID()` ist die neue ID vom Typ `long`, die in die Datei geschrieben wird.

Der Return-Wert der Funktionen ist
0, wenn kein Fehler auftritt,
-1, wenn die Datei nicht geöffnet werden kann,
-2, wenn ein Fehler beim Lesen bzw. Schreiben auftritt.

Die Funktion `writeFileID()` erzeugt die Datei neu, wenn sie nicht existiert. Bei einer bestehenden Datei werden nur die ersten vier Bytes überschrieben. Der restliche Inhalt bleibt unverändert.

Testen Sie die Funktionen mit einem Programm, das die ID der Datei `customer.dat` liest. Falls die Datei noch nicht existiert, wird sie mit einer ID Ihrer Wahl erzeugt. Beim zweiten Aufruf wird dann diese ID gelesen, am Bildschirm angezeigt und durch eine neue ID ersetzt. Behandeln Sie die möglichen Fehlerfälle.

16.7 Was gibt folgendes Programm auf dem Bildschirm aus?

```
#include <stdio.h>

// Murphy's laws
char *line[3] = { "If anything can go wrong, it will.\n",
                  "Nothing is as easy as it looks.\n",
                  "Every solution breeds new problems.\n" };
long pos[3];
int n = 3;
char filename[] = "demo.txt";

#define swapPos(a,b) { long c = a; a = b; b = c; }

int main()
{
   int i = 0;
   FILE *fp = NULL;
   char buf[128];

   puts("\n*** Demo zur Dateiverarbeitung ***\n");
   // Datei zum Schreiben öffnen:
   if( (fp = fopen( filename, "w+" )) == NULL)
      return 1;              // Fehler beim Öffnen.
   else
   {
      for( i = 0; i < n; ++i)
      {
         pos[i] = ftell(fp);
         if( fputs( line[i], fp) == EOF)
            return 2;        // Fehler beim Schreiben.
      }
   }
   swapPos( pos[1], pos[2]);
```

```
    swapPos( pos[0], pos[1]);

    for( i = 0; i < n; ++i)
    {
        fseek( fp, pos[i], SEEK_SET);
        if( fgets( buf, sizeof(buf), fp) == NULL)
            return 3;          // Fehler beim Lesen.
        fputs( buf, stdout);
    }
    fclose(fp);                // Datei schließen.
    return 0;
}
```

16.8 Schreiben Sie eine Funktion `searchStr()`, die in einer geöffneten Datei alle Zeilen sucht und die Positionen speichert, die einen bestimmten String enthalten. Die Funktion erwartet vier Argumente: den Filepointer der Datei, den Suchstring, einen Vektor für die Positionen und die Länge des Vektors. Als Return-Wert liefert die Funktion die Anzahl gefundener Zeilen (= Anzahl Einträge im Vektor) oder `-1`, falls ein Fehler auftritt.

Die Elemente des Vektors sind Strukturen mit drei Elementen für die Position einer Zeile in der Datei, eine Zeilennummer und einen Index in der Zeile. Stellen Sie die Definition der Struktur zusammen mit dem Prototyp der Funktion in die Header-Datei `searchStr.h`.

Erstellen Sie in einer separaten Quelldatei ein Testprogramm, das zunächst vom Anwender einen Dateinamen und einen Suchstring einliest. Ein leerer String führt dazu, dass jede Zeile gefunden wird. Nach einem erfolgreichen Aufruf der Funktion `searchStr()` gibt das Programm alle gefundenen Zeilen in folgender Form aus:

(Zeilennummer, 1. Position des Suchstrings): Zeile

Behandeln Sie die Fehlersituationen, die bei der Dateiverarbeitung auftreten können.

Hinweis: Verwenden Sie zum Suchen in einem String die Standardfunktion

```
char *strstr( const char *str, const char *substr);
```

16.9 Schreiben Sie ein Programm, das zwei Textdateien mit sortierten ganzen Zahlen in eine dritte Datei mischt. Die Zahlen sind dezimal gespeichert und durch Zwischenraumzeichen getrennt. Der Algorithmus zum Mischen wurde bereits in Aufgabe 14.7 beschrieben.

Dateien können zu groß sein, um ihren Inhalt vollständig in einen Vektor einzulesen. Das Mischen soll also »extern« erfolgen, d.h. immer nur die Zahlen gelesen werden, die gerade verarbeitet werden müssen.

Achten Sie auf eine vollständige Fehlerbehandlung bei der Dateiverarbeitung. Beispielsweise kommt es zu einem Fehler beim Lesen, wenn zwei Zahlen durch ein anderes Zeichen als ein Zwischenraumzeichen getrennt sind.

Erstellen Sie zum Testen mit einem Editor zwei Textdateien, die ganze Zahlen in aufsteigend sortierter Reihenfolge enthalten. Verwenden Sie wieder einen Editor, um das Ergebnis in der dritten Datei anzuzeigen.

16.10 Ein Spieler des Spiels »Türme von Hanoi« (s. Aufgabe 15.9) soll den aktuellen Spielstand speichern können, um es später fortzusetzen. Ergänzen Sie daher das Programm wie folgt:

- Definieren Sie in der Quelldatei `towersOfHanoi.c` zusätzlich die Funktionen `saveTOH()` und `restoreTOH()`. Als Argument erhalten die Funktionen einen Dateinamen. Die Datei wird im Binärmodus geöffnet, um den Spielstand (also die Gesamtzahl der Scheiben und den Zustand der Türme) zu speichern bzw. einzulesen.

  Der Return-Wert der Funktionen ist `1` (für »wahr«), wenn kein Fehler auftritt, andernfalls `0` (für »falsch«).

- Wenn der Anwender das aktuelle Spiel unterbricht, indem er statt einer Turmnummer einen Buchstaben eingibt, kann er sich dafür entscheiden, den aktuellen Spielstand zu speichern. Dazu gibt der Anwender einen Dateinamen ein, mit dem die Funktion `saveTOH()` aufgerufen wird.
- Das Auswahlmenü wird um den folgenden Punkt erweitert:

  ```
  "O = Oeffnen: Gespeicherter Spielstand einlesen"
  ```

  Bei der Auswahl dieses Punktes wird kein neues Spiel begonnen, sondern mit der Funktion `restoreTOH()` der Spielstand aus der Datei eingelesen, die der Anwender angibt. Ist das Einlesen erfolgreich, wird das Spiel wie im Fall eines neuen Spiels fortgesetzt. Es kann also auch wieder unterbrochen und erneut gespeichert werden.

Lösungen zu den Verständnisfragen

16.1 `stdio.h`

16.2 Stream

16.3 a)

16.4 Falsch

16.5 Schreiben im Binärmodus

16.6 Falsch

16.7 `"r+"` oder `"r+b"` oder `"rb+"`

16.8 c)

16.9 `fp = fopen("Memo.txt", "a+");`

16.10 Richtig

16.11 `fflush(fp);`

16.12 b)

16.13

```
if( fgets(zeile, sizeof(zeile), fp ) != NULL)
{ /* Zeile verarbeiten. */ }
```

16.14 Falsch

16.15

```
if( fwrite( &aPerson, sizeof(aPerson), 1, fp) < 1)
{ /* Fehlerbehandlung. */ }
```

16.16 c)

16.17 Richtig

16.18 `sizeof(struct Record)`

16.19 a)

16.20 Richtig

Lösungen zu den Aufgaben

16.1

```
/* ----------------------------------------------------
 * ex16_01.c
 * Funktion isReadable() testen.
 * ----------------------------------------------------
 */
#include <stdio.h>
#include <string.h>       // Prototyp strlen()

int isReadable( const char *filename);    // Prototyp
char filename[256];

int main()
{
   int len = 0;
```

```
   puts("\nPruefen, ob eine Datei zum Lesen geoeffnet "
        "werden kann!\n"
        "(Ende mit leerer Zeile.)");
   while(1)
   {
      printf("\nDateiname: ");
      fgets(filename, sizeof(filename), stdin);
      len = strlen(filename);
      if( len <= 1)                    // Leere Eingabe
         break;
      filename[len-1] = '\0';          // \n am Ende entfernen.

      printf("Datei \"%s\" ", filename);
      if( isReadable( filename))
         printf("kann geoeffnet werden.\n");
      else
         printf("existiert nicht oder es fehlen "
                "Zugriffsrechte.\n");
   }
   return 0;
}

/* ---------------------------------------------------------
 * isReadable.c
 * Prüfen, ob eine Datei existiert und lesbar ist.
 * ---------------------------------------------------------
 */
#include <stdio.h>

int isReadable( const char *filename)
{
   FILE *fp = fopen( filename, "r" );   // Datei zum Lesen
                                        // öffnen.
   if( fp != NULL)                  // Erfolgreich?
   {                                // Ja.
      fclose(fp);                   // Datei wieder schließen.
      return 1;
   }
   else                             // Nein.
      return 0;
}
```

16.2 Die Fehler und mögliche Korrekturen.

a) Der Zugriffsmodus ist ein String. Es fehlen also die Hochkommata. Durch das Öffnen mit "w+" wird die Datei aber auf die Länge 0 gekürzt, das heißt, fgets() liest nichts und der Return-Wert ist NULL. Der richtige fopen-Aufruf lautet also:

```
FILE *fp = fopen("Demo.txt", "r+");
```

b) Mit dem Modus "a+" kann die gesamte Datei gelesen werden, aber immer nur am aktuellen Ende beschrieben werden. Außerdem sollte die Datei im Binärmodus geöffnet werden, da binäre Daten gelesen und geschrieben werden. Schließlich muss das Argument von fclose() ein gültiger FILE-Pointer sein. Richtig ist also:

```
struct Record { /* ... */ } rec;
FILE *fp = fopen("Records.dat", "r+b");
if( fp != NULL)
{  /* wie gehabt ...    */
   fclose(fp);
}
```

c) Beim Wechseln vom Lesen zum Schreiben muss eine Funktion zur Positionierung aufgerufen werden (also rewind(), fseek() oder fsetpos()). Das gilt auch für das Wechseln vom Schreiben zum Lesen, wobei dann auch ein fflush-Aufruf genügt. Andernfalls ist das Verhalten des Programms undefiniert. Richtig ist also:

```
// 1. Datensatz lesen:
fread( &rec, sizeof(rec), 1, fp);
// und als 2. Datensatz zurückschreiben:
fseek( fp, 0L, SEEK_CUR);    // Aktuelle Position
                             // beibehalten.
// oder direkt auf 2. Datensatz positionieren:
// fseek( fp, sizeof(rec), SEEK_SET);
fwrite( &rec, sizeof(rec), 1, fp);
```

d) Daten, die binär gespeichert werden, müssen auch binär gelesen werden. Alternativ könnten die Daten mit fprintf() auch als Text gespeichert werden.

```
// Daten binär speichern: unverändert.
// Daten einzeln lesen:
```

```
   if( (fp = fopen("Data.dat", "rb")) != NULL)
   {  int i = 0; float x;
      while( i++ < NUM  &&
             fread(&x, sizeof(float), 1, fp) == 1)
      { /* Wert in x verarbeiten. */ }
      fclose(fp);
   }
```

16.3

```
/* --------------------------------------------------------
 * ex16_03.c
 * Die Funktion displayFile() aufrufen.
 * --------------------------------------------------------
 */
#include <stdio.h>
#include <string.h>        // Prototyp strlen()

int displayFile( const char *filename);

char filename[256];

int main()
{
   int len = 0;
   printf("\nWelche Datei soll angezeigt werden: ");
   fgets(filename, sizeof(filename), stdin);
   len = strlen(filename);
   if( len <= 1)                    // Leere Eingabe
      return 1;
   filename[len-1] = '\0';          // \n am Ende entfernen.

   printf("Inhalt der Datei \"%s\":\n", filename);
   printf("-----------------------------------------\n");
   switch( displayFile( filename))
   {
      case 1:
         fprintf(stderr, "Fehler beim Oeffnen der Datei!\n");
         break;
      case 2:
         fprintf(stderr, "Fehler beim Lesen der Datei!\n");
         break;
   }
   return 0;
}
```

```
/* --------------------------------------------------------
 * displayFile.c
 * Den Inhalt einer Textdatei anzeigen.
 * --------------------------------------------------------
 */
#include <stdio.h>
// --------------------------------------------------------
// Eine Textdatei Zeile für Zeile lesen und ausgeben.
int displayFile( const char *filename)
{
   int error = 0;
   char line[512];
   FILE *fp = fopen( filename, "r" );   // Datei zum Lesen
                                        // öffnen.
   if( fp == NULL)              // Erfolgreich?
      error = 1;                // Nein!
   else
   {                            // Text anzeigen:
      while ( fgets( line, sizeof(line), fp ) != NULL )
         fputs( line, stdout);

      if ( ! feof(fp) )         // Dateiende nicht erreicht:
         error = 2;             // Fehler beim Lesen.

      fclose(fp);
   }
   return error;
}
```

16.4

```
/* --------------------------------------------------------
 * ex16_04.c
 * Notizen mit Zeitstempel in die Datei memo.txt schreiben.
 * --------------------------------------------------------
 */
#include <stdio.h>
#include <time.h>
int displayFile( const char *filename);    // Prototyp

int main()
{
   char filename[] = "memo.txt";
```

```
FILE *fp;
char linebuf[128];      // Platz für eine Zeile Text.
int first = 1;          // Flag für Zeitstempel.

int err = displayFile(filename);   // Datei anzeigen.
if( err == 1)
    printf("Datei \"%s\" ist nicht vorhanden "
           "und wird neu erzeugt!\n", filename);
else if( err == 2)
{
    fprintf( stderr, "Fehler beim Lesen "
             "der Datei \"%s\".\n", filename);
    return 1;
}
if( (fp = fopen( filename, "a")) == NULL)
{
   fprintf( stderr, "Datei \"%s\" kann nicht geoeffnet "
                    "werden.\n", filename);
   return 1;
}
puts("\n----------------------------------------------\n"
     "Geben Sie Ihre neuen Notizen ein:\n"
     "(Ende mit einem Punkt am Anfang einer Zeile)");
err = 0;
first = 1;
while( fgets(linebuf, sizeof(linebuf), stdin) != NULL)
{
   if( linebuf[0] == '.')          // Ende der Eingabe?
      break;                       // ja!
   if( first)                      // Vor erster Zeile
   {  time_t t;                    // Zeitstempel einfügen.
      first = 0;
      time(&t); fprintf( fp,"\n--- %s", ctime(&t));
   }
   if( fputs( linebuf, fp) == EOF)
   {
      fprintf( stderr, "Fehler beim Schreiben "
               "in die Datei \"%s\".\n", filename);
      err = 2;
      break;
   }
}
```

```
   fclose(fp);
   return 0;
}

// ----------------------------------------------------
// Die Funktion displayFile(): Siehe Lösung zu 16.3
//
```

16.5

```
/* ----------------------------------------------------
 * ex16_05.c
 * Warteschlangen für Jobs verwenden.
 * ----------------------------------------------------
 */
#include <stdio.h>
#include "JobQueue.h"    // Strukturtypen und Prototypen.

int main()
{
   JobQueue_t myJobs = {0}, yourJobs = {0};

   Job_t job1 = { 5, "Urlaub planen." },
         job2 = { 2, "Rasen maehen." },
         job3 = { 7, "Konzertkarten reservieren." },
         job4 = { 6, "Mails beantworten."};

   // Jobs in die Warteschlangen myJobs und yourJobs
   // einfügen, entnehmen und anzeigen ...
   //
   // ...  wie gehabt: s. Lösung zu 15.7
   //
   printf("Weiter mit der Eingabetaste ... "); getchar();
   puts("Und noch einen Auftrag einfuegen ... ");
   {
      Job_t job = { 8, "Geburtstagsgeschenk besorgen!"};
      pushJQ( &yourJobs, &job);
   }
   puts("\nDie Aufgabenlisten in Dateien speichern\n"
        "und wieder in eine gemeinsame Liste einlesen!\n");
   if( writeJQ( &myJobs, "myJobs.txt") < myJobs.count)
      fprintf(stderr, "Fehler beim Schreiben in %s\n",
                      "myJobs.txt");
   else
```

```
    if( writeJQ( &yourJobs, "yourJobs.txt") < yourJobs.count)
        fprintf(stderr, "Fehler beim Schreiben in %s\n",
                        "yourJobs.txt");
    else
    {  // In neue JobQueue einlesen.
        JobQueue_t jobs = {0};
        if( readJQ( &jobs, "myJobs.txt") < 0)
           fprintf(stderr, "Fehler beim Lesen von %s\n",
                           "myJobs.txt");
        if( readJQ( &jobs, "yourJobs.txt") < 0)
           fprintf(stderr, "Fehler beim Lesen von %s\n",
                           "yourJobs.txt");

        printJQ(&jobs);            // Alle Aufgaben anzeigen.
    }
    return 0;
}

/* -------------------------------------------------------
 * jobQueue.h
 * Definition der Strukturen Job und JobQueue
 * und die Deklarationen der zugehörigen Operationen.
 * -------------------------------------------------------
 */
// ...  wie gehabt: s. Lösung zu 15.7
// und zusätzlich:
int writeJQ(JobQueue_t *pJQ, const char *filename);
int readJQ(JobQueue_t *pJQ, const char *filename);


/* -------------------------------------------------------
 * jobQueue.c
 * Implementierung der Funktionen für JobQueue.
 * -------------------------------------------------------
 */
// ...  wie gehabt: s. Lösung zu 15.7
// und zusätzlich:

// --------------------------------------------------------
// Die Elemente einer Queue in einer Datei speichern:
// Ein Element wird als Text mit \0 am Ende gespeichert.
```

```
int writeJQ(JobQueue_t *pJQ, const char *filename)
{
   int n = 0;
   QueueEl_t *pEl = pJQ->first;

   // Datei zum Schreiben öffnen:
   FILE *fp = fopen( filename, "w" );
   if( fp == NULL)                        // Erfolgreich?
      n = -1;                             // Nein!

   for( ; pEl != NULL; pEl = pEl->next)
      if( fprintf( fp,"\n%d %s%c", pEl->job.prio,
                   pEl->job.description, '\0') == EOF)
         break;
      else
         ++n;

   fclose(fp);
   return n;
}

// -----------------------------------------------------
// Aus einer Datei Elemente in eine Queue einlesen.
// Die Queue muss nicht leer sein.
int readJQ(JobQueue_t *pJQ, const char *filename)
{
   int n = 0;
   Job_t job = {0};

   // Datei zum Lesen öffnen:
   FILE *fp = fopen( filename, "r" );
   if( fp == NULL)              // Erfolgreich?
      n = -1;                   // Nein!

   while( fscanf( fp,"%d %[^\0]",
                  &job.prio, job.description) == 2)
   {
      fgetc(fp);                // Endezeichen \0 auslesen.
      pushJQ( pJQ, &job);       // In die Queue einfügen.
      ++n;
   }
   if( ! feof( fp))
      n= -2;                    // Fehler beim Lesen.
```

```
    fclose(fp);
    return n;
}
```

16.6

```
/* ------------------------------------------------------
 * ex16_06.c
 * Die Funktionen readFileID() und writeFileID() testen.
 * ------------------------------------------------------
 */
#include <stdio.h>

int readFileID( const char* filename, long* pID);
int writeFileID( const char* filename, long ID);

char filename[] = "customer.dat";
long id = 0L;

int main()
{
   int error = 0;
   if( (error = readFileID( filename, &id)) == -2)
   {
      fprintf( stderr,
      "\nFehler beim Lesen der Datei \"%s\"\n", filename);
      return -1;
   }
   else if( error == -1)
   {
      printf("\nDatei \"%s\" existiert nicht!\n", filename);
      printf("Die Datei wird neu angelegt!\n");
      if( writeFileID( filename, 87654321L) < 0)
      {
         fprintf( stderr, "\nFehler beim Anlegen "
                          "der Datei \"%s\"\n", filename);
         return -2;
      }
   }
   else
   {
      printf("\nDie ID der Datei \"%s\" ist %ld.\n",
                                          filename, id);
      if( id != 76543218L)
```

```
      {
        printf("Die ID wird geaendert!\n");
        id = 76543218L;
        if( writeFileID( filename, id) < 0)
        {
          fprintf( stderr, "Fehler beim Schreiben in "
                           "die Datei \"%s\"\n", filename);
          return -3;
        }
      }
  }
  return 0;
}

/* ------------------------------------------------------
 * fileID.c
 * Die Identifikationsnummer (ID) in eine Datei schreiben
 * bzw. aus einer Datei lesen.
 * Die ID ist in den ersten vier Bytes binär gespeichert.
 * ------------------------------------------------------
 */
#include <stdio.h>
// ------------------------------------------------------
// Die ID einer Datei lesen.
int readFileID( const char* filename, long* pID)
{
  int err = 0;
  // Die Datei im Binärmodus zum Lesen öffnen:
  FILE *fp = fopen( filename, "rb" );
  if( fp == NULL)
    err = -1;          // Datei kann nicht geöffnet werden.
  else
  if( fread( pID, 1, 4, fp) < 4) // 4 Bytes in ID einlesen.
  {
    err = -2;                    // Fehler beim Lesen.
    fclose(fp);                  // Datei schließen.
  }
  return err;
}

// ------------------------------------------------------
// Die ID in eine Datei schreiben.
```

```
int writeFileID( const char* filename, long ID)
{
   int err = 0;
   // Die Datei im Binärmodus zum Lesen und Schreiben öffnen:
   FILE *fp = fopen( filename, "r+b" );
   if( fp == NULL)
      // Neue Datei zum Schreiben öffnen:
      fp = fopen( filename, "wb" );

   if(fp == NULL)
      err = -1;           // Datei kann nicht geöffnet werden.
   else
   if( fwrite( &ID, 1, 4, fp) < 4)  // 4 Bytes schreiben.
   {
      err = -2;                     // Fehler beim Schreiben.
      fclose(fp);                   // Datei schließen.
   }
   return err;
}
```

16.7 Die Ausgabe des Programms:

```
***  Demo zur Dateiverarbeitung  ***

Every solution breeds new problems.
If anything can go wrong, it will.
Nothing is as easy as it looks.
```

16.8

```
/* ----------------------------------------------------
 * ex16_08.c
 * Die Funktion searchStr() testen.
* ----------------------------------------------------
 */
#include <stdio.h>
#include <string.h>
#include "searchStr.h"

char filename[256];
char pattern [128];
char line[LINEBUF_SIZE];           // Puffer für eine Zeile.

#define ARRSIZE 1000
Position_t posArr[ARRSIZE];
```

```
int main()
{
   FILE *fp;
   int num, len, i = 0;

   puts("*** In einer Textdatei einen String suchen! ***\n");
   printf("Dateiname: ");
   if( fgets( filename, sizeof(filename), stdin) != NULL
       && (len = strlen(filename)) > 1)  // mindestens ein
                                         // Zeichen.
      filename[len-1] = '\0';       // \n am Ende entfernen.
   else
      return -1;

   printf("Suchstring: ");
   if( fgets( pattern, sizeof(pattern), stdin) != NULL
       && (len = strlen(pattern)) > 0)   // mindestens \n.
      pattern[len-1] = '\0';        // \n am Ende entfernen.
   else
      return -1;

   // Datei öffnen:
   if( (fp = fopen( filename, "r")) == NULL)
   {
      fprintf( stderr, "Fehler beim Oeffnen von %s.\n",
                                             filename);
      return -1;
   }
   // Datei durchsuchen:
   num = searchStr( fp, pattern, posArr, ARRSIZE);
   if( num < 0)
   {
      fprintf( stderr, "Fehler beim Suchen in %s.\n",
                                          filename);
      return -1;
   }
   if( num == 0)
      printf("In %s wurde keine Zeile gefunden, die das "
             "Suchmuster \"%s\" enthaelt!\n",
                                    filename, pattern);
   else
```

```
   { // Zeilen mit Zeilennummer und Index ausgeben:
       printf("%s -----------------------------------\n",
              filename);
       for( i = 0; i < num; ++i)
       {
         if( fseek(fp, posArr[i].offset , SEEK_SET) != 0)
         {
            fprintf( stderr, "Fehler bei der Positionierung"
                     "in %s.\n", filename);
            return -1;
         }
         if( fgets( line, sizeof(line), fp) == NULL)
         {
            fprintf( stderr, "Fehler beim Lesen von %s.\n",
                              filename);
            return -1;
         }
         printf("(%d,%d): %s",
                posArr[i].lineno, posArr[i].index, line);
       }
   }
   return 0;
}

/* -------------------------------------------------------
 * searchStr.h
 * Definition des Strukturtyps Position_t
 * und die Deklarationen von searchStr().
 * -------------------------------------------------------
 */
#ifndef SEARCHSTR_H
#define SEARCHSTR_H

#define LINEBUF_SIZE 256
// --------------------------------------------------------
// Definition des Strukturtyps Position_t
typedef struct
{
    long offset;
    long lineno;
    int index;
} Position_t;
```

```
// ----------------------------------------------------------
// In einer geöffneten Datei Zeilen mit dem String pattern
// suchen und die Positionen im Vektor arr speichern.
// Return-Wert: Anzahl gefundener Zeilen oder
//              -1, falls ein Fehler auftritt.
int searchStr(FILE *fp, const char *pattern,
              Position_t *arr, int len);

#endif   // SEARCHSTR_H

/* ----------------------------------------------------------
 * searchStr.c
 * Die Funktion searchStr() sucht in einer Textdatei alle
 * Zeilen, die einen bestimmten String enthalten.
 * ----------------------------------------------------------
 */
#include <stdio.h>
#include <string.h>
#include "searchStr.h"

int searchStr( FILE *fp, const char *pattern,
               Position_t *arr, int len)
{
   int  count = 0;              // Anzahl gefundener Zeilen.
   long offset = 0L,            // Offset in der Datei.
        lineno = 0;             // Zeilennummer.
   char line[LINEBUF_SIZE],     // Puffer für eine Zeile.
        *ptr;

   // An den Anfang der Datei:
   if( fp == NULL || fseek(fp, 0L, SEEK_SET) != 0)
      return -1;             // Fehler!

   while( fgets( line, sizeof(line), fp))   // Die nächste
   {                                        // Zeile lesen.
      ++lineno;
      if( (ptr = strstr( line, pattern )) != NULL)
         if( count < len)               // String gefunden!
         {                              // Position speichern.
           arr[count].offset = offset;
           arr[count].lineno = lineno;
           arr[count].index = ptr - line;   // Index.
           ++count;
```

```
         }
         else
            break;          // Kein Platz mehr im Array.

      offset = ftell( fp ); // Die Position der Zeile merken,
      if( offset == -1L)    // die als Nächstes gelesen wird.
         return -1;         // Fehler!
   }
   if( !feof(fp) && count < len)
      return -1;            // Fehler beim Lesen.

   return count;
}
```

16.9

```
/* ---------------------------------------------------------
 * ex16_09.c
 * Zwei sortierte Dateien mischen.
 * ---------------------------------------------------------
 */
#include <stdio.h>
#include <stdlib.h>               // Fuer exit()

char inFile1[] = "Sorted1.txt",
     inFile2[] = "Sorted2.txt",
     outFile[] = "Merged.txt";

void openError(const char *file)
{  fprintf( stderr, "Fehler beim Oeffnen von %s.\n", file);
   exit(1);
}

void readError(const char *file)
{  fprintf( stderr, "Fehler beim Lesen von %s.\n", file);
   exit(1);
}

void writeError(const char *file) \
{  fprintf( stderr, "Fehler beim Schreiben von %s.\n", file);
   exit(1);
}
```

```
int main()
{
   FILE *inFP1, *inFP2, *outFP;
   int n1, n2;

   printf("\nDie sortierten Dateien \"%s\" und \"%s\" "
          "werden gemischt!\n", inFile1, inFile2);
   // Dateien öffnen:
   if( (inFP1 = fopen( inFile1, "r")) == NULL)
      openError( inFile1);
   if( (inFP2 = fopen( inFile2, "r")) == NULL)
      openError( inFile2);
   if( (outFP = fopen( outFile, "w")) == NULL)
      openError( outFile);

   // Das Mischen starten:
   if( fscanf( inFP1,"%d", &n1) < 1)
      readError( inFile1);
   if( fscanf( inFP2,"%d", &n2) < 1)
      readError( inFile2);

   while(1)
   {
      if( n1 <= n2)
      {
         if( fprintf( outFP,"%7d ", n1) == EOF)
            writeError( outFile);
         if( fscanf( inFP1,"%d", &n1) < 1)
            if( feof(inFP1))
               break;                 // OK! Dateiende
            else
               readError( inFile1);   // Fehler!
      }
      else
      {
         if( fprintf( outFP,"%7d ", n2) == EOF)
            writeError( outFile);
         if( fscanf( inFP2,"%d", &n2) < 1)
            if( feof(inFP2))
               break;                 // OK! Dateiende
            else
               readError( inFile2);   // Fehler!
      }
   }
```

```
    // Die restlichen Zahlen einer Datei kopieren:
    if( feof(inFP1))
    {                       // Ende der ersten Datei erreicht.
       do                   // Rest der zweiten Datei kopieren.
         if( fprintf( outFP,"%7d ", n2) == EOF)
            writeError( outFile);
       while( fscanf( inFP2,"%d", &n2) == 1);

       if( ! feof(inFP2))
          readError( inFile2);
    }
    else if( feof(inFP2))
    {                       // Ende der zweiten Datei erreicht.
       do                   // Rest der ersten Datei kopieren.
         if( fprintf( outFP,"%7d ", n1) == EOF)
            writeError( outFile);
       while( fscanf( inFP1,"%d", &n1) == 1);

       if( ! feof(inFP1))
          readError( inFile1);
    }

    printf("\nDas Mischen ist beendet!\n"
           "Das Ergebnis steht in der Datei \"%s\" \n",
            outFile);
    // Die Dateien werden am Ende des Programms automatisch
    // geschlossen.
    return 0;
}
```

16.10

```
/* ----------------------------------------------------
 * ex16_10.c
 * Führt das Spiel "Towers of Hanoi" aus.
 * Mit der Möglichkeit, sich die Lösung anzeigen zu lassen.
 * Nicht beendete Spiele können gespeichert werden.
 * ----------------------------------------------------
 */
#include <stdio.h>
#include <ctype.h>
#include <string.h>
#include "towersOfHanoi.h"

int menu(void);                          // Hilfsfunktionen
int getFilename( char *fn, int size);
```

```
int main()
{
   int choice;
   while( (choice = menu()) != 'Q' )   // Auswahlmenü
   {
     if( choice != 'O' )              // Neues Spiel.
     {                                // Spiel initialisieren.
       int nDisks = 0;                // Anzahl Scheiben.
       printf("\nGeben Sie die Anzahl der Scheiben ein: ");
       if( scanf("%d", &nDisks) < 1)
         break;
       initTOH( nDisks);
     }
     else
     {          // "Open": Gespeicherter Spielstand einlesen
        char filename[256];
        if( ! getFilename( filename, sizeof(filename)))
           puts("Kein Dateiname eingegeben!");
        else
           if( !restoreTOH(filename) )
              fprintf( stderr,"Fehler beim Lesen der "
                              "Datei \"%s\".\n", filename);
           else
              choice = 'P';      // und weiterspielen.
     }

     switch( choice)
     {
       case 'P':             // "Play": Der Benutzer spielt.
       {
         int from = 0, to = 0;

         printTOH();
         puts("\nSpielunterbrechung mit einem Buchstaben.");
         while( ! isFinishedTOH())
         {
            printf("\nScheibe uebertragen!  Vom Turm: ");
            fflush(stdin);
            if( scanf("%d", &from) < 1) break;
            printf("                          Zum Turm: ");
            if( scanf("%d", &to) < 1)  break;
```

```
          if( !moveTOH( from-1, to-1))  // Indizes: 0, 1, 2
            puts("Aktion unzulaessig!");
          else
            printTOH();
       }
       fflush(stdin);

       if( isFinishedTOH())
         puts("Sie haben gewonnen!\n");
       else
       {
         int jn = 0;
         puts("\nDas Spiel wurde unterbrochen!");
         printf("Wollen Sie den Spielstand speichern?"
                " (j/n): ");
         while( jn != 'J' && jn != 'N')
         {
           if( (jn = getchar()) == EOF) break;
           jn = toupper(jn);
         }
         if( jn == 'J')
         {
           char filename[256];
           if( !getFilename( filename, sizeof(filename)))
              puts("Kein Dateiname eingegeben!");
           else
              if( !saveTOH(filename) )
                 fprintf( stderr,"Fehler beim Speichern "
                    "in die Datei \"%s\".\n", filename);
              else
                 printf("Spielstand in der Datei \"%s\" "
                        "gespeichert!\n", filename);
         }
       }
     }
     break;

     case 'A':  // "Auto Play": Lösung des Spiels anzeigen.
       autoPlayTOH();
       puts("Das Spiel ist aus!");
       if( !isFinishedTOH())
         puts("Fehler!\n");
```

```
        break;
      }
    }
    return 0;
}

int menu()
{
    int choice = 0;

    puts("\n\n\t\t  ****   Tuerme von Hanoi   ****\n");
    puts("\t  P = Play: Spiel starten\n"
         "\t  A = Auto Play: Loesung anzeigen\n"
         "\t  O = Oeffnen: Gespeichertes Spiel einlesen\n"
         "\t  Q = Quit: Spiel beenden\n");
    printf("Ihre Wahl: ");

    while(   choice != 'P' && choice != 'A'
          && choice != 'O' && choice != 'Q')
    {
       if( scanf("%c", &choice) < 1) choice = 'Q';
       choice = toupper(choice);
    }
    return choice;
}

int getFilename( char *fn, int size)
{
    int len = 0;
    printf("Dateiname: ");
    fflush(stdin);
    if( fgets( fn, size, stdin) != NULL
        && (len = strlen(fn)) > 1) // mindestens ein Zeichen.
    {
       fn[len-1] = '\0';            // \n am Ende entfernen.
       return 1;
    }
    else
       return 0;
}
```

```
/* ------------------------------------------------------
 * towersOfHanoi.h
 * ------------------------------------------------------
 */
// Enthält zusätzlich die Prototypen:
int saveTOH( const char *filename);
int restoreTOH( const char *filename);

/* ------------------------------------------------------
 * towersOfHanoi.c
 * Implementierung des Spiels "Towers of Hanoi".
 * Mit den Funktionen moveTower() und autoPlayTOH(),
 * saveTOH() und restoreTOH().
 * ------------------------------------------------------
 */
// ...  wie gehabt: s. Lösung zu 15.9
// und zusätzlich:

// Aktuellen Spielstand in einer Datei speichern:
int saveTOH( const char *filename)
{
   FILE *fp = fopen( filename, "wb");
   if( fp != NULL
       && fwrite( &nTotal, sizeof(nTotal), 1, fp) == 1
       && fwrite( tower, sizeof(tower), 1, fp) == 1)
      return 1;
   else
      return 0;
}

// Gespeicherten Spielstand wieder laden:
int restoreTOH( const char *filename)
{
   FILE *fp = fopen( filename, "rb");
   if( fp != NULL
       && fread( &nTotal, sizeof(nTotal), 1, fp) == 1
       && fread( tower, sizeof(tower), 1, fp) == 1)
      return 1;
   else
      return 0;
}
```

Stichwortverzeichnis

ISBN 978-3-8266-1780-5
ISBN 978-3-8266-5956-0